충북대학교 교양교재

생활 속의 경제학 (수정판)

조택희

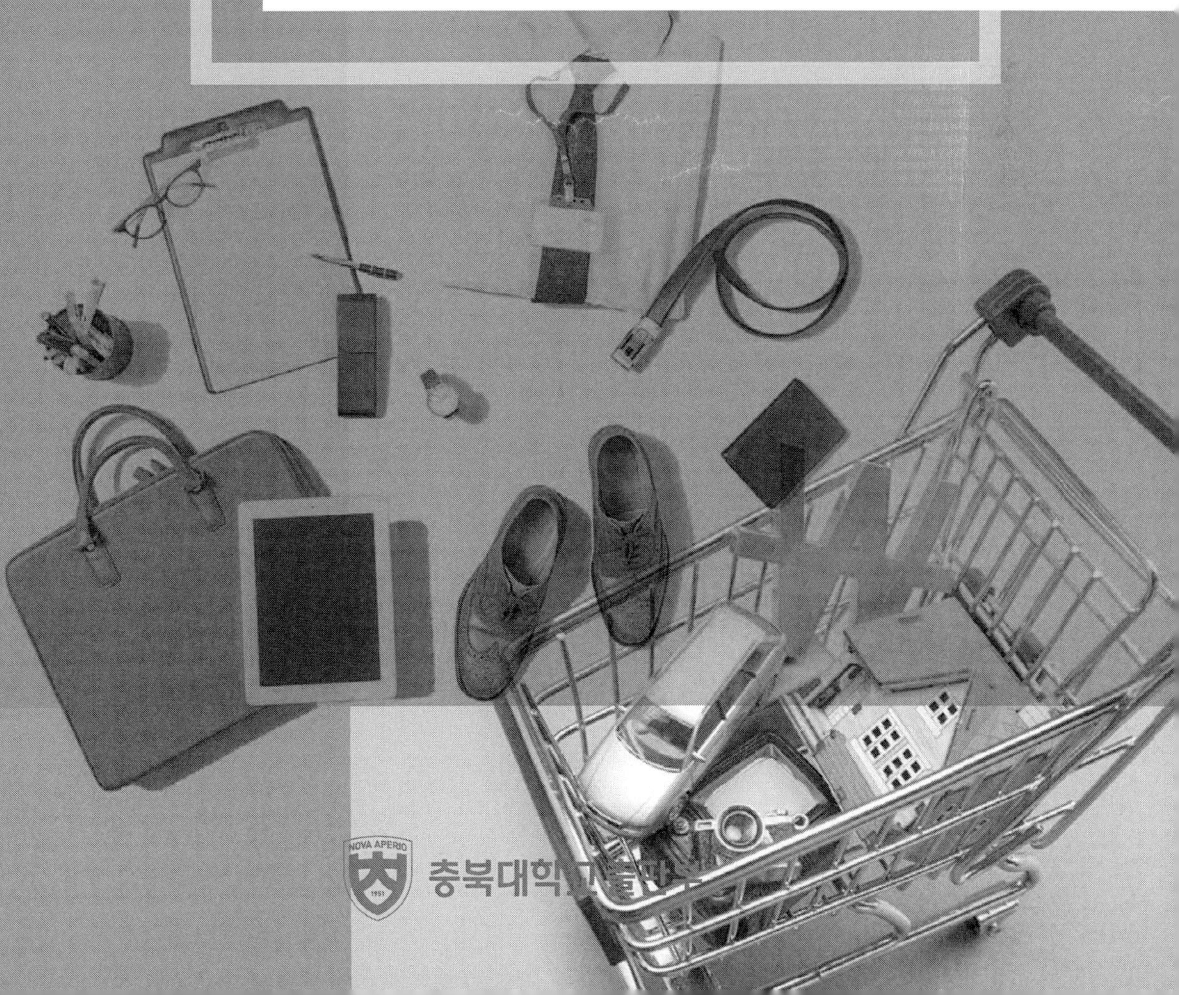

충북대학교출판부

생활 속의 경제학 (수정판)

저　　자 | 조 택 희
발 행 처 | 충북대학교 출판부
발 행 인 | 김 수 갑
주　　소 | 28644 충북 청주시 서원구 충대로1
전　　화 | 043-261-2952, 3014　**FAX** | 043-274-1256
이 메 일 | presscbu@cbungbuk.ac.kr
등록번호 | 제1983-2001-7호
초판 인쇄 | 2016.08.26
재판 인쇄 | 2022.03.31

인 쇄 처 | 다　해(02-2266-9247)

판매가　17,000원

ISBN 978-89-7295-264-0 93320

생활 속의 경제학

(수정판)

조 택 희

목 차

목 차

머리말

경제학 비전공자를 위한 교양 수준의 경제학 입문서로서 특히 대학에서 이루어지고 있는 교양강좌의 교재를 목적으로 본서가 출간된 지도 벌써 5년 반이 흘렀다. 그동안 코로나19 및 필자가 몸담은 학교의 교육과정 개편 등 여러 가지 요인에 의해 강의가 폐강되는 등, 우여곡절이 있었지만 그래도 본서가 대학 교양교재로서 역할을 충실히 수행하여왔다. 또한 중등 사회교사 연수 및 일반인을 대상으로 한 경제교육의 교재 및 참고자료로도 활용되어 충분치는 않아도 소기의 목적은 어느 정도 달성하였다고 생각된다.

그러나 경제학을 학문으로서의 딱딱하고 어려운 대상이 아닌 보다 친근하고 쉬운 접근을 위하여 일상생활에서 자주 접할 수 있는 사례와 통계자료를 많이 활용하였는데, 초판 이후 시간이 흐름에 따라 이러한 자료가 현실과 부합되지 않게 되었다. 따라서 이의 해결을 위해 다음의 사항을 수정 및 보완하였다.

첫째, 중요한 경제통계를 최신 것으로 업데이트하였다. 통계자료는 공표되는 즉시 구자료가 될 수밖에 없다. 따라서 초판에 게재된 통계자료를 최신 것으로 바꾸었는데 주로 소득, 물가, 실업 등 정부의 거시경제 부문에서 업데이트가 이루어졌다.

둘째, 일상생활의 사례와 이슈 등도 최근 것으로 업데이트하였다. 그동안 정권이 교체됨에 따라서 강조되는 분야 및 정책 방향에 변화가 있었다. 그 외에 친근한 접근으로 이해를 돕기 위해 연예계의 사연과 프로그램 등의 이야기를 예로 설명하였는데 그동안 이것에 대한 대중적 관심과 사랑도 변하였다. 이런 변화를 반영하려고 노력하였다.

셋째, 초판발행 이후 강의를 해오면서 발견된 오탈자를 비롯하여 보다 정확하거나 쉬운 설명의 아쉬움이 남는 서술이나 표 등을 수정하였다. 이는 수강생이나 독자들로부터 받은 질문으로부터 수정이나 보완해야 할 부분에 대한 많은 도움을 얻을 수 있었다.

경제학 이론서뿐만 아니라 교양서적으로서도 높은 완성도를 위해서 보완해야 할 부분이 적지 않으나 기본적으로 대학의 한 학기용 강의교재로 활용하고자 하는 목적에 부합하기 위해 전체 양과 이론적 내용은 처음의 형태를 유지하였다. 실제 강의에서는 시험기간 및 여러 학사일정으로 수록된 모든 내용을 강의하는 것이 어렵지만 한 학기 내에 소화할 수 있는 분량과 내용을 중심으로 장을 구성하였다.

다만, 아쉬운 것이 있다면 초판은 우리의 삶과 밀접한 연관이 있는 사회과학으로서의 경제학을 강조하기 위해 각 장의 끝에 내용과 관련된 신문기사 내용을 참고자료로 수록하였다. 이번 수정판에서도 이의 업데이트를 위해 많은 신문기사 및 언론사 자료를 검색하고 정리하였다. 그러나 최종 편집 과정에서 한층 강화된 저작권과 관련하여 학술적인 사용이기는 하나 문제의 소지가 있다고 판단되어 삭제하게 되었다.

마지막으로 본 수정판을 발간하는데 있어 대학원생인 강성훈, 김영인, 선지연 선생은 내용의 검토와 최신자료 검색은 물론 편집까지 꼼꼼하게 도와주었다. 이 자리를 빌려 감사의 말씀을 전한다.

2022년 새 학기를 앞두고 개신벌 연구실에서

경제학을 공부하고 강의해온 지난 수 십 년간 주변사람과 학생들로부터 가장 많이 들어온 이야기 중의 하나가 '어렵다'라는 것이다. 매스컴의 정치, 사회, 스포츠, 연예 등의 섹션별 기사 중에서도 가장 이해하기 어려운 분야가 '경제'분야란 이야기를 주변에서 적지 않게 듣는다. 이러한 인식은 공부하는 학생도 마찬가지여서 고등학교 사회탐구 영역 중에서 선택과목으로 경제학을 선택한 비중이 가장 낮다. 그러나 어렵고 피하고 싶다고 하여 외면하기에는 경제가 일상생활에서 많은 부분을 차지하고 진학이나 취업 등에 있어서도 중요과목으로 되어있어 쉽지 않다. 따라서 경제학을 전공하지 않더라도 단순한 교양을 넘어 개인의 풍요롭고 윤택한 삶을 위해서 경제학은 필요하다.

이러한 배경 속에서 필자를 비롯한 경제학을 공부하는 많은 동학들은 '어떻게 하면 경제학을 쉽고 재미있게 가르칠 수 있을까' 하는 숙제를 안고 있다고 할 수 있다. 이 책을 쓰게 된 동기도 이러한 마음의 짐을 덜고자 경제학 비전공자에게 좀 더 쉽게 다가가 경제원리를 설명해 주고 싶은 바람에서다.

경제학 강의를 수강하는 학생들에게 경제학이 어렵게 느껴지는 이유를 물어보았더니 적지 않은 학생이 경제학 교과서를 가득 메우고 있는 그래프나 수식에서 우선 어려울 것이라는 선입견을 가지고 있었다. 또한 사회과학이라고는 하나 우리의 실생활과는 동떨어진 교과서 상에서의 하나의 이론으로만 여겨져 공감대를 느끼지 못한다는 것도 공통된 의견중의 하나였다. 대학에서 경제학 기초를 위한 교재로서 사용되는 '경제학원론'이나 '경제학개론' 이외에 시중에 일반인을 위한 경제관련 교양서적이 많이 출판되어있다. 그러나 이들 대부분은 신문기사 식의 사건 중심의 해설이나 에세이 식으로 일상적인 경제생활을 서술하고 있어 경제 원리를 습득하고자 하는 대학교재로서 목적달성에는 한계가 있다. 따라서 필자는 대학교 전공 교재와 일반교양 서적 중간정도 수준의 경제학 개설서가 하나 있으면 좋겠다는 생각을 꾸준히 갖고 있었다. 그러나 이는 자칫 잘못하면 학문적 교재도 아니고 그렇다고 쉬운 교양서적도 아닌 양쪽 모두의 기능을 잃어버릴 위험도 함께 갖고 있어 주저하게 만들었다. 여기에 나의 게으름까지 더해져 미루고 있다가 몇 년 전부터 하게 된 교양강의의 교재에 대한 필요성도 커져 펜을 들게 되었다. 이러한 취지에서 본 책은 다음과 같은 점에서 기존 경제학 교과서와 차별을 두었다.

경제학이 어렵고 수학문제처럼 풀어야만 하는 학문 분야만이 아니라 우리의 일상생활과 밀접하게 연관되어 있고 친숙한 살아가는 이야기임을 강조하기 위해 기존의 학문적 장과 절 제목을 지양하고 문답식으로 경제이론을 전개하였다. 즉, 주변생활에서 흔히 가질 수 있는 경제현상에 대한 의구심을 각 장의 제목으로 하고 이에 대한 답을 경제이론을 통해 설명하는 형식으로 내용을 구성하였다.

경제학 교양서이지만 대학 교양강좌의 교재로서 활용하기 위해 한 학기에 강의가 가능한 분량을 감안하여 생활과 보다 밀접한 내용을 중심으로 구성하였다. 책 한 권이 한 학기 강의용이라고 한다면 각 장은 수업시간 1~2시간에 가능하도록 구성하여 많은 대학교재가 읽어보지도 못하고 사장되는 낭비적 요소를 없애기 위해 노력하였다.

강의교재지만 교양적 목적이 크기 때문에 경제학 정규과정을 이수하지 않은 일반인도 이해할 수 있도록 학술적 보다는 일반적 서술이나 사례를 제시하기 위해 노력하였다. 이 과정에서 때로는 학문적 관점에서는 정확한 표현을 써야하나 독자의 이해를 돕기 위해 단순화해 설명하려다 보니 전체적인 관점에서 이론이나 사실이 왜곡된 부분이 있을 수 있다. 이러한 경우 잘못된 이해를 방지하기위해 신문기사랑 각주 등을 활용하여 부연설명 하였으나 충분치 못하거나 누락됐을 수 있으며 이로 인해 야기되는 문제는 전적으로 필자의 책임이다.

살아가면서 많은 일이 그렇듯이 이 책도 처음 시작할 때의 의도와는 달리 끝내고 나니 많은 아쉬움이 남는다. 시도는 좋았지만 기존의 경제학 교과서를 발췌하여 압축해 놓은 것 같은 느낌이 드는 것도 사실이다. 학문과 살아가는 이야기 사이에서 절충한다는 것이 얼마나 어려운 일인가 새삼 깨닫고 필자 또한 학자적 근성을 떨치지 못하는 한계도 함께 느낀다. 그럼에도 불구하고 기존 경제학 교과서와 달리 비전공자에게 경제학을 좀 더 쉽게 설명하고 이를 통해 경제 원리의 이해를 높이기 위한 작은 시도였다는 점에서 의의를 두고 싶다. 나아가 향후 이를 교재로 강의해 나가는 과정에서 시행착오를 통해 수정과 보완이 이루어진다면 미래에 보다 완성도 높은 교재 개발이 가능하리라 믿는다.

이 책을 쓰는 과정에서 주변의 여러분들이 도움을 주셨다. 특히 대학원의 고상미 선생과 정선옥 선생은 교정은 물론 어려운 그래프와 참고자료를 찾아주는데 많은 도움을 주었다. 또한 김상미 박사는 교정과 함께 내용에 많은 조언을 아끼지 않았으며 인재양성원의 이종만 선생은 책을 집필하는데 필요한 각종 기자재와 공간을 마련해 주었다. 이 자리를 빌려 도움을 주신 분들에게 감사의 말씀을 전한다.

2016년 초여름

개신벌 인재양성원에서

• 제 1 장 •

왜 시장경제라 부를까?

경제학의 기초

살아가면서 '경제'란 말처럼 일상생활에서 많이 사용되는 단어도 흔치 않다. 매일 방송되는 뉴스에서도 경제소식이 한 코너로 자리 잡고 있으며 신문도 경제신문이 따로 발행되고 있다. 또한 친구와의 일상적인 대화에서도 '보다 경제적이다', '경제적으로 행동하라' 등 경제라는 단어를 많이 사용하고 있다. 그렇다면 '경제'라는 것은 무엇이며 어떤 원리로 움직이고 있는가에 대해 알아보자.

경제의 어원

인간과 살아있는 생물 및 사물에 대한 이름을 지을 때는 그 대상이 갖고 있는 특징이나 성격을 잘 대변 할 수 있는 단어로 이름을 짓는다. 따라서 '경제'가 무엇인지 이해하기 위해서 어원을 살펴보는 것이 도움을 줄 수 있을 것이다. 우선 경제는 사자성어인 '經世濟民(경세제민)'에서 유래되었다고 한다. 이를 풀이해 보면 '나라(세상)를 잘 다스려 백성을 구제 한다'는 의미로 이해할 수 있다. 경제를 영어로는 economy 라고 하는데 이는 영어의 어원인 그리스어에서 집을 의미하는 oikos와 관리하다란 뜻의 nomia가 합쳐진 oikosnomia에서 유래되었다고 한다. 즉 집안 살림을 관리한다는 의미이다. 동양과 서양의 경제에 대한 어원에서 공통적인 것은 '다스린다(관리한다)'는 것이고 좀 더 구체적이고 쉽게 표현하면 '살림살이를 꾸려나간다'라고 이해할 수 있을 것이다. 또한 동양은 경제행위의 구심점을 국가로 보고 있는데 반해 서양은 개인으로 보고 있는 가치관의 차이도 엿볼 수 있다.

경제생활 및 경제문제

경제 교과서나 국어사전에서 표현되고 있는 경제에 대한 정의는 '재화나 서비스를 생산, 소비, 분배하는 것과 관련된 인간 활동'으로 되어있다. 즉, 어떤 상품을 얼마나 만들고 이를 누가 얼마만큼 소비할 것이며 이 과정에서 생성된 이윤을 누가 얼마만큼 소유할 것인가 등과 관계된 인간 활동을 의미한다. 정의만을 놓고 보면 자칫 어렵게 여겨질 수 있으나 사실 우리는 어느 한 순간도 경제생활을 떠날 수 없다. 오늘 하루의 일과를 생각해 보아도 아침에 일어나 식사를 하고 등교하여 수업에 임하기까지 농부나 음식료품 가공업자가 공급해 준 음식을 소비하고, 대중교통 운수업자가 제공하는 운송서비스를 이용하여 학교에 오고, 강의실에서는 교수님이 강의라는 서비스를 제공하며 동시에 학생은 소비를 하고 있다. 이 과정에서 지출과 이윤 창출이 일어나며 이의 분배과정도 함께 일어난다. 심지어 일을 하지 않고 쉬고 있거나 자고 있을 때도 경제활동은 일어나고 있다. 즉, 인간이 살아가는 모든 활동이 경제활동이라 해도 지나치지 않을 것이다.

우리가 공부하고자 하는 '경제학'은 바로 이 경제활동을 연구대상으로 한다. 경제활동 과정에서 아무런 문제가 발생하지 않는다면 굳이 학문으로서 딱딱하고 어려운 경제학을 공부하지 않아도 될는지 모른다. 그러나 애석하게도 경제생활 과정에서 많은 문제점이 발생한다. 위에서 예를 든 학교에 등교해서 수업을 듣는 과정에서도 아침식사는 밥을 먹을 것인지 빵을 먹을 것인지 선택이 필요하며 대중교통의 이용에도 만원버스에 시달려야 하거나 늦어서 택시를 탈 경우 남보다 앞서지 않으면 놓칠 수도 있다. 학교 강의도 내가 원한다고 모든 강좌의 수강이 가능한 것은 아니다. 개인의 경제생활뿐만 아니라 국가경제도 물가상승, 실업증가, 수출감소, 경기침체 등을 비롯하여 개인 기업이나 지역의 갖가지 경제사건 등, 크고 작은 경제문제가 매일 뉴스 시간을 채우고 있다. 이러한 경제문제를 유형별로 구분하면 크게 3가지로 분류가 가능한데 이를 '경제의 3대 문제'라고 한다.

첫째, '무엇을 얼마만큼 생산할 것인가?'에 대한 문제이다. 이것은 생산물에 대한 종류와 양에 대한 문제로서 어떤 물건을 사고자 하는데 없어서 못 산다거나, 반대로 팔리지 않아 재고가 쌓이는 등의 현상이다. 일자리를 구하지 못해 취업에 어려움이 있거나 일할 사람을 구하지 못하는 것도 이와 관계된 문제이다.

둘째, '어떻게 생산할 것인가?'에 대한 문제인데 이는 생산 방법과 또는 생산기술과 관계된 문제라고 할 수 있다. 예로 쌀농사를 짓는 경우에 우리나라를 비롯하여 아시아 국가에서는 좁은 논에 농부들이 많이 투입되어 소위 노동집약적인 형태의 농업이 이루어지는 것에 비해 미국, 호주 등에서는 비행기나 기계 등이 투입되어 자본집약적인 형태의 농업이 이루어지고 있다. 동일한 상품을 생산하더라도 다양한 생산방법이 가능할 것이다. 더 효율적인 생산방법이 있음에도 불구하고 활용하지 못한다면 이는 자원을 낭비하고 있다고 할 수 있다.

셋째, '누구를 위해 생산할 것인가?'로 생산된 것을 누가 쓸 것인가에 해당하는 문제이다. 앞의 두 문제가 효율성과 관계된 것이라면 세 번째 문제는 분배와 관련된 형평성의 문제이다. 즉, 첫째와 둘째의 경제문제가 주어진 재료로 '어떻게 하면 빵을 맛있고 크게 만들 수 있는가?'에 대한 문제라면 세 번째 문제는 '만들어진 빵을 어떻게 나누어 먹을까?'에 해당하는 문제로 볼 수 있다.

이러한 경제문제를 해결하기 위해서는 그 원인을 알아야 한다. 궁극적으로 인간이 경제행위를 하는 이유는 뭘까? 왜 밥을 먹고, 왜 일을 하고, 왜 학교를 다니는가? 저마다 다양한 원인이 있을 수 있겠지만 한 마디로 표현하면 행하고자 하는 경제행위로 인해 욕구충족에 의한 만족감을 얻기 때문이라 할 수 있다. 즉, 배가 고파서 밥을 먹고, 돈을 벌어 필요한 물건을 사기 위해 일을 하며, 더 많은 지식을 얻어 자아를 실현하거나 더 좋은 직장을 얻기 위해 교육을 받는다. 그러나 인간의 욕망이 무한하여 충족시키기 어렵다는 점에서 경제문제가 발생한다. 굶주림에 지쳐 사경을 헤매고 있는 사람에게는 한 끼 식사가 무엇보다 소중하겠지만 끼니가 해결된 사람은 더 좋은 장소에서 더 좋은 음식을 원할 것이다. 그러나 인간의 욕망이 아무리 무한하여도 이를 충족시켜 줄 수 있는 자원이 충분하다면 경제문제는 발생하지 않을 것이다. 하지만 우리가 생활하고 있는 이 세상의 자원은 무한한 것이 아니라 한정되어있다. 따라서 모든 사람은 원하는 만큼 자원을 소비할 수 없으며 부족한 자원을 많은 경제주체가 나누어 쓰는 과정에서 여러 가지 경제문제가 발생한다. 즉, 경제문제가 발생하는 원인을 한 마디로 표현한다면 인간의 욕망은 무한한데 비해 자원은 희소하기 때문이라고 할 수 있다.

경제체제

위에서 경제생활 과정에서 발생하는 문제와 그 원인에 대해 살펴보았다. 이것으로부터 경제학에서 풀어야 될 과제를 유추할 수 있는데, 요약하면 '얼마 안 되는 자원을 어떻게 배분을 하여 경제생활을 하면 사회구성원의 만족도를 가장 높일 수 있을까?' 하는 것이다. 이는 동서고금을 막론하고 인간이 삶을 영위할 때부터 존재하던 근본적인 문제이다. 이 문제는 비단 인간뿐만 아니라 동물과 식물을 비롯한 모든 생물에게도 적용된다. 어떤 방법이든 모든 생물은 이 문제를 해결해가며 살아가고 있는데, 주변 상황에 따라 그 방법은 다르다. 인간도 예로부터 다양한 방법으로 경제생활의 근본적인 이 문제를 해결하며 살아오고 있는데 어떤 방법으로 경제문제를 해결하는가에 따라 '경제체제'가 구분된다.

경제체제는 기준에 따라 다양하게 구분되는데 역사적으로 보면 고대에는 노예제, 중세에는 봉건제 등의 형태를 볼 수 있으며 현대에는 공산주의, 자본주의 등을 들 수 있다. 가장 일반적인 구분은 경제적인 의사결정 과정 및 주체에 따라 나누어지는데 예로부터 내려오는 관습에 따라 의사결정이 이루어지는 '전통경제체제'가 있으며, 공산주의처럼 특정인이나 집단의 계획에 따른 명령에 따라 이루어지는 '계획경제체제'가 있다. 또 다른 경제체제로 시장이 경제적 의사결정의 역할을 하는 현재 우리나라 같은 '시장경제체제'가 있다.

'전통경제체제'는 예로부터 내려오는 관습에 따라 경제활동이 이루어지는데 개인의 자발적 선택의 여지가 크지 않다. 따라서 변화가 매우 느리게 진행되며 경제성장률도 낮다. 이 경제체제의 장점으로는 사회적 안정성이 크고 구성원의 행복지수가 높다는 특징이 있는 반면, 단점으로는 혁신이 어려워 경제성장률이 낮고 이로 인해 생활수준도 낮다. 현대사회에서는 이런 경제체제는 많이 사라졌으나 TV 다큐멘터리 등에서 방영되었던 아마존이나 아프리카의 소수 부족 등에서 찾아볼 수 있다. 그리고 우리 풍습 중에서 음식이나 소중한 물건이 생겼을 때 연장자부터 고려하는 '장유유서'의 전통도 '전통경제체제' 방식에 의한 자원배분의 예라고 할 수 있다.

'계획경제체제'는 개인의 자율적인 의사결정이 아닌 정책결정자의 계획에 의해 경제행위가 이루어지는데 특정인이나 집단의 명령에 따라 이루어짐으로 '명령경제체제'라고도 한다. 이 체제는 과다경쟁이나 경쟁과정에서 소요되는 자원의 낭비를 줄일 수 있고, 성과의 시간을 단축시키는 등의 장점이 있다. 그러나 정보부족 등으로 계획이 잘못 되었을 경우 오히려 자원낭비가 유발될 수 있으며 자유로운 개인의 경제활동이 억압됨으로 행복지수가 낮게 되는 단점도 있다. 고대의 왕정, 중세 봉건제, 대부분 쇠퇴의 길을 걸었지만 냉전시대의 공산주의 등을 예로 들 수 있다.

우리가 살고 있는 현 경제체제를 흔히 '시장경제체제'라 일컫는데 여기서는 시장을 구성하고 있는 사회구성원의 자율적인 의사결정에 의해 경제행위가 이루어지고 있다. 즉, 뒤에서 좀 더 자세히 기술되겠지만 '시장'이라는 기구를 통해서 경제활동이 결정된다. 개인의 자유가 보장되며 경제활동 참여자의 의사가 정확히 전달되어 낭비를 줄이고 효율성을 높이는 등의 장점이 있으나 자유로운 경쟁과정에서의 혼란과 시간적 지연, 소득분배의 불균등 등의 단점도 있다. 우리나라를 비롯한 현재 세계대부분의 국가를 시장경제체제로 칭하고 있으나 완벽한 형태의 시장경제체제는 찾아보기 힘들다. 작은 정부를 지향했던 산업혁명 이후 영국과 미국의 자본주의가 본래의 시장경제체제에 가깝다고 할 수 있다.

현존하는 대부분의 국가는 이 중 어느 하나만의 경제체제보다는 부분적으로 혼합된 '혼합경제체제'를 보이는 것이 대부분이다. 그러나 우리나라의 경우 그 중에서도 경제의 근간을 이루고 있는 경제체제는 시장경제체제라 할 수 있다. 따라서 이후 이 글에서의 논의는 시장경제체제에 초점을 맞추어 진행될 것이다.

시장의 의미 및 종류

'시장경제체제'는 말 그대로 경제의 문제를 시장(Market)을 통해 해결하는 것을 일컫는다. 그렇다고 하면 시장이라고 하는 것은 무엇인가? 흔히 시장이라고 하면 흥정을 하느라 떠들썩하고 사람으로 붐비는 전통시장이나 백화점 등을 떠올린다. 물론 이들도 시장의 한 형태이나 시장은 보이지 않는 추상적인 시장까지 모두 포함한다. 시장이 형성되기 위해서는 반드시 필요한 두 사람이 있는데 물건을 파는 사람과 사는 사람이다. 즉, 시장이라고 하면 '판매자와 구매자가 만나 거래를 위해 흥정하는 매개체'로 이해할 수 있다. 예로 스마트 폰이나 인터넷 상에서 이모티콘이나 스트리밍 서비스 등을 비롯하여 다양한 사이버 상품들이 거래되는 것을 볼 수 있는데 이것도 하나의 시장이다. 또한 매스컴에서 '금융시장', '노동시장' 등의 기사가 많이 나오는 것을 볼 수 있는데 눈에 보이지 않지만 이것도 시장의 한 형태이다.

시장은 여러 가지 형태가 있으나 크게 '생산물 시장'과 '생산요소 시장'으로 나눌 수 있다. 생산물 시장은 생산과정을 통해 나온 상품이 거래되는 것인데 이는 다시 '재화 시장'과 '서비스 시장'으로 구분할 수 있다. 재화시장은 책, 옷, 자동차 등 일상생활에서 흔히 눈에 보이는 물건이 거래되는 시장을 의미하며, 서비스 시장은 운송, 교육, 수리 등 눈에 보이지 않는 어떤 행위가 거래되는 시장을 말한다. 생산요소 시장은 어떤 상품을 생산하기 위해 투입되어야 하는 상품인 '생산요소'가 거래되는 시장을 의미한다. 무언가를 생산하기 위해서는 누군가는 일을 해야 하며, 이것에는 비용이 수반될 수밖에 없다. 또한 생산이 이루어지는 공간도 있어야 한다. 그래서 흔히 노동.자본.토지를 '생산의 3대요소'라고 하는데, 생산요소 시장에서는 이러한 생산요소들이 거래된다. 우리나라의 경제체제는 시장경제라 하나 북한의 경제를 시장경제라 칭하지는 않는다. 그러면 북한은 시장이 존재하지 않는 것일까? TV를 통해 북한의 모습을 보면 백화점도 있고 시골의 장도 서고 암시장도 존재한다. 그러나 생산요소인 토지는 개인이 아닌 국가의 소유로 거래가 이루어지지 못하며 생산시설 역시 국가소유로 개인적 거래는 존재하지 않는다. 따라서 주식회사의 형태도 존재하지 않으며 개인이 금융회사로부터 돈을 빌려 사업을 할 수도 없다. 즉, 사회주의 국가에서는 생산요소시장이 존재하지 않는다.

시장의 기능

시장이 어떤 기능을 하는지 살펴보기 위해 시장이 없을 때를 상상해 보자. 시장이 없다는 얘기는 누군가와 물건을 사고파는 행위를 할 수 없다는 것을 의미하고 이는 곧 내가 모든 것을 조달해야 하는 자급자족 경제를 의미한다. 그러나 시장이 존재하여 다른 사람과 교환이 가능하다고 하면 내가 모든 것을 생산할 필요는 없다. 내가 제일 잘 하는 것을 만들어 시장에 가져다 판매한 후에 다른 사람이 생산한 것을 구매하면 될 것이다. 특정 상품만을 만들다 보면 전문화가 가능해지고 혼자가 아닌 다른 사람과 협업도 가능해지기 때문에 시장의 생산성은 크게 증가 할 것이다.

물론 시장이 없다고 하더라도 교환은 가능할 것이다. 그러나 내가 가지고 있는 물건으로 다른 사람이 생산한 물건과 교환하여 소비하기 위해서는, 그에 적합한 사람을 만나야 비로소 가능하며, 거래가 이루어지기 위해서는 판매자와 구매자 양측 모두의 의견이 일치되어야 할 것이다. 그러나 이러한 상대자를 찾는 것은 쉽지 않은 일이다. 그리고 거래 상대자를 찾는 과정에서 적지 않은 비용도 유발될 것이다. 그러나 시장이 존재하면 손쉽게 시장에 나가서 나에게 적합한 상대자를 찾을 수 있어 거래비용이 크게 절감되는데, 이것 또한 시장의 기능이라 할 수 있다.

그러나 시장에 간다고 해서 항상 나의 뜻대로 물건을 사거나 팔 수 있는 것은 아니다. 경우에 따라서는 내가 팔고자 하는 물건을 다른 사람들이 원치 않을 수도 있을 것이고 내가 사고자 하는 물건이 없어서 사지 못할 수도 있을 것이다. 팔리지 않아 재고가 쌓여있는 상품은 사회구성원이 원하는 양보다 너무 많이 생산이 되고 있음을 말하며 반대로 물건이 품귀현상을 빚는 상품은 공급에 비해 수요가 많음을 의미한다. 이렇듯, 시장은 어떤 상품의 수요와 공급 상황이 어떠한지에 대한 정보를 알려주고 있다.

앞에서 경제문제의 근본적인 문제는 인간의 욕망은 무한한데 비해 이를 충족시켜 줄 수 있는 자원은 희소하기 때문이라고 했다. 그렇다면 자원은 꼭 필요한 적재적소에 사용해야하는 것이며, 그렇지 않으면 자원이 낭비되는 것이라고 할 수 있다. 이를 앞에서 언급한 시장의 기능과 연관 지어 살펴보자. 시장이 존재해서 없을 때에 비해 더 많은 상품을 생산할 수 있다면, 이는 낭비를 줄여 자원을 더 잘 활용하는 것을 의미한다. 또한 교환을 위해서 노력할 때 소요되는 비용이 시장을 통해 거래함으로써 절감된다면 이것 역시 자원의 낭비를 줄이는 것으로 볼 수 있다. 또 다른 시장의 기능인 수요와 공급에 대한 정보제공 측면에서 본다면 정보를 획득한 다음 경제주체는 본인의 이익을 위하여 행동의 변화를 꾀할 것이다. 예로 내가 만든 물건은 이미 공급이 과하여 시장에서 판매할 수가 없고 다른 상품은 공급이 부족하여 시장에서 부르는 것이 값이라고 한다면 나는 어떻게 하겠는가? 나의 이익을 위해서 팔리지 않는 상품의 생산을 중단하고 대신 잘 팔리어 돈을 많이 벌 수 있는 다른 상품을 생산하고자 할 것이다. 이에 따라 생산요소 투입은 공급과잉인 상품에서 공급부족인 상품으로 이전이 일어날 것이다. 자원이 투입되어야 할 적재적소란 것은 사회구성원이 필요로 하는 곳일 것이다. 물건이 팔리지 않는다는 것은 사회구성원이 그 상품을 필요로 하고 있지 않다는 것이고 이것의 생산을 위해 부족한 생산요소를 투입한다는 것은 분명 낭비이다. 따라서 나의 이익을 위해 팔리지 않는 상품의 생산을 중단하고 잘 팔리는 상품의 생산을 증가시키는 것은 자연스럽게 생산요소의 낭비를 줄여 자원배분을 사회구성원의 요구에 부합되게 만들 것이다.

이러한 기능은 앞에서 열거한 여러 가지를 모두 함축하는 것으로 한 마디로 표현하면 '자원의 최적배분' 기능이라고 표현 할 수 있다. 앞에서 경제학에서 풀어야 할 숙제를 간단히 요약하면 '부족한 자원을 필요한 적재적소에 잘 배치하여 구성원의 만족도를 극대로 높이는 것'이라고 했다. 그런데 시장의 기능을 '자원의 최적배분'으로 요약할 수 있다는 것은 결국 시장을 통해 경제문제를 해결할 수 있음을 의미한다. 이러한 시장의 기능에 대해 경제학의 아버지라 할 수 있는 애덤 스미스(Adam Smith)는 '보이지 않는 손(invisible hand)'의 역할이라는 유명한 말을 남겼다. 즉, 시장의 역할은 보이지 않으나 마치 어떤 손이 있어 자원을 필요한 곳에 알맞은 양을 배분시켜주어 사회구성원의 만족도를 최대화 한다는 것이다.

• 제 2 장 •

흡연율 감소를 위해서는 어떤 정책이 효과적일까?

수요와 공급

흡연이 건강에 해롭다는 것은 이미 널리 알려진 사실이고, 따라서 우리나라를 비롯한 세계 각국은 흡연율을 떨어뜨리기 위해 다양한 정책을 실시하고 있다. 우리나라는 2015년부터 담배에 부과되는 세금을 2,000원 인상하기도 하고 담배갑에 흡연으로 인해 발병된 폐암, 설암 등의 혐오 사진 게재를 의무화하기도 하였다. 흡연율을 낮추기 위한 다양한 정책은 어떠한 차이가 있을까? 또 어떤 정책이 효과적일까?

수요와 수요곡선

위에서 예를 든 담배를 비롯하여 어떤 상품이 사용되는 것을 수요(demand)라고 하는데 '주어진 가격에서 일정 기간 동안 구매하려고 하는 욕구'로 정의된다. 수요를 하는 소비자의 입장에서는 비싸면 덜 사려고 하고 싸면 더 많이 소비하려는 욕구가 생기게 되는데 이처럼 가격과 수요량과의 역의 관계를 '수요의 법칙(law of demand)'이라고 한다. 이를 그래프로 나타내면 '수요곡선'을 얻게 되는데 가격과 수요량이 역의 관계를 나타내므로 우하향하는 형태를 나타내게 된다.

수요곡선의 의미를 좀 더 자세하게 살펴보면 가격이 주어졌을 때 구매하려고 하는 최대 수량을 뜻한다. 즉, 가격이 P_0로 주어져 있을 때 최대 Q_0 만큼을 수요할 의사가 있으며, 더 많이 수요하기 위해서는 가격이 현재보다 더 하락하여야만 가능함을 의미한다. 수요곡선의 의미를 두 축인 가격과 수요량을 반대의 관점에서 생각할 수도 있다. 즉, 상품을 Q_0만큼 소비하기 위해서 가격을 P_0까지 지불할 의사가 있다는 의미로 해석할 수 있다. 소비자는 적은 가격을 지불하기를 원할 것이므로 P_0의 가격은 지불하고자 하는 최대가격의 의미를 담고 있다. 이때 유념해야 할 것은 Q_0의 양 전체에 대해 P_0의 가격을 지불할 의사가 있다는 것이 아니라 추가적인 Q_0에 대해서만 P_0의 가격을 지불할 의사가 있다는 것이다. (이에 대해서는 뒤에서 한계효용의 개념을 논의할 때 다시 언급될 것임)

〈그림 1〉 수요곡선

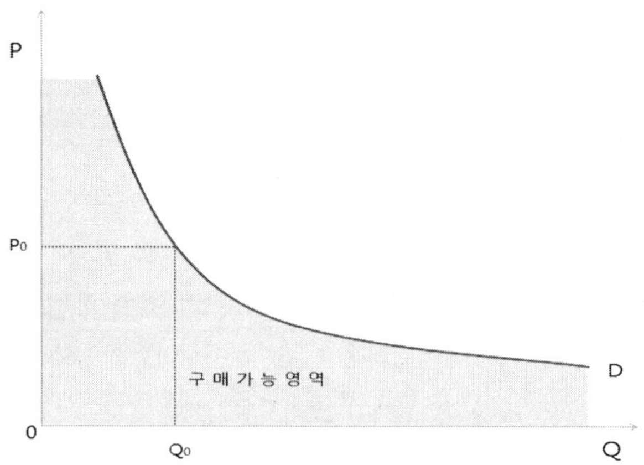

그렇다면 동일한 상품에 대해 서로 다른 사람 A와 B의 수요곡선은 같을까, 다를까? 이는 같은 상품의 같은 양에 대해 기꺼이 지불할 의사가 있는 최대 금액의 동일 여부를 묻는 말과 같고 그 대답은 당연히 다를 것이다. 더 높은 곳에 위치하는 수요곡선일수록 더 많은 가격을 지불할 의사가 있음을 뜻하고 이는 개인이 그 상품을 더 좋아하거나 필요로 하여 상품으로 인해 얻는 만족감이 더 크기 때문이다. 즉, 수요곡선의 위치는 그 상품을 소비함으로써 얻게 되는 만족감과 밀접하게 연관되어 있음을 의미한다. 상품 소비로 인한 만족감을 경제학에서는 흔히 효용(utility)이라 일컫는데 더 높은 효용을 얻을수록 더 높은 곳에 수요곡선이 위치하게 됨을 알 수 있다.

수요곡선은 실선으로 표시되나 가격이나 수요량이 주어져 있을 때, 반드시 실선 위의 가격이나 양에서 구매행위를 한다는 것을 의미하는 것은 아니다. 위에서 살펴보았듯이 수요곡선은 구매하려고 하는 최대 수량과 지불하고자 하는 최대 금액을 의미한다. 따라서 수요곡선 아래 영역에서는 어디든지 구매행위가 일어날 수 있다. 반대로 수요곡선 위쪽의 영역은 소비행위가 불가능한 영역으로 이해할 수 있다.

수요함수

수학적인 개념이기는 하지만 X와 Y가 함수관계에 있다는 것은 쉽게 이야기해서 X변수에 의해 Y변수가 영향을 받는 관계로 X가 변화하면 Y도 변한다고 말할 수 있다. 이런 함수개념을 경제학에 접목할 수 있는데, 예로 어떤 변수가 수요와 함수관계에 있다고 하면 그 변수가 변화하면 영향을 받아 수요가 변화하게 될 것으로 예상할 수 있다. 이번 장의 서두에서 담배 소비를 줄이기 위한 방안으로 담배소비세를 인상하는 것과 혐오 사진을 게재하는 두 가지 방안을 예로 들었는데 이 두 정책은 담배수요와 함수관계에 있음을 전제하고 있다고 할 수 있다. 즉, 함수관계에 있으므로 이러한 정책을 실시하였을 때 담배 수요가 영향을 받아 감소할 것으로 기대하고 있다.

그러면 수요에 영향을 미치는 것에는 어떤 것이 있을까? 즉 어떤 변수와 수요가 함수관계에 있을까? 앞에서 수요의 법칙을 '가격과 수요량과의 역의 관계'라고 정의한 것에서 알 수 있듯이 수요함수의 변수로 가장 처음 생각할 수 있는 것이 가격일 것이다[1].

아무리 가격이 싸다고 하더라도 주머니 사정이 넉넉지 못하면 소비에 제약을 받을 수 밖에 없을 것이다. 소득이 높아야 외식도 자주 하고 여행도 많이 다닐 수 있을 것이다. 많은 상품이 소득이 증가하면 수요도 증가하는 현상을 보여주지만 모든 상품이 그런 것은 아니다. 대중교통은 이용자의 소득이 증가하면 자가용을 이용하여 소비가 감소할 것이며, 자판기 커피도 사람들이 소득증가로 전문점의 커피를 찾게 된다면 오히려 소비가 감소할 것이다. 따라서 소득의 변화가 수요의 변화에 영향을 미치는 방향에 따라 구분을 지어 지칭하고 있는데, 소득의 변화 방향과 수요가 같은 방향으로 영향받는 상품은 '정상재'라고 한다. 반면 소득증가에 대해 수요가 반대 방향으로 영향받는 것은 '열등재'라고 한다. 그러나 특정 재화를 '정상재' 혹은 '열등재'라고 구분할 수는 없다. 같은 재화라도 다양한 소득 수준과 선호, 생활환경에 따라 정상재가 될 수도 열등재가 될 수도 있다.

예전 석유 가격이 폭등하였을 때 연탄의 수요는 크게 증가하고 석유난로 및 보일러의 수요는 크게 감소하였다는 신문기사가 있었다. 가격이 변화한 것은 연탄이나 보일러가 아니라 석유임에도 불구하고 연탄 및 보일러 수요가 변화한 것이다. 즉, 동일재화가 아닌 타 재화의 가격이 변화해도 수요에 영향을 미침을 알 수 있다. 또한, 석유 가격이 상승한 위의 예에서 볼 수 있듯이 연탄처럼 수요가 같은 방향으로 변화할 수도 있고, 석유 보일러처럼 반대 방향으로 영향 받을 수도 있다. 연탄의 경우는 석유가격이 비싸져서 유지비가 적게 드는 연탄으로 대체했기 때문에 나타나는 현상으로 석유와 연탄은 서로 '대체재'의 관계에 있다고 한다. 반면 석유 보일러는 석유를 원료로 쓰기 때문에 석유 가격이 상승하면 석유의 수요와 함께 석유 보일러의 수요도 감소한다. 석유 보일러는 석유가 함께 있어야지만 제 역할을 수행할 수 있으므로 두 재화의 수요가 같은 방향으로 움직일 수밖에 없으며 이런 관계를 '보완재'라고 한다.

그 외에 수요에 영향을 미치는 요인은 다양하게 존재할 것이다. 날씨에 따라 냉난방 기구의 판매량이 달라질 것이며, 의류 등은 유행에 민감하게 반응할 것이다. 또 미래의 가격이나 경기상황에 대한 예상을 어떻게 하는지도 현재 소비에 영향을 미칠 수 있다. 이렇게

---

1) 일반적으로 가격과 수요량 간의 관계가 (-)의 관계이나 수요의 법칙이 적용되지 않는 '기펜재'의 경우는 (+)의 관계가 성립한다.

수요에 영향을 미치는 다양한 요인을 함수관계로 나타낸 것이 수요함수이며 다음의 식과 같이 나타낼 수 있다.

$$D_X = f(P_X \; ; \; I \; , \; P_Y \; , \; We \; , \; E_X \; \cdots)$$

P_X:해당재화의 가격, I:소득, P_Y:타 재화의 가격, We:날씨, E_X:예상가격

수요의 변화와 수요량의 변화

그렇다면 본 장의 제목과 서두에서 이야기되었던 흡연율 감소를 위한 방법으로 세금을 인상하는 것과 혐오 사진을 게재하는 것은 어떤 차이가 있는 것일까? 이를 수요곡선에서 살펴보자. 그래프는 두 축 간의 관계를 그림으로 나타낸 것이며 수요곡선의 두 축은 가격(P_X)과 수요량($D_X = Q_X$)이다. 따라서 담배 1갑에 2,000원의 세금을 부과하여 2,500원 하던 담뱃값이 4,500원이 되었다면 이는 수요곡선에서 각 가격에 대응하여 점 A의 수요량에서 점 B에 대응하는 수요량으로 감소할 것이다. 즉, 수요의 법칙에 따라 더 비싸진 가격으로 인해 수요량이 감소할 것이다.

담뱃갑에 폐암이나 후두암 등으로 손상된 장기의 사진을 게재한다면 이것 역시 담배 수요가 감소하는 방향으로 영향을 미칠 것이다. 그러나 이런 효과를 수요곡선으로 나타내고자 할 때 양 축이 경고 사진 게재와 무관하므로 판매량 변화를 기존 수요곡선으로는 나타내기 어려운 문제가 있다. <그림 2>의 수요곡선에서 살펴보면 담뱃값이 2,500원 할 때의 수요량이 X_0라고 해보자. 이제 담배 가격은 그대로인데 담뱃갑에 혐오 사진을 게재했다고 하면 담배 판매량은 어떻게 변화할 것인가? 즉, 담배 가격은 변함이 없어도 담배로 인한 폐해에 대한 광고효과로 담배 판매량은 감소할 것이며 이는 그래프에서 2,500원의 동일한 가격에서 X_1으로 감소하는 것으로 표시된다. 광고효과에 따른 판매량 감소는 모든 가격에서 발생할 것이며 이를 연결하면 새로운 수요곡선을 그릴 수 있다. 즉, <그림 2> 에서 혐오 사진을 통한 광고를 하지 않았을 때의 수요곡선이 D_0라고 한다면 혐오 사진을 게재했을 때, 각 가격에서 감소한 구매 하고자 하는 양을 연결하면 수요곡선 D_1을

도출할 수 있는데 이는 D_0보다 좌측에 그려질 것이다.

〈그림 2〉 수요량의 변화와 수요의 변화

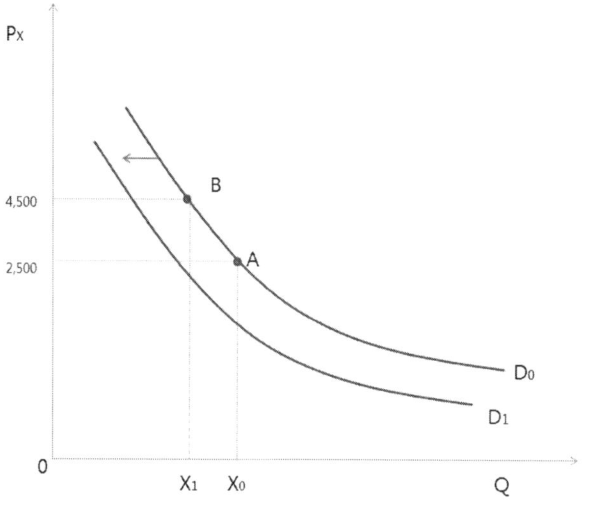

이상을 종합하여 다시 서술하면 담배소비세의 부과는 담배 가격을 인상시켜 수요곡선상에서의 움직임으로 판매량의 변화가 측정된다. 반면, 혐오 사진 게재는 가격과 관계없이 판매량의 감소를 가져와 수요곡선 자체가 이동되는 형태로 판매량의 변화가 측정된다. 경제학에서는 이렇게 판매량이 감소한 결과는 동일하더라도 그 원인이 무엇인가에 따라 구분하여 다르게 칭하고 있다. 가격변동이 원인이 되어 수요곡선상에서 변화한 전자의 경우를 '수요량의 변화'라고 하며 가격 이외의 다른 요인이 변화하여 판매량의 변화를 가져와 수요곡선 자체가 움직이는 형태를 보여주는 후자의 경우를 '수요의 변화'로 칭한다. 따라서 본 장에서 화두로 제시하였던 두 정책효과의 차이는 수요량의 변화와 수요의 변화 차이로 이해할 수 있다. 수요량의 변화는 수요곡선의 기울기에 그 크기가 영향 받을 것이다. 즉, <그림 3> 에서 P_0에서 P_1으로 동일한 가격의 변화라 하더라도 기울기가 완만한 D_1의 경우가 D_0의 경우보다 더 많은 수요량의 변화를 갖고 온다[2]. 이에 비해 수요의 변

2) 이는 탄력성에 대한 개념으로 뒤의 7장에서 다시 논의될 것이다.

화는 수요곡선의 이동 크기에 의해 정책효과가 영향을 받는다. 비단 위에서 언급한 혐오사진 광고효과 이외에도 소득, 타 재화의 가격 등 해당 재화 가격 이외의 변화에 따른 수요곡선의 이동이 크게 나타날수록 판매량의 변화는 크게 영향받을 것이다. <그림 3> 의 우측 그림에서 D_1 보다는 큰 폭으로 이동한 D_2의 경우가 동일한 변동요인에 대해 더 큰 수요의 감소를 가져올 것이다. 따라서 위에서 두 정책의 효과는 조세부과로 인한 가격 인상에 따른 수요곡선의 기울기와 사진광고에 따른 수요곡선의 이동 폭에 의해 정책효과의 크기가 결정될 것이다.

〈그림 3〉 수요량 변화와 수요 변화의 크기

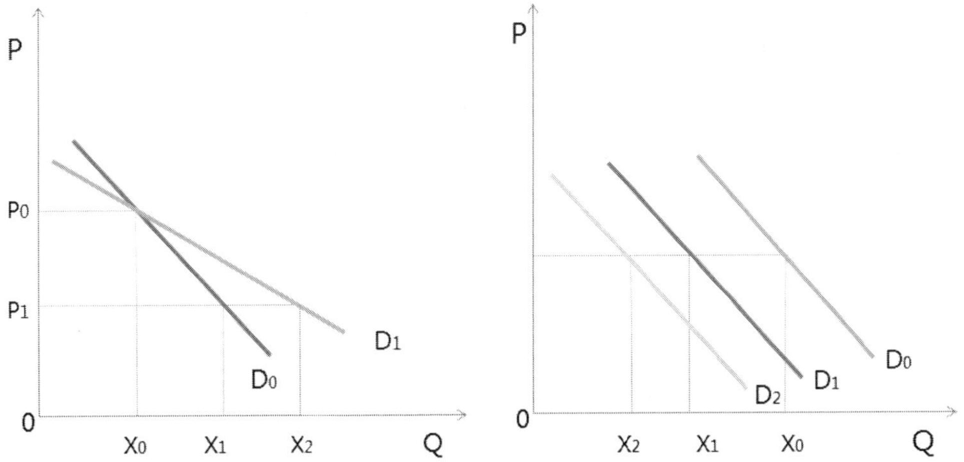

공급과 공급곡선

지금까지 상품을 소비하는 수요에 관계되어 논의를 전개하였다. 그러나 상품을 소비하기 위해서는 누군가는 그 상품을 만들어 주어야만 하는데 이것이 공급이다. 전 장에서 논의된 경제생활을 영위하기 위해서는 양대 축이 있는데 그것이 수요와 공급이다. 수요와 서로 상반되는 입장에 놓인 것만 다를 뿐 기본적인 가정이나 성격은 유사하므로 수요보다 간단히 설명하고자 한다.

먼저 공급(supply)은 '일정 기간 동안 주어진 가격에서 기꺼이 생산하려고 하는 욕구'로 정의되며, 수요와 달리 상품을 만드는 입장에서는 가격이 비쌀수록 이윤획득을 위해 더 많이 생산하려고 할 것이기 때문에 가격과 공급량과는 (+)의 관계에 있게 되고 이를 '공급의 법칙(law of supply)'이라 한다. 가격과 생산량과의 이와 같은 관계를 그래프로 나타낸 것이 '공급곡선'이며 우상향하는 형태를 띠게 된다. 공급곡선은 수요곡선과 마찬가지로 가격과 생산량 양쪽 측면에서 해석이 가능한데, 가격이 주어졌을 때 생산하려고 하는 최대 수량을 의미한다. 즉, 현재의 생산량보다 더 많이 생산하기 위해서는 가격을 더 높게 받을 수 있을 때 가능하고 가격이 인하된다면 현재보다 생산량을 줄이려고 할 것이다. 주어진 가격에서 최대 수량의 의미는 수요곡선과 동일하다. 그러나 생산자는 되도록 더 많은 금액을 상품 대금으로 받기를 원할 것이므로 주어진 양에 대해서는 받으려고 하는 최소한의 금액이 될 것이다. 이는 수요곡선과는 상이하다. 이를 종합하면 공급곡선 위쪽의 영역은 생산 가능 영역이고 아래쪽의 영역은 생산이 불가능한 영역의 의미를 갖는다.

〈그림 4〉 공급곡선

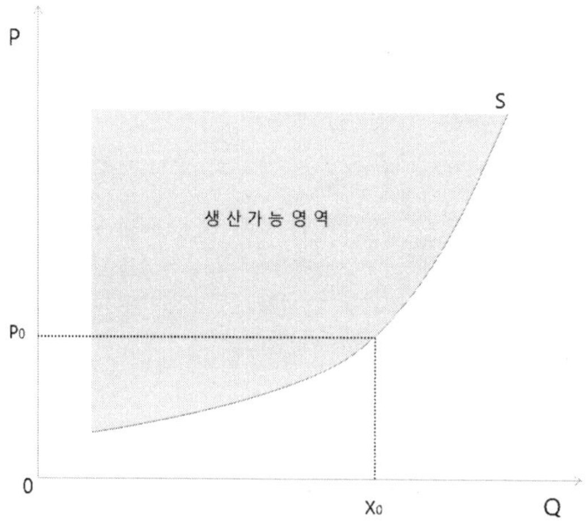

앞서 동일한 상품이라도 각 개인의 수요곡선은 상이하며 이는 그 상품으로부터 얻는 효용의 차이에 기인한다고 하였다. 그럼 공급의 경우는 어떠할까? 동일한 상품이라고 하더라도 생산자의 주어진 환경에 따라 최소한 받아야겠다고 생각하는 금액은 상이할 것이다. 그렇다면 이러한 차이를 만드는 주된 요인은 무엇일까? 생산자의 궁극적인 목적은 이윤의 획득에 있으며 이윤을 얻기 위해서는 최소한 소요된 비용보다는 높은 가격에 판매해야만 가능할 것이다. 즉, 수요가 상품 소비로 인해 얻는 효용과 관계되었다면 공급은 상품 생산에 투입되는 비용과 밀접하게 연관될 것이다.

공급함수

수요와 마찬가지로 공급에 영향을 미치는 요인이 여러 가지가 있을 것이며 이를 함수의 형태로 표현한 것이 공급함수이다. 경제행위가 서로 영향을 주고받는 복잡한 현대사회에서 공급에 영향을 주는 요인은 여러 가지가 있겠으나 수요와 구분되는 대표적인 것을 중심으로 살펴보면 다음과 같다. 우선, '공급의 법칙'에서 알 수 있듯이 가격은 생산량을 결정하는 가장 중요한 요소 중의 하나이다.

오랜 옛날 양복은 양복점에서 맞추어 입었고 생산량은 재단사의 능력과 노동력에 의해 좌우되어 대량생산이 불가능했다. 그러나 현대에는 소비자의 다양한 체형과 취향에 부합되게 각양각색의 상품이 대량생산되고 있으며 소비자 대부분은 상설 판매점에서 양복을 구매한다. 이것은 수작업이 아닌 기계화를 통한 기술의 발달로 가능해진 것인데 이처럼 생산기술도 생산량을 결정하는 중요한 요소이다.

상품을 생산하기 위해서는 생산요소의 투입이 필수적이며 이에는 비용이 수반되기 마련이다. 상품을 만들어내는데 소요되는 비용이 많으면 당연히 예산제약 하에 생산량이 제약받을 수밖에 없으며 반대로 적게 소요된다면 생산에 여유가 있게 될 것이기 때문이다. 따라서 임금, 원자재, 이자 등의 생산요소 가격도 공급함수의 중요한 변수이다.

생산요소처럼 직접 생산과정에서 소요되는 것은 아니지만 부가적으로 소요되는 비용이 있는데 대표적인 것이 세금이다. 대표적인 것으로 대부분 상품이 원가에 더해진 이윤에 대해 부가가치세가 부과되며, 개인이 벌어들인 소득에 대해 소득세를 부과하는 것과 마찬가지로 기업이 영업활동으로 벌어들인 소득에 대해서 법인세를 부과한다. 이렇게 부과된 세금은 상품의 가격 상승으로 이어지거나 기업의 이윤에 영향을 미쳐 생산 활동을 제약하게 된다. 2015년 경기가 침체하여 자동차가 판매되지 않고 생산시설 가동률이 감소하는 현상이 발생하자 자동차에 부과되는 개별소비세를 한시적으로 폐지한 것은 이에 대한 좋은 예로 볼 수 있다.

이상의 공급에 영향을 주는 요인을 함수관계로 식으로 나타내면 다음과 같다.

$$S_X = f(P_X \; ; \; Tech \; , \; P_F \; , \; Tax \; , \cdots)$$

P_X:해당 재화의 가격, $Tech$:생산기술, P_F:생산요소가격, Tax:세금

공급량의 변화와 공급의 변화

공급에 관계된 내용은 개념이 수요자가 공급자로 입장이 바뀔 뿐 기본적 원리는 수요와 동일한 것으로, 더 자세한 것은 위에서 설명된 수요의 경우를 참고하도록 하고 여기서는 간단히만 언급한다. 수요와 마찬가지로 공급도 생산량을 변화시키는 원인이 무엇인가에 따라 공급량의 변화와 공급의 변화로 구분할 수 있다. 즉, 생산품의 가격이 변화하여 생산량이 영향받는 것은 '공급량의 변화'라고 하며 그 외의 다른 요인이 변화하여 생산량이 변화하는 것을 '공급의 변화'라고 한다.

이는 그래프에서도 상이하게 나타나는데 '공급량의 변화'는 공급곡선 상에서 움직임으로 관측되며 '공급의 변화'는 공급곡선이 이동하는 것으로 나타난다. 또한, 공급량 변화의 크기는 공급곡선의 기울기에 영향을 받고 공급 변화의 크기는 공급곡선의 이동 정도에 영향을 받는다.

〈그림 5〉 공급량의 변화와 공급의 변화

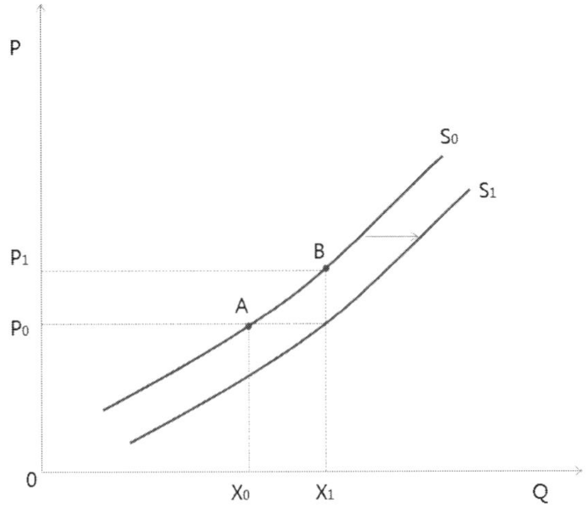

• 제 3 장 •

산 정상의 물값이 산 아래보다 비싼 이유는?

가격결정

우리나라에서는 석유가 물보다 비싸게 거래되지만 중동의 산유국에서는 물이 석유보다 비싸게 거래된다. 이렇듯 동일한 상품이라도 장소나 계절 등에 따라 가격이 다르게 책정되는 경우를 주변에서 어렵지 않게 볼 수 있다. 또한 어떤 상품은 값이 싸다 못해 공짜로 거래되기도 하고, 반대로 생산은 가능하나 너무 비싸 거래가 어려운 상품도 있다. 어떤 이유로 이러한 현상이 일어나는지 가격 결정원리를 이용하여 살펴보자.

가격의 기능

앞 1장에서 우리가 논의의 대상으로 삼고 있는 시장경제는 경제문제를 시장이라는 기구를 통해서 해결하고 시장의 기능을 한마디로 '보이지 않는 손'에 의한 '자원의 최적 배분'으로 표현할 수 있다고 하였다. 그런데 시장의 기능이 원활히 수행되기 위해 중간 매개체 역할을 하는 것이 가격(price)이다. 가격은 '상품 한 단위와 교환되는 화폐액'으로 정의될 수 있는데 앞장에서 살펴본 수요와 공급에 의해 가격이 결정되고 자원 최적 배분의 매개체가 되는 것이다.

이 과정을 다음에서 좀 더 자세히 살펴보자. 충분치 못하고 부족한 자원은 꼭 필요한 적재적소에 투입되어야만 낭비를 줄이고 경제주체의 만족도를 극대화할 것이다. 그렇다면 자원이 필요한 곳에 적당한 양이 투입되었는지의 여부는 어떻게 알 수 있을까? 만일 어떤 상품이 사회구성원이 필요로 하고 있지 않는 상품이라면 생산이 되어도 팔리지 않고 재고로 쌓이게 될 것이다. 이윤의 획득이 목적인 생산자는 재고를 쌓아놓는 것보다는 보다 싼 가격이라도 처리하고자 할 것이다. 반면에 사회구성원이 필요로 하는 상품임에도 불구하고 자원이 과소 배분되어 적게 생산되고 있다고 하면 품귀현상으로 가격은 상승할 것이다. 이렇듯 가격은 현재 수요와 공급 상태에 대한 정보를 경제 구성원에게 알려준다. 어떤 상품의 가격이 상승하고 있다면 이는 수요가 공급보다 많음을 의미하며 반대로 가격의 하락은 수요가 공급에 미치지 못함을 나타낸다고 볼 수 있다.

가격은 수요와 공급에 대한 정보를 제공하는 동시에 동기부여를 한다. 가격이 상승하면 이윤을 추구하는 기업은 생산을 증대시키고자 하는 유인이 생기지만, 소비자는 소비를 줄이고자 하는 유인이 발생한다. 물론 가격이 하락하는 경우에는 반대가 될 것이다. 이러한 동기부여는 자연스럽게 자원의 최적 배분이 이루어지도록 경제행위를 유도할 것이다.

이 과정을 종합하여 정리하면, 어떤 상품이 사회구성원들은 별로 필요로 하지 않는데 잘못 판단되어 과대생산이 이루어진다고 할 때 가격은 하락하게 될 것이다. 이는 다시 소비자에게는 소비를 증대시키는 요인으로 작용할 것이고, 생산자 입장에서는 생산에 대한 의욕이 감소시킬 것이다. 따라서 자연스럽게 생산은 감소하고 투입되는 자원도 감소할 것이다. 이렇게 감소한 자원은 반대로 수요가 공급보다 많아 가격이 상승하고 있는 다른 상품생산으로 투입이 이전될 것이다. 이렇듯 가격의 결정 과정을 통해 적절한 자원 배분이 달성되는 것이다.

가격의 결정

본 학습의 목적이 일상생활에서 시장경제 원리를 찾아보고 이해하는 것이라고 할 때, 시장의 기능이 '가격'이라는 매개체를 통해 이루어짐으로 가격 결정 원리를 더욱 자세히 살펴볼 필요가 있다.

〈그림 6〉 가격의 결정

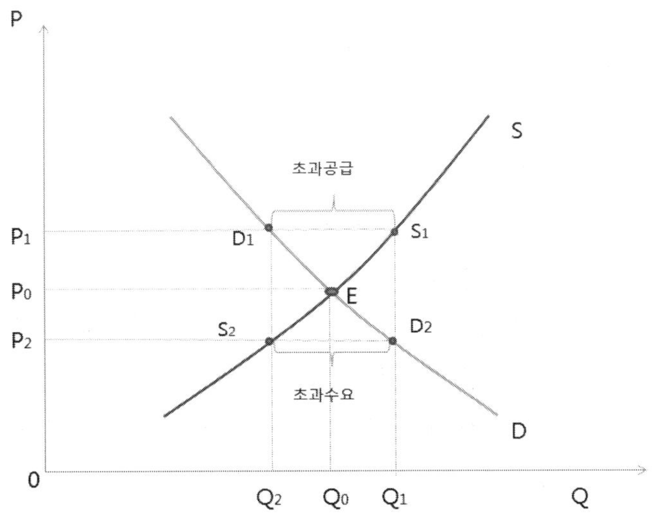

<그림 6>은 수요와 공급곡선을 함께 나타내었다. 먼저 높은 가격 수준인 P_1의 경우를 보면 생산자는 수익성이 좋아 S_1 만큼 많은 양을 생산하려고 하지만 소비자는 비싼 가격 때문에 적은 양인 D_1 만큼만 소비할 의향이 있다. 따라서 $S_1 - D_1$ 만큼 공급이 더 많은 초과공급이 존재하게 된다. 즉, 상품이 팔리지 않고 재고로 쌓이게 될 수밖에 없고 위에서

살펴본 것처럼 이 경우에는 가격이 하락압력을 받게 될 것이다. 반대로 낮은 가격인 P_2의 경우를 보면 소비자는 싼 가격에 D_2의 많은 양을 소비할 의향이 있지만, 생산자는 수익성이 낮아 적은 양인 S_2만을 생산할 의향이 있다. 따라서 이 경우는 $D_2 - S_2$ 만큼 수요가 더 많은 초과수요가 존재하게 된다. 즉, 물건을 사고 싶어도 물건이 없어서 구매하지 못하는 경우가 발생한다. 이때 가격은 상승압력을 받게 된다. 이렇듯 수요와 공급 중에서 어느 한쪽이 더 많은 초과수요나 초과공급이 존재하면 가격은 안정적으로 머물러 있는 것이 아니라 상승압력이나 하락압력을 받게 된다. 따라서 안정적인 가격의 결정은 공급과 수요가 일치하는 수준에서 이루어질 것이다. 이를 그래프에서 살펴보면 수요곡선과 공급곡선이 만나는 지점이 수요량과 공급량이 일치하는 수준이다. 즉, P_0의 수준에서 수요량과 공급량은 Q_0으로 동일하게 되고 가격의 변동요인이 없어 안정적인 가격이 결정된다.

가격의 변동

수요와 공급에 의해 가격이 결정된다는 것은 수요나 공급이 변화하면 결정된 가격이 변화함을 의미하는 것이기도 하다. 전 장에서 수요나 공급의 변화는 수요곡선이나 공급곡선의 이동을 가져온다는 것을 알았다.

예를 들어 와인에 대한 수요와 공급곡선이 <그림 7>과 같이 주어져 있다고 하자. 어느 날, 식품연구소에서 와인이 심장병을 예방하고 노화를 방지하는 등 건강에 도움을 주는 성분이 포함되어 있다는 연구결과를 발표했다고 하자. 이는 와인 시장에 어떤 변화를 일으킬까? 건강에 도움이 된다는 연구결과는 전과 같은 가격이라도 와인에 대한 수요를 증가시킬 것이며 이에 따라 수요곡선이 우측으로 이동하는 결과를 가져올 것이다. <그림 7>에서 알 수 있듯이 수요곡선이 D_0에서 D_1으로 이동함에 따라 처음 균형가격인 P_0는 더는 균형가격이 아니게 되며 초과수요가 존재하게 된다. 따라서 가격은 상승압력을 받게 되고 이동된 수요곡선과 공급곡선이 만나게 되는 P_1의 가격에서 새로운 균형을 이루게 될 것이다. 이때 균형거래량도 처음 Q_0보다 증가한 Q_1에서 새로운 균형을 이루게 된다.

〈그림 7〉 가격의 변동

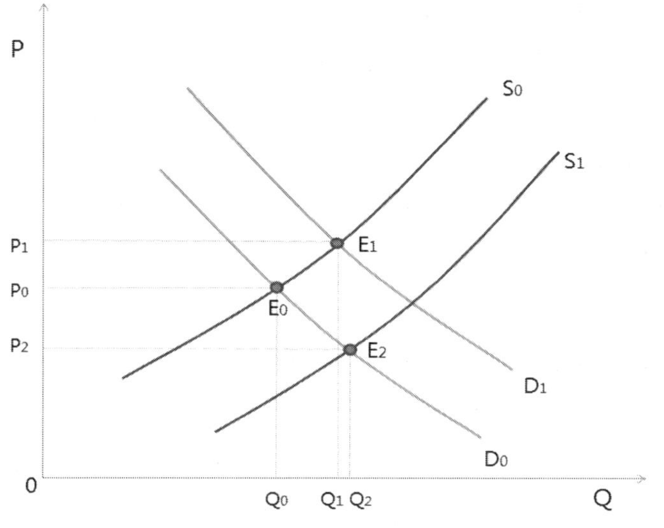

이번에는 와인의 주요 생산국 중의 하나인 칠레와의 FTA가 체결이 우리나라 와인 시장에 어떤 영향을 줄 것인지 생각해보자[3]. 관세가 없어짐에 따라 칠레의 와인 생산자는 우리나라 와인시장에서 가격경쟁력을 갖게 되었다고 판단하여 수출을 증대할 것이다. 이는 국내 와인시장의 공급을 증가시키는 요인이 되어 공급곡선이 우측으로 이동할 것이다. 이 경우 처음 균형가격P_0에서 초과공급이 발생하게 되어 가격이 하락압력을 받게 될 것이다. 이에 따라 가격은 새로운 균형점인 P_2 수준까지 하락하게 될 것이고 균형거래량은 Q_2로 증가하게 될 것이다.

이렇듯 수요나 공급의 변화가 일어나게 되면 균형가격과 균형거래량이 변화하게 된다. 위에서 수요와 공급 중 하나가 변화했을 때의 영향을 살펴보았으나 두 가지가 동시에 영향을 줄 수도 있다. 예를 들어 위에서 예시한 와인시장을 둘러싼 수요와 공급 변화요인이 동시에 발생하였다고 하자. 이때에는 수요와 공급의 변화 방향이 중요한데 위의 예에서는 둘 모두 증가하여 그래프가 오른쪽으로 이동하였다. 그 결과 새로운 균형거래량은 항상 처음 균형거래량에 비해 우측에 위치할 수밖에 없어 시장에서 거래되는 양은 반드시 증가

3) 칠레는 우리나라가 가장 먼저 FTA를 체결한 나라이며 2002년에 타결되어 2004년부터 발효되었다.

할 것이다. 그러나 새로운 균형가격은 수요나 공급의 변화가 영향을 미치는 방향이 달라 단정 지어 말할 수 없다. 즉, 수요의 증가는 가격상승 압력을 주지만 공급의 증가는 가격하락 압력을 가할 것이기 때문에 두 영향 중에서 어느 것이 더 크게 변동하는가에 따라 가격의 변화 방향이 결정될 것이다. 수요나 공급이 모두 감소한다고 하면 균형거래량은 확실하게 감소한다고 말할 수 있으나 균형가격은 마찬가지로 단정 지어 말할 수 없다. 즉, 수요나 공급이 같은 방향으로 변화한다고 하면 균형거래량의 변화 방향은 확실하게 말할 수 있으나 균형가격은 변화 방향을 특정 지을 수 없다.

수요나 공급이 동시에 변화하더라도 서로 다른 방향으로 변화하는 경우도 있을 것이다. 이때에는 반대로 균형가격의 변화 방향은 확실하게 말할 수 있어도 균형거래량의 변화 방향은 수요나 공급의 크기가 상대적으로 어떤 것이 더 큰가에 의해 결정될 것이다. 균형가격이 상승할 것이나 하락할 것인가는 반대 방향으로 변화하는 수요나 공급이 어떻게 변화하는가에 달려있다. 즉, 수요는 늘고 공급이 감소한다면 균형가격은 반드시 상승할 것이며 반대는 하락할 것이다. 이상은 그래프로 쉽게 확인할 수 있는데 자세한 것은 독자의 몫으로 남긴다.

가격의 차이

본 장의 서두에서 꺼낸 질문으로 되돌아 가보자. 동일한 물인데 속리산 입구에서 판매되는 물의 가격과 속리산 정상인 문장대에서 판매되는 물의 가격은 분명 차이가 있다. 산 정상에서의 물이 산 아래에서의 물보다 비싼 가격에 거래되고 있다. 그 이유는 무엇인가? 위에서 가격은 수요와 공급에 의해 결정이 된다는 것을 알았다. 이는 산 정상에서의 물에 대한 수요곡선과 공급곡선이 교차하는 지점이 산 아래에서의 교차점보다 높다는 것을 의미한다. 그렇다면 이런 현상이 나타나는 이유는 무엇인가?

이를 이해하기 위해서는 2장에서 논의된 수요와 공급곡선에 내포된 의미를 이해하는 것이 도움이 된다. 앞장에서 일정량을 구입하기 위해 지불할 의사가 있는 최대 금액은 그 상품으로 인해 얻을 수 있는 효용 수준과 밀접한 관련이 있으며, 일정량을 생산하기 위해 최소한 받아야겠다고 생각하는 금액은 그 상품을 생산하기 위해 소요된 비용과 밀접한 관련이 있다는 것을 살펴보았다. 이를 적용해보면 산 정상과 산 아래에서 물에 대한 가격은 각 장소의 수요와 공급곡선이 교차하는 곳에서 결정이 될 것이고, 이는 각 장소에서 물에 대한 효용과 비용에 의해 영향받는다는 것을 의미한다.

먼저 물이 가져다주는 효용과 관련 있는 수요측면을 살펴보자.

〈그림 8〉 가격의 차이

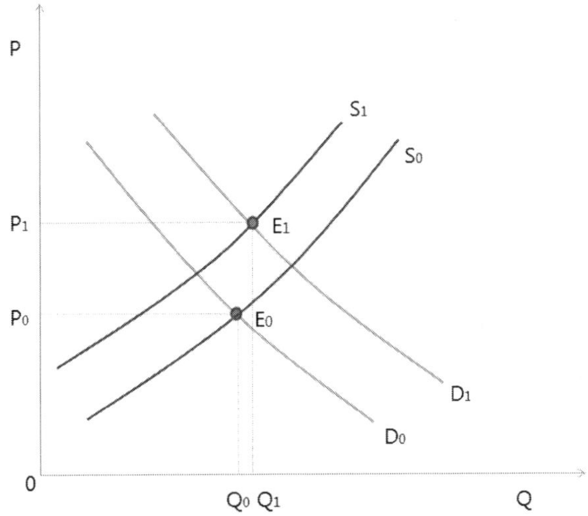

<그림 8>에서 산 아래에서의 물에 대한 수요곡선이 D_0으로 표시되어있다. 이에 비해 산 정상에서의 수요곡선, 즉 산 정상에서의 효용은 어떨까? 사람마다 차이가 있겠지만 산 정상에 오르기 위해서는 많은 시간 땀을 흘리며 힘든 운동을 하여야만 한다. 이 과정에서 숨도 차며 목도 마를 것이다. 이럴 때 산 정상에서 산 아래를 내려다보며 땀에 젖은 몸을 불어오는 신선한 바람에 맡길 때의 그 기분은 산을 가본 사람이라면 누구나 알 것이다. 여기에 갈증을 해소하게 해주는 시원한 물 한 모금이 주는 만족감이란 산 아래에서의 물 한 모금과는 비교할 수 없을 것이다. 즉, 물 한 모금이 주는 효용이 산 아래보다는 산 정상에서 더 클 것이며 이는 산 정상에서의 수요곡선(D_1)이 산 아래에서의 수요곡선(D_0)보다 위에 위치함을 의미한다.

다음은 비용과 관계된 공급을 살펴보자. 산 아래에서의 물에 대한 공급곡선이 S_0이라고 한다면 물을 산 정상으로 운반하기 위해서는 더 많은 비용이 수반될 수밖에 없으므로 정상에서의 공급곡선은 S_1로 상위에 위치할 것이다. 즉, 운반하는 방법은 여러 가지가 있겠지만 헬기를 이용하여 운송하든지 사람이 직접 운반하든지 추가적인 비용이 유발될 것이다. 이에 따라 생산자가 최소한 받아야겠다고 생각하는 물의 가격은 산 정상에서 더 높게 위치할 수밖에 없다.

균형가격은 수요곡선과 공급곡선이 교차하는 지점에서 결정되는데 산 정상에서의 수요곡선과 공급곡선이 모두 산 아래보다 높게 위치하므로 교차점도 상위에 위치할 수밖에 없으며 이에 따라 균형가격도 더 높게 형성된다.

동일한 상품인데도 주변 상황에 따라 가격이 다르게 책정되는 현상을 우리는 적지 않게 경험한다. 농수산물의 가격이 타 지역에 비해 생산지에서 저렴하고, 코로나19로 마스크 가격이 폭등하고, 입지에 따라 집값이 달라지는(학교 인근, 주변 자연경관 , 대형마트 입점) 등의 현상들이 그 예이다. 상품에 따라 다양한 상황이 존재하지만 동일한 상품이라고 하더라도 주변 환경에 따라 그 상품이 가져다주는 효용과 상품생산에 필요한 비용은 다를 것이다. 이것은 이를 반영한 수요곡선과 공급곡선, 그리고 두 곡선이 일치하는 곳에서 결정되는 균형가격이 다르다는 것을 의미한다[4].

4) 동일한 상품이 다른 가격을 갖는 또 다른 예로 '수요탄력성'의 차이에 기인한 '가격차별'이 있는데 이는 뒤에서 다시 논의하기로 한다.

• 제 4 장 •

왜 물은 유료인데 공기는 무료일까?

가격규제

가격은 수요와 공급에 의해서 시장에서 결정됨을 알았다. 그렇다면 모든 상품의 가격이 시장에서 결정되는 것일까? 결론부터 말하자면 그렇지 않다. 예외의 경우는 크게 두 가지로 나눌 수 있는데 하나는 '시장에서 가격이 형성되지 못하는 경우'와 다른 하나는 '시장가격을 정부가 통제하는 경우'가 그것이다.

가격이 시장에서 형성되지 못하는 경우

우리는 소비하는 모든 상품에 대해 대가를 지불하지는 않는다. 대표적으로 매 순간 숨쉬는데 필요한 공기는 무료로 소비하고 있다. 시장거래 여부에 따라 소비를 위해 결정된 가격을 지불해야만 하는 '경제재'와, 대가없이 소비가 가능한 '자유재'로 구분지어 부른다. 소위 공짜로 소비가 가능하고 시장에서 거래가 되지 않는다는 것은 수요곡선과 공급곡선이 만나는 지점이 존재하지 않는다는 것을 의미한다. 이의 이유를 그래프와 함께 생각해보자. 일반사람들에게 공기를 공짜로 사용하는 이유에 대해 묻는다면 아마도 대부분의 사람들이 '충분히 많기 때문'이라고 답할 것이다. 이는 충분히 많은 양 때문에 별다른 비용 없이 공급이 가능하여 공급곡선이 <그림 9>에서와 같이 우측에 치우쳐 위치할 것이다. 반면 효용과 관계있는 수요곡선은 특수한 경우(화재나 붕괴사고 등으로 공기가 희박한 경우 등)를 제외하고 일상생활에서 생활하는데 불편이 없을 만큼 공기가 존재하기 때문에 이를 위해 기꺼이 지불하고자 하는 금액은 매우 낮아 좌측 아래에 치우쳐 그려질 것이다. 따라서 수요와 공급이 교차하게 되는 지점이 존재하지 않게 되어 균형가격은 결정되지 못하게 된다.

그럼 앞으로도 공기는 영원히 무료로 소비가 가능한가? 만일 공급곡선이 좌측으로 이동하고 수요곡선이 우측으로 이동한다면 균형점이 존재하게 되어 우리는 이에 해당하는 가격을 지불하고 공기를 소비하게 될 것이다. 그렇다면 언제 이와 같은 일이 일어날 수 있을까? 만일 대기오염 등으로 깨끗한 공기가 부족하게 된다면 어떻게 될까? 공기의 양이 감소됨에 따라 공기의 공급곡선은 좌측으로 이동할 것이고 깨끗한 공기는 더욱 소중하게 되어 이것이 사람들에게 주는 효용도 증가하고 공기소비를 위해 기꺼이 지불하겠다는 비용도 커지게 될 것이다. 이는 공기에 대한 수요곡선을 상방으로 이동시켜 변화된 공급곡선과 함께 균형점을 형성할 것이다. 실제로 마시는 물에서 이와 유사한 사례를 찾아볼 수 있다. 예전에는 물은 자연이 인간에게 주는 자원으로 비용 없이 소비가 가능한 재화였다. 심지어 옛말에 너무 헤프게 써 낭비한다는 의미로 '물 쓰듯이 쓴다'라는 말이 있을 정도로 물은 흔했으며 물을 돈 주고 사먹는다는 것은 생각지도 못했다. 그러나 환경오염 등으로 깨끗한 물의 양이 부족해지면서 지금은 돈을 지불하고 물을 사먹는 것이 자연스러운 일이 되어버렸다.

〈그림 9〉 자유재의 수요 공급곡선

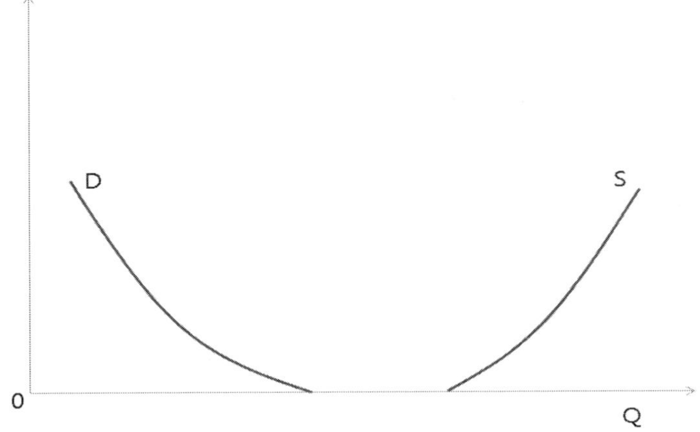

시장가격이 형성되어 활발하게 시장에서 거래되지 못하는 경우는 위의 자유재 말고 또 다른 형태가 있다. 예로 우주여행이나 고가의 신약(新藥) 등을 들 수 있다. 우주여행의 경우 기술적으로 우주여행 상품을 개발하여 판매하고 있음에도 가격적인 측면에서 현실화되고 있지는 못하다[5]. 또 다른 예로 최근 '25억 주사(졸겐스마)'가 화제가 된 적이 있는데 이 신약 처럼 개발도 되었고 국내에 허가되어 판매도 가능하나 그 가격이 너무 높게 책정되어 실제로 시장에서 거래가 이루어지지 못하는 경우도 있다. 즉, 우주여행과 고가의 신약은 시장에서 수요와 공급곡선이 만나 균형가격이 형성되는 과정이 제대로 이루어지고 있지 못하다는 것을 의미한다. 그러나 이 경우는 앞에서 살펴본 자유재의 경우와는 다르다. 먼저 공급측면을 보면 자유재는 워낙 많아서 굳이 돈을 받지 않고서도 공급이 가능했지만 우주여행은 정 반대가 될 것이다. 즉, 우주여행 개발업체의 입장에서 보면 기술적으로 우주여행이 가능하지만 이를 위해서는 우주선 제조 및 발사, 훈련 등에 천문학적인 비용이 투자될 것이다. 따라서 손해 보지 않기 위해 최소한 받으려고 하는 금액도 매우 높게 형성될 수밖에 없으며 이는 공급곡선이 매우 높은 영역에 그려지게 됨을 의미한다. 반

5) 2021년 7월에 성공한 준궤도 여행(약 100km 고도)은 9만 5천달러(약 1억 3천만원) 수준이며, 우주정거장에서 숙박하는 궤도여행은 약 5천 2백만 달러(약 610억원), 달 여행의 경우 판매가격 1억 5천만 달러(약 1,740억원)과 7억 5천만 달러(약 8,740억원)으로 구성되어있다.

면 우주여행의 대가로 기꺼이 지불할 의향이 있는 금액을 의미하는 수요곡선은 수요자의 소득수준에 크게 제약 받을 것이다. 누구나 우주여행을 가보고 싶어도 본인의 소득수준 이상의 비용을 감당하는 것은 어려울 것이다. 즉, 공급업자가 받으려고 하는 금액보다 수요자가 지불할 수 있는 금액이 훨씬 적을 것이며 이는 <그림 10>에서 볼 수 있듯이 공급곡선에 비해 수요곡선이 크게 낮은 위치에 그려짐을 의미한다. 이런 상황에서는 수요 공급이 일치하는 균형가격이 결정되지 못하며 따라서 시장에서 활발한 거래도 이루어지지 못한다.

〈그림 10〉 우주여행의 수요 공급곡선

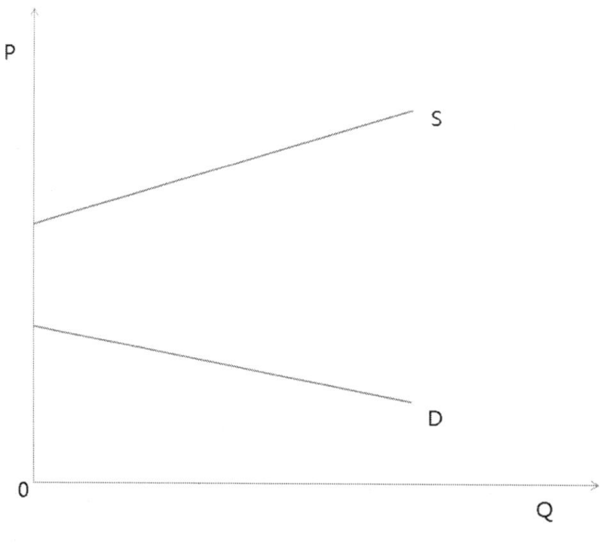

그럼 앞으로도 우주여행은 일반여행과 달리 시장에서 활발히 거래되지 못할까? 이 예에서도 수요곡선은 상방으로 이동하고 공급곡선은 하방으로 이동하여 서로 일치하게 된다면 균형가격이 형성되고 거래가 이루어질 수 있을 것이다. 어떤 상황이 수요곡선과 공급곡선을 원하는 방향으로 이동시킬 수 있을까? 우선 공급곡선은 비용과 밀접하게 관련되어 있으므로 기술발달로 지금보다 획기적으로 비용을 절감할 수 있는 우주관련 기술이 개발된다면 공급곡선을 하방으로 이동시킬 수 있을 것이다. 수요곡선은 위에서 언급한대로 수요자의 소득과 밀접하게 연관되어 있다. 예를 들어, 신혼여행지의 경우 소득수준이 낮았던 과거에는 대부분 국내를 선택하였으나, 소득이 증대된 지금은 거의 대부분 해외를 선택하는 것에서도 알 수 있다. 따라서 수요곡선은 소득이 증가하면 상방으로 이동할 것이다. 수요자의 소득이 상승한다면 과거에 국내여행지에서 해외여행지로 선택을 바꾼 것처럼, 우주여행을 선택하는 경우도 발생할 것이다. 따라서 우주선 발사와 관계된 획기적인 기술이 개발되고 소득수준이 높아진다면 불가능하게만 여겨졌던 우주여행이 우리 곁으로 다가올 수도 있다.

시장 균형가격을 규제하는 경우

자유로운 경제활동에 의해 시장에서 가격이 결정되었다고 하더라도 때로는 이 시장가격에서 거래되는 것이 아니라 정부가 인위적으로 규제를 하는 경우가 있다. 규제를 하는 방법에 따라 두 가지가 있는데 '최고가격제'와 '최저가격제'가 그것이다.

'최고가격제'는 글자 그대로 정부에서 최고가격을 설정하고 그 이하의 가격으로만 거래될 수 있도록 규제하는 것을 말한다. '최고가격'은 규제를 하지 않았을 때 자연스럽게 형성되는 '시장가격'보다 낮게 설정한다. 만일 최고가격이 시장가격보다 높게 설정된다면 최고가격이 아무런 의미가 없게 된다. 아무런 규제를 하지 않아도 거래되는 가격이 시장가격보다 높게 형성되지는 않을 것이기 때문이다. 그렇다면 '최고가격제'는 왜 시행을 하는 것일까? 설정된 가격보다 비싸게 거래가 되는 것을 금지하고 싸게 거래되도록 하는 것이기 때문에 최고가격제는 전적으로 소비자에게 유리한 정책이다. 즉, 수요자의 후생증진이 목적이며 때로는 물가상승을 억제하기 위해 실시하기도 한다.

실례를 들어보면 부동산경기에 따라 변동되기는 하지만 '아파트 분양가 상한제'를 들 수 있다. 그냥 시장기구에 맡겨 두었을 경우 아파트 가격이 너무 비싸 일반 서민들의 주택마련에 어려움을 겪을 것으로 예상되기 때문에 택지비와 건축비에 적정 이윤을 더해 최고 분양가격을 설정하고 규제하는 정책이다. 그 외에도 대부업체의 '이자율 규제' 등에서 최고가격제의 예를 찾아볼 수 있다.

그러나 균형가격이 아닌 인위적으로 규제를 한 가격이기 때문에 설정된 최고가격에서는 초과수요가 존재하게 된다. <그림 11>에서 보면 균형가격 P_0보다 낮은 최고가격 P_1에서는 초과수요가 존재하고 공급되는 거래량 Q_1에서는 최대 P_2의 가격까지 지불할 의사가 있는 수요자가 존재할 것이다. 따라서 최고가격 P_1에서 구입하여 P_2에 판매한다면 그 차액만큼 이윤이 될 것이다. 이렇듯 정부가 가격규제를 하지만 더 높은 가격에 거래를 원하는 수요자와 공급자 모두가 존재하므로 암시장이 발생할 가능성이 크다. 이를 방지하기 위해서는 초과수요를 해결해야만 하는데 선착순, 추첨제, 점수제, 배급제 등의 방법이 있다.

〈그림 11〉 최고가격제

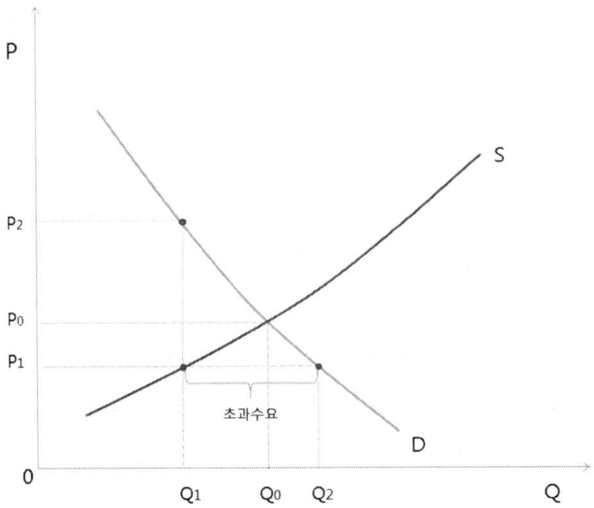

'최고가격제'가 있으면 정반대인 '최저가격제'도 존재하는데 이는 최저가격을 설정하고 더 높은 가격으로만 거래할 수 있고 낮은 가격에서 거래는 금지한다. 최고가격제가 수요자의 후생증진을 목적으로 했다고 하면 최저가격제는 높은 가격으로 거래되게끔 규제를 하는 것으로 공급자의 후생증진이 목적이다. 또한 설정되는 최저가격은 시장에서 결정되는 균형가격보다 높게 설정되어야 가격규제로서 의미가 있게 된다.

최저가격제의 실례를 보면 '농산물가격 지지정책'이나 '최저임금제' 등을 들 수 있다. 즉, 노동시장에서 자율적으로 결정된 임금이 너무 낮아 노동자가 생활하는데 어려움이 있다면 이를 방지하기 위해 임금에 대한 최저가격을 설정하고 최소한 이보다 많은 임금이 지급되도록 하는 것이다.

최저가격제의 경우는 초과공급의 문제가 발생되는데 노동시장의 경우는 실업이 증가하고 농산물 시장은 잉여농산물이 증가하는 문제가 발생할 수 있다. 농산물 시장의 경우 이를 해결하기 위해 정부가 직접 수매에 나서 초과공급 부분을 소비해 주는 방법이 있으며, 예방차원에서 사전에 수급상황에 대한 정보를 제공하여 공급량을 줄이도록 유도할 수 있다. 그 외에 직접적인 수요가 아닌 간접적인 수요가 발생하도록 관계 상품을 개발하고 산업 및 기관을 육성하는 정책 등도 고려할 수 있을 것이다.

가격규제와 사회 총잉여

시장에서 결정된 가격을 따르는 것이 아니라 정부가 특정 가격을 설정하여 규제하는 것이 수요자나 공급자의 후생증진을 위하는 것이 목적임을 위에서 알아보았다. 그렇다면 수요자나 공급자의 후생은 얼마나 증가한 것일까? 또한 이들의 후생수준이 증가하였다면 사회전체의 후생수준도 증가한 것일까? 이런 질문들에 대한 대답은 '사회 총잉여'라는 개념을 알면 조금 더 쉽게 접근할 수 있다.

'사회 총잉여'는 문자 그대로 사회구성원들이 누리는 잉여를 의미하는데 여기서는 소비자와 생산자만이 경제주체로 활동하는 경우를 보고 있으므로 '사회 총잉여'는 '소비자 잉여'와 '생산자 잉여'로 구성되어 있다. 소비자 잉여는 '일정량을 구매하기 위해 최대한 지불할 의사가 있는 금액과 실제 지불한 금액과의 차이'로 정의된다. 즉, 일정량을 구매하기 위해 지불할 의사가 있음에도 지불하지 않아 소비자에게 남은 금액을 의미한다. 이를 수요곡선에서 살펴보면 Q_1을 구매하기 위해 소비자는 P_1의 가격까지 최대한 지불할 의향이 있고, 이 때 지불되는 금액은 $Q_1 \cdot P_1$이 될 것이며 그래프에서 기다란 사각형 OQ_1bP_1의 면적으로 표시될 것이다. 추가적인 소비량 Q_2에 대해서는 동일한 가격에서는 소비할 의향이 없고 더 싼 가격인 P_2를 낼 의향이 있을 것이므로 지불금액은 보다 적은 사각형 Q_1Q_2ce의 면적으로 표시될 것이다. 이런 방법으로 추가 소비에 따른 지출의사 금액을 표시하면 수요곡선 아래의 연속적인 사각형 면적의 합으로 표시될 수 있을 것이다. 만일 수요량의 단위를 아주 작게 분리한다면 일정량 Q_0의 소비를 위해 최대한 지불할 의사가 있는 금액은 해당 수량까지의 수요곡선 하부면적으로 사다리꼴 모양의 OQ_0da로 이해할 수 있다. 그러나 소비자가 상품거래를 할 때 매 단위마다 다른 가격을 지불하지는 않는다. 그래프에서 수요와 공급이 일치된 균형가격과 균형량이 각각 P_0와 Q_0라면 실제 지불한 금액은 사각형 OQ_0dP_0로 표시될 것이다. 따라서 지불할 의사가 있음에도 지불하지 않은 금액은 OQ_0da에서 OQ_0dP_0을 제외한 삼각형 모양의 aP_0d 면적이 될 것이다.

〈그림 12〉 소비자잉여

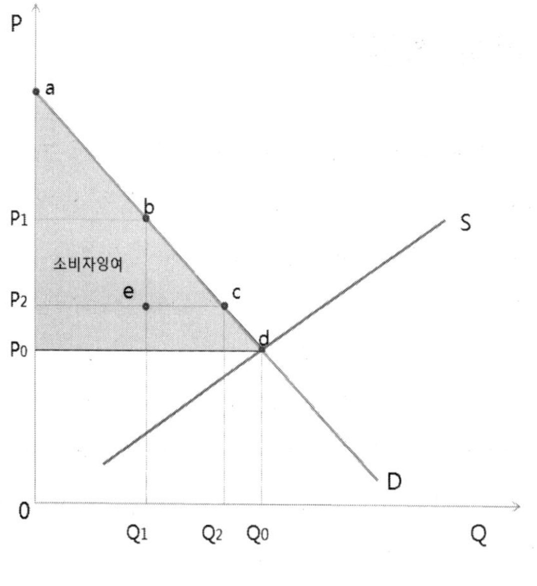

‘생산자 잉여’는 ‘일정량을 생산하기 위해 생산자가 최소한 받으려고 하는 금액과 실제 받은 금액과의 차이’로 정의되는데 생산자와 소비자의 입장이 바뀐 것을 제외하고는 개념의 큰 차이가 없다. 즉, 생산을 위해 최소한 받으려고 하는 금액이 곧 공급곡선을 의미하므로 공급곡선의 하부면적이 생산자 잉여의 의미를 갖는다. 자세한 설명은 독자의 몫으로 남긴다. <그림 13>에서는 소비자 잉여와 생산자 잉여를 함께 나타내었다. 수요곡선과 공급곡선이 만나 균형가격이 P_0에서 결정되고 Q_0에서 균형량이 거래된다면 삼각형 모양의 abP_0 면적이 소비자 잉여를 의미하고 P_0bc 면적이 생산자 잉여를 의미한다. 그리고 이 둘을 합친 수요곡선과 공급곡선 사이에 존재하는 삼각형 abc의 면적이 사회 총잉여를 의미한다.

〈그림 13〉 사회 총잉여

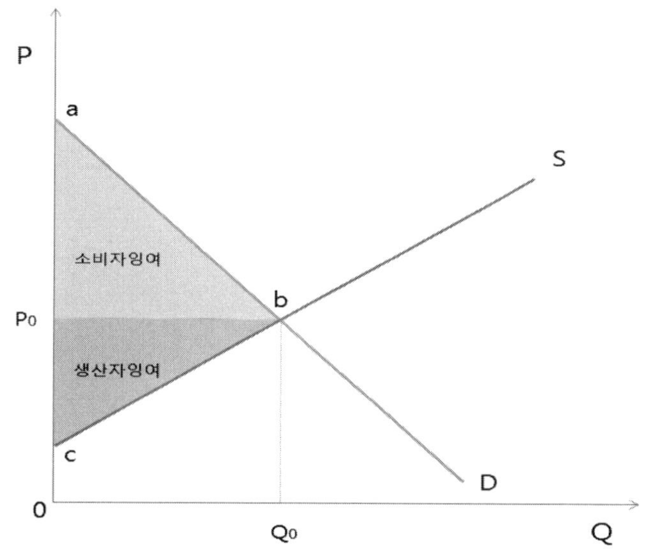

이제 위에서 설명한 최고가격제가 시행된 후의 사회 잉여의 변화를 <그림 14>를 통해 살펴보자. 최고가격은 균형가격 P_0보다 낮게 설정되어야 하므로 P_1으로 설정되었다. 최고가격 시행 전의 사회적 잉여를 보면 소비자 잉여는 $A+B$의 면적으로 이해할 수 있으며, 생산자 잉여는 균형가격 아래쪽 삼각형 면적인 $C+D+E$가 된다. 그리고 둘을 더한 사회 총잉여는 $A+B+C+D+E$로 표시할 수 있다. 이제 최고가격이 시행된 이후의 변화를 살펴보면 새로운 가격에서는 수요량과 공급량이 일치하지 못한다. 균형보다 싼 가격이기 때문에 수요하려는 양은 많으나 공급하고자 하는 양은 적어 초과수요가 발생하며 실제 거래되는 양은 양쪽 중에 더 적은 쪽에 의해 결정될 수밖에 없다. 즉, 수요하고자 하는 양이 많아도 공급되는 양이 적으면 실제 거래량은 공급량인 Q_1으로 제한된다. 이 때 소비자 잉여를 살펴보면 지불할 의향을 의미하는 거래량 Q_1의 수요곡선 하부면적에서 실제로 지불된 P_1이하의 면적을 뺀 $A+C$가 될 것이다. 이를 처음 소비자 잉여 $A+B$와 비교해보면 B가 제외되고 C가 추가되었다. 그렇다면 B와 C의 크기에 따라 최고가격제에 따른 소비자 잉여의 변화를 측정할 수 있을 것이다.

〈그림 14〉 최고가격과 사회 총잉여

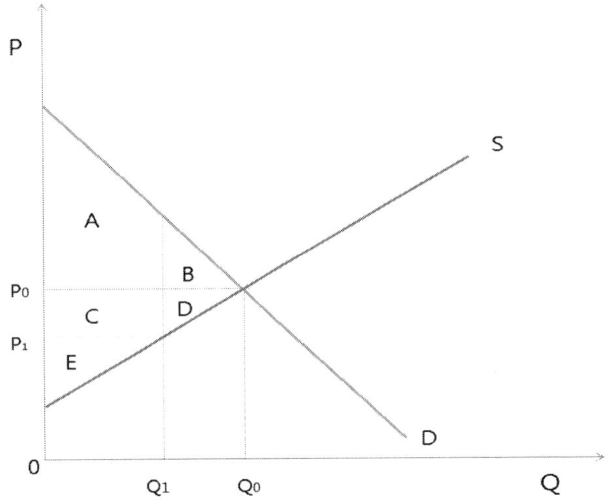

<그림 14>에서 알 수 있듯이 B의 면적보다는 C의 면적이 커, 최고가격제 실시로 소비자의 후생은 증가된 것을 알 수 있다. 반대로 공급자의 입장에서 가격규제를 하기 전 생산자잉여는 $C+D+E$로 측정될 수 있고, 최고가격제의 시행에 따라 P_1 가격수준에서는 E 면적으로 축소될 것이다. 즉, 최고가격제를 시행함에 따라 생산자가 누렸던 생산자 잉여 중에서 $C+D$ 만큼이 손실되어 후생수준이 저하되는 것을 알 수 있다. 즉, 최고가격제는 소비자의 후생증진을 목적으로 하는 정책임을 확인할 수 있다. 그렇다면 소비자나 생산자에 관계없이 사회전체가 누리게 되는 잉여측면에서는 어떤 변화가 있는가? 먼저 가격규제 전의 사회 총잉여는 $A+B+C+D+E$ 로 표시되는데 반해, 최고가격제 이후는 소비자 잉여와 생산자 잉여를 합한 $A+C+E$의 면적이 사회총잉여가 된다. 즉, $B+D$

의 면적만큼 사회 총잉여가 감소됨을 의미한다.

최저가격제의 경우에는 생산자의 후생증진이 목적이므로 생산자는 후생증가가 있지만 소비자는 후생감소가 된다. 또한 이 둘을 더한 사회 총잉여는 최고가격제와 마찬가지로 생산자의 후생증가보다 소비자의 후생감소 부분이 더 커서 가격규제로 인해 총잉여는 감소한다. (기본적인 원리는 동일함으로 독자가 스스로 확인해 보기 바란다) 즉, 가격규제는 각각 특정 계층의 후생증진을 위해 정부가 실시하고 목적을 달성할 수는 있으나, 사회전체 측면에서는 오히려 후생의 감소를 가져올 수도 있음을 알 수 있다.

• 제5장 •

왜 짜장면 곱빼기 가격은 곱빼기가 아닐까?

한계효용

일상생활에서 상품을 많이 사면 단위당 상품가격을 더 싸게 해 주는 경우를 많이 볼 수 있다. 본 장의 제목에서 언급된 짜장면 곱빼기 가격도 대표적인 예 중의 하나이다. 대학가에서 4,000~5,000원 하는 짜장면은 1,000원~1,500원 정도를 더 주면 곱빼기로 먹을 수 있다. 양이 두 배 더 많은 곱빼기라고 하면서 왜 가격은 크게 차이 나지 않는 것일까? 물론 양도 곱절까지 많지는 않다고 할 수 있고 추가적인 비용이 많이 들어가지 않는다고 할 수도 있다. 그러나 이를 감안해도 곱빼기의 가격은 보통보다 단위당 가격이 더 저렴하다. 다양한 측면에서 이런 현상을 얘기할 수 있겠으나 본 장에서는 소비자의 관점에서 살펴본다.

한계효용

상품을 소비하는 이유는 그 상품이 가져다주는 만족감 즉, 효용 때문이다. 그리고 상품이 가져다주는 효용은 소비자가 지불하고자 하는 가격의 기준이 되기도 한다. 따라서 수요곡선은 소비자 개인의 효용이 함축되어 저마다 다르게 표출된다는 것은 이미 앞에서 언급이 되었다. 그럼 다시 수요곡선으로 되돌아가서 한 가지 질문을 해보자. 우하향하는 수요곡선에서는 더 많은 양을 소비하기 위해 기꺼이 지불하고자 하는 금액은 더 낮게 형성된다. 수요곡선은 효용과 관계된 것임을 감안할 때 이는 더 많은 양을 소비하면 오히려 효용이 감소한다는 것을 의미하는 것처럼 보일 수 있다. 그러나 특별한 경우를 제외하고 소비자에게 만족감을 주는 상품은 많을수록 좋은 것이 일반적인 현상이다. 그렇다면 소비자가 상품을 소비할 때 지불할 의향이 있는 최대금액의 기준은 총효용(total utility: TU)이 아닌 다른 효용임을 짐작할 수 있다.

여기에서 생각할 수 있는 효용에 대한 또 하나의 개념이 한계효용(marginal utility: MU)이다. 한계효용은 '추가적인 상품 소비에 따른 총효용의 변화분'을 의미한다. 즉, 상품을 한 단위 더 소비했을 때 얼마나 더 효용이 증가하느냐에 관계된 개념이다. 예로 빵 하나를 소비할 때 만족감이 500인데, 두 개를 소비할 때 만족감이 800이라고 한다면 이 800은 총 효용이다. 그러나 그중에서 500은 처음 소비한 빵에 대한 효용이고 두 번째 빵의 소비로 인한 효용의 증가분은 300이다. 이 300의 효용을 한계효용이라고 하고 다음과 같이 표현할 수 있다. 여기에서 Δ는 증감분을 의미한다.

$$MU = \frac{\Delta TU}{\Delta Q}$$

아무리 희소하고 귀중한 것도 양이 증가하여 풍족하게 쓸 수 있게 되면 그 가치가 감소하게 되는 것이 일반적인 현상이다. 사막에서 길을 잃고 헤매는 사람에게 한 모금의 물은 더할 나위 없이 큰 효용을 주지만 한 잔, 두 잔 추가로 공급되는 물에 대해 느끼게 되는 효용은 첫 잔 보다 감소할 것이다. 나아가 이미 충분히 갈증을 해소했는데도 불구하고 억지로 물을 먹게 한다면 오히려 효용이 감소할 수도 있을 것이다. 이렇게 상품 소비량을 증가시킬 때 증가하게 되는 효용의 증가분은 점차 감소하게 되는 것이 일반적인 현상이다. 이러한 현상을 일컬어 '한계효용체감의 법칙(law of diminishing marginal utility)' 이라고 한다.

총효용과 한계효용

여기서 한 가지 유념해야 할 것은 상품 소비를 증가시킴에 따라 한계효용이 체감한다는 것이 총효용이 감소한다는 것을 의미하지는 않는다. 한계효용체감은 소비량 증가에 따라 총효용 자체가 아니라 총효용의 증가분이 감소한다는 의미이다. 소비량 증가에 따라 총효용이 감소할 때는 한계효용이 음(-)의 값을 가질 때이며, 한계효용이 양(+)의 값일 때 소비량이 증가하면 총효용도 증가한다. 즉, 한계효용만큼 전 소비량 수준의 총효용에 더해져 현 소비량의 총효용이 된다. 이때 소비량 증가 따라 한계효용은 점차 감소하기 때문에 한계효용이 0일 때 총효용은 가장 크게 될 것이다. 이러한 총효용과 한계효용 간의 관계는 <그림 15>를 통해 확인할 수 있다.

〈그림 15〉 총효용과 한계효용

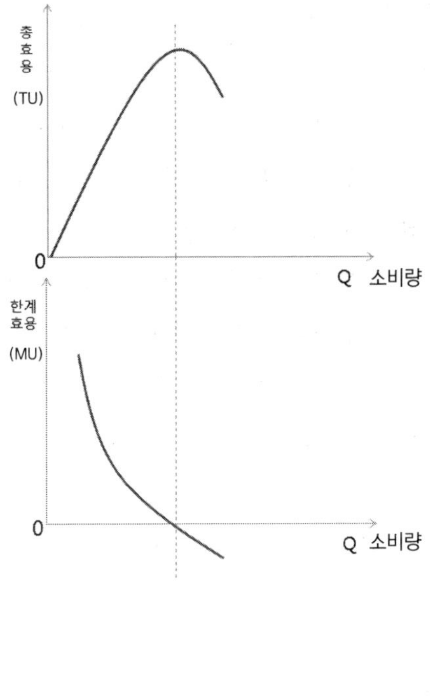

한계효용균등의 법칙

소비자는 소비하는 사람이고 소비의 목적은 효용의 획득에 있다. 그러나 단순히 효용의 획득만이 목적이 아니라 가능한 최대한의 효용을 얻고자 노력한다. 식사를 예로 들어보자. 모든 사람은 식사를 한다. 식사의 목적은 배고픔을 해결하고 에너지를 얻는 효용획득을 위해서다. 그러나 우리는 식사 때마다 무엇을 먹을지 고민을 한다. 즉, 식사가 단순히 배고픔을 해결하기 위해서만이 아니라, 더 높은 영양가와 더 좋은 맛을 가진 음식을 찾는다. 이러한 행동에서도 최대한의 효용을 획득하려는 노력을 확인할 수 있다.

따라서 소비자의 행동 원리를 분석하려고 하면 소비자가 어떻게 행동을 할 때 효용의 극대화가 달성되는가를 살펴보면 된다. 이를 분석하기 위해 복잡한 사회를 단순화하는 가정을 몇 가지 해보자. 우선 상품의 소비로 인해 느끼는 주관적인 만족감을 숫자로 표현할 수 있다고 가정한다.[6] 또한, 소득은 주어져 있고 X와 Y, 두 상품만을 소비한다고 가정하고 다음에서 소비자의 행동을 분석하고자 한다.

X재에 대한 한계효용(MU_X)이 Y재에 대한 한계효용(MU_Y)보다 크다고 해보자. 한계효용은 상품 한 단위의 소비량이 변했을 때 변화하는 효용의 증감분을 의미함으로 Y의 소비량을 변화시키면 MU_Y 만큼 변화하고 X의 소비량을 변화시키면 MU_X 만큼 변화할 것이다. 이때 Y의 소비량은 줄이고 X의 소비량은 증가시키면 효용은 MU_Y 만큼 감소하고 MU_X 만큼 증가할 것이다. MU_X가 MU_Y보다 크기 때문에 이 경우에 총효용은 증가하게 될 것이다. 만일 반대로 MU_Y이 MU_X보다 크다면 Y재 소비를 증가시키고 X재 소비를 감소시킴으로 동일한 결과를 얻게 될 것이다. 즉, 두 재화의 한계효용이 상이하다면 한계효용이 작은 재화의 소비를 줄이고 한계효용이 큰 재화의 소비를 늘려 효용의 증대를 꾀할 수 있다. 이것은 소득의 범위를 벗어나지 않는 소비수준에서 두 재화의 한계효용이 어느 한쪽이 크거나 작은 부등호 관계가 성립한다면, 소비량의 조정으로 효용을 증가를 이룰 수 있음을 의미한다. 이를 달리 표현하면, 효용이 극대가 된다는 것은 더는 효용을 증가시킬 수 없는 상태를 의미하므로 두 재화의 한계효용이 같게 될 때 효용이 극대화됨

---

6) 소비자이론에는 효용을 셀 수 있다고 보는 기수이론 이외에 서수이론인 '무차별 곡선' 이론과 '현시선호 이론' 등이 있으나 교양 수준인 본고에서는 기수이론인 '한계효용'이론만을 다룬다.

을 알 수 있다.

그러나 단순히 두 재화의 한계효용만을 비교한다면 문제가 하나 있다. 예를 들어 배가 고파 식사를 하려고 하는데 학교 구내식당의 백반과 고급 호텔의 뷔페가 있다고 하자. 두 식사 중에서 학생식당보다는 호텔 뷔페가 더 많은 한계효용을 가져다줄 것이다. 일반적으로 품질이 좋은 고급상품은 가격이 비싸지만, 더 큰 만족감을 가져다준다. 그렇다면 효용의 극대화를 위해서는 모두 고급품질의 비싼 상품을 쓰는 것이 합리적인 선택이란 뜻으로 이해될 수 있다. 그러나 이런 선택은 경제학에서 말하는 합리적인 선택이 아니다. 즉, 소비자의 선택에서 한계효용을 고려할 때 가격까지 함께 고려되어야 정확한 판단이 된다.

이러한 문제를 해결하는 방법으로 각 재화에 대한 한계효용을 그 재화의 가격으로 나눠보는 것이 있다. 이는 $\frac{MU_X}{P_X}$와 $\frac{MU_Y}{P_Y}$로 표시될 수 있을 것이며 단순한 한계효용이 아니라 상품 소비에 쓰이는 ‘1원에 대한 한계효용’의 의미가 된다. 즉, $\frac{MU_X}{P_X}$는 X재를 구매하는 데 쓰인 1원이 가져다주는 한계효용이 된다. 이렇게 한계효용을 해당 재화의 가격으로 나누어 주게 되면 비싼 재화나 싼 재화나 동일하게 ‘1원당 한계효용’의 의미가 되어 객관적인 비교가 가능해진다.

소비자의 행동 원리를 분석함에 있어 그 이후는 앞에서 살펴본 것과 동일하다. 즉, 효용 극대화를 추구하는 소비자는 X와 Y재를 소비함에 있어 만일 $\frac{MU_X}{P_X} > \frac{MU_Y}{P_Y}$인 상태라고 하면 동일한 1원을 쓰더라도 X재를 구매하는 것이 Y재를 구매하는 것보다 더 많은 효용을 가져다준다. 따라서 Y재에서 1원의 소비를 줄여 X재 소비에 투입한다면 Y재 소비감소로 인해 줄어드는 효용보다 X재 소비증가로 증가하는 효용이 더 커서 전체 효용은 증가하게 될 것이다. 더는 효용 증가가 불가능한 효용 극대는 두 재화의 1원당 한계효용이 동일할 때 달성될 것이며 소비자는 이 수준까지 소비할 것이다. 이를 식으로 표현하면 다음과 같으며 이를 ‘한계효용균등의 법칙(law of equimarginal utility)’이라고 한다.

$$\frac{MU_X}{P_X} = \frac{MU_Y}{P_Y}$$

구체적인 예를 들어 한계효용균등의 법칙을 살펴보자. 김 군은 영화와 야구를 좋아하여 용돈에서 6만 원을 절약하여 이를 관람하려고 한다. 영화와 야구 관람에 따른 총효용은 다음의 표와 같다. 영화 관람료는 5,000원이고 야구 관람료는 10,000원일 때 김 군은 영화와 야구 중, 어떤 것을 몇 번 관람할 때 효용이 극대가 될 것인가?

〈표 1〉 영화와 야구 관람에 따른 총효용

	1회	2회	3회	4회	5회	6회
영화	10,000	19,000	27,000	34,000	40,000	45,000
야구	15,000	28,000	38,000	45,500	51,000	55,000

우선 처음의 선택에서 총효용은 영화(10,000)보다 야구(15,000) 관람이 더 크다. 그러나 야구 관람료(10,000원)는 영화(5,000원)의 두 배가 되어 야구 한 번을 보면 영화관람 두 번을 포기해야 한다. 처음 관람에서 영화는 5,000원으로 10,000의 효용을 얻어 1원당 2의 효용을 얻지만, 야구는 10,000원으로 15,000의 효용을 얻어 1원당 1의 효용을 얻는다. 즉, $\frac{MU_{영화}}{P_{영화}}=\frac{10,000}{5,000}=2$가 되고 $\frac{MU_{야구}}{P_{야구}}=\frac{15,000}{10,000}=1.5$가 되어 $\frac{MU_{영화}}{P_{영화}}>\frac{MU_{야구}}{P_{야구}}$가 되어 영화관람을 선택하는 것이 현명하다. 다음 선택에서 영화를 두 번 관람할 때의 총효용은 19,000으로 한계효용은 9,000이 되고, 관람료로 나눈 1원당 한계효용은 $\frac{MU_{영화}}{P_{영화}}=\frac{9,000}{5,000}=1.8$이 된다. 이는 야구를 처음 관람할 때의 1원당 한계효용인 1.5보다 높아 아직도 1원을 야구보다는 영화를 보는 것에 지출하는 것이 더 높은 만족감을 얻을 수 있다. 이렇듯 두 재화에 대한 소비의 선택에서 1원당 한계효용을 비교하여 더 작은 재화의 소비를 줄이고 더 큰 재화의 소비를 늘림으로써 총효용의 증가를 가져올 수 있으며 더이상 증가할 수 없는 최대효용은 두 재화의 1원당 한계효용이 같게 될 때이다. 위의 예에서 야구와 영화관람에 대한 한계효용을 구하고 이를 각 가격으로 나누면 영화는 6회, 야구는 3회 관람할 때 1원당 1씩의 한계효용을 얻어 효용이 극대가 된다. 두 재화의 소비 조합에서 1원당 한계효용이 같게 되는 경우가 복수일 수 있는데 이때는 예산제약을 고려

해야 한다.

그러나 한계효용 개념에 기초한 한계효용균등의 법칙은 생활경제에 많은 시사점을 줄 수 있는 반면 한계점도 갖고 있다. 그중 하나가 일상생활에서 효용이 얼마인지 세며 소비를 하는 경우는 거의 없다는 것이며, 또 하나는 설령 셀 수 있다고 하더라도 상품의 소비에는 최소거래 단위가 있으므로 1원당 한계효용이 같게 되게끔 두 재화의 소비량을 조절할 수 없다는 것이다.

생활 속의 한계효용

다시 이번 장 서두에서 언급한 짜장면 곱빼기 가격을 생각해보자. 짜장면도 다른 상품과 마찬가지로 짜장면이 가져다주는 만족감의 크기에 의해 지불할 수 있는 최대금액이 결정될 것이다. 5천 원인 짜장면을 사 먹는 소비행위는 짜장면으로 얻는 효용이 그 이상이기 때문이며 이 둘 간의 차이는 앞장에서 설명한 '소비자잉여'로 이해할 수 있다. 짜장면 한 그릇의 양이 부족하여 더 먹고 싶은 사람이 추가로 더 낼 의향이 있는 금액도 추가적인 짜장면이 주는 효용의 크기에 의해 정해질 것이다. 만일 짜장면 곱빼기의 가격을 만 원으로 한다면 사람들이 사 먹을까? 개인마다 다르겠지만 이미 한 그릇을 먹어 허기를 달랜 상황에서 같은 가격을 주고 추가로 사 먹는 사람은 매우 적을 것이다. 이것은 추가적인 짜장면이 주는 효용은 처음 짜장면 한 그릇의 가격인 5천 원에 미치지 못함을 의미한다. 그러나 천 원 이상의 효용은 얻을 수 있다면 곱빼기 가격으로 6천 원은 낼 의향이 있을 것이다. 추가적인 소비에 대해 효용의 증가분이 점차 감소함을 보여주는 이것이 바로 한계효용체감의 원리이다.

재화의 소비에 대한 결정에 있어서 '1원당 한계효용'이 중요한 역할을 하게 되는 것을 상기해보면서 시험공부의 경우를 생각해보자. 대학교에서는 과목당 학점의 차이가 크지 않지만 2학점짜리 A과목과 4학점짜리 B과목을 같이 수강한다고 해보자. 또는 고등학교에서 일주일에 3시간 수업하는 과목과 1시간 하는 과목이 있다고 하자. 시험 기간이 되어 공부하고자 하는데 평상시 공부를 하지 않아 공부할 시간이 부족하다고 한다. 한정된 시간을 두 과목 중의 하나의 공부에 써야 하는 상황에서 어떤 과목에 투자할 것인가? 이때 고려해야 하는 것은 무엇인가? 과목에 따라 어떤 과목은 단순 암기라 한 시간 공부에 대해 점수향상이 큰 과목도 있을 것이고, 기초 이론에 대한 지식이 요구되어 단시간에 점수향상이 어려운 과목도 있을 것이다. 이를 한계효용과 연관 지어 생각해보면 우선 시간 투자에 대해 점수향상이 큰 과목을 먼저 공부해야 할 것이다. 실제로 시험 임박해서 암기과목 위주로 공부하는 경향을 볼 수 있다.

그럼 공부할 과목에서 점수가 향상될 가능성이 높은 것만 고려하면 될까? 다음으로 고려해야 할 것이 강의 시수인데, 한 시간 공부해서 2학점 A과목은 60점이 예상되고 4학점 B과목은 40점이 예상된다면 더 낮은 점수가 예상된다고 하더라도 4학점 과목을 공부하는 것이 합리적일 수 있다. 대학교의 평점 또는 고등학교의 내신은 각 과목 점수의 산술평균이 아닌 수업시수로 가중치가 부여된 가중평균으로 계산되기 때문이다. 이를 앞서 언급된 한계효용균등의 법칙과 연관 지어 생각해보면 단순한 한계효용이 아니라 비용까지 고려한 '시간비용 당 향상 가능 점수'가 같게 되도록 양 과목에 공부시간을 할애해야 함을 의미한다. 논의의 편의를 위해 예에서 시간의 비용을 포기하게 되는 타 과목의 점수로 생각하자[7]. 즉, A과목을 공부한다는 것은 B과목 공부할 기회를 잃어 그에 따른 평점평균 점수를 포기한다는 것으로 이해할 수 있다. 그런데 똑같이 한 시간을 포기하더라도 학점에 따라 비용이 달라질 것이다. B과목이 A과목에 비해 2배 더 학점이 크다면 A과목 공부에 따른 비용이 B과목 공부에 따른 비용보다 2배 더 크다고 할 수 있다. 이를 위의 예에 반영하여 '시간비용 당 점수'를 산정해 보면 향상시킬 수 있는 점수는 작아도 높은 평점을 위해 학점이 큰 과목을 공부하는 것이 나을 수 있다. 고등학교에서 국.영.수 과목의 중요성을 언급하는 이유 중의 하나도 기초가 중요시되는 특징 이외에 수업시수가 많기 때문이기도 하다.

또 다른 일상생활에서의 적용을 살펴보기 위해 한계효용균등의 법칙의 한계점 중의 하나인 소비의 가분성에 대해 생각해보자. 즉, 1원당 한계효용이 같게 될 때까지 두 재화를 소비하면 효용이 극대를 달성할 수 있는데 상품은 한 단위씩 거래가 되므로 1원 단위로 소비량을 조절할 수 없다는 것이다. 이는 역으로 소비 단위를 세분하면 효용 극대를 위한

7) 이는 기회비용의 개념으로 다음 장에서 자세히 언급된다.

소비량의 조절이 쉬워져 소비가 증가할 수도 있음을 의미한다. 가까운 슈퍼마켓에서 소량 단위로 상품을 판매하고 있는 것을 어렵지 않게 볼 수 있다. 심지어는 단위 당 더 비싼 가격을 지불하더라도 소량 단위를 구매하는 경우가 있고, 최근에는 혼자 사는 가구가 증가하여 소량 단위 판매가 새로운 마케팅 전략으로 자리 잡았다. 한 학생이 과일이 먹고 싶어 과일가게를 갔는데 사과와 수박 중에 무엇을 살까 고민을 하고 있다고 하자. 만일 효용을 측정할 수 있어서 분석을 해보았더니 만원으로 수박은 6천 원어치, 사과는 4천 원어치를 소비할 때 1원당 한계효용이 같게 되어 효용이 극대가 된다고 하자. 그런데 수박이 한 통씩만 만 원에 팔고 있다면 수박을 소비할 수는 없을 것이다. 그러나 수박을 반으로 잘라 6천 원에 판매한다면 더 비싼 가격이지만 두 과일의 소비량 조절로 사과만을 소비할 때보다 효용을 증대시킬 수 있을 것이다. 즉, 소비 단위를 세분하면 '한계효용균등의 법칙'을 적용하기가 한결 수월해질 것이며 소비자와 생산자 모두 이득을 볼 수 있다.

• 제 6 장 •

심청은 효녀인가?

경제적 비용

옛날에 게으른 왕이 있었다고 한다. 나라를 잘 다스리기 위해서는 다양한 지식을 알아야 하기에 학자들이 와서 가르침을 주었다. 당연히 경제학도 배워야 할 중요한 과목이었는데 게으른 왕은 쌓아놓은 책들을 공부할 엄두가 도저히 나질 않았다. 그래서 경제학자에게 바빠서 책을 볼 시간이 없으니 한 권으로 요약해 달라고 하였다. 그러나 요약된 한 권조차도 보기가 싫어졌고 다시 한 장으로 요약해오라고 하였으나 이것마저도 귀찮아졌다. 그래서 다시금 경제가 무엇인지 한마디로 요약해 왕에게 말해달라고 명령을 내렸다. 그러나 아무리 뛰어난 학자라도 복잡한 경제 현상을 한마디로 표현한다는 것은 쉬운 일이 아니었고, 그렇다고 왕의 명령을 어길 수는 없어 깊은 시름에 잠겼다. 고민으로 무거운 머리를 식히기 위해 궁궐 밖으로 나와 시장을 거닐었는데 이때, 왁자지껄한 상인과 손님의 외침 속에 경제학자의 귀에 쏙 들어오는 말이 있었다. 이에 학자는 왕에게 달려가 이를 고하였는데 그것은 다름 아닌 "이 세상에 공짜가 어디 있어!"라는 말이었다고 한다.

경제행위에는 반대급부가 있기 마련이고 경제학에서는 이를 '비용'의 개념으로 본다. 따라서 일상생활에서 상품구입의 대가로 지불하는 화폐적 가치를 비용으로 보는 것과는 차이가 있다. 본 장에서는 경제학에서 논의되는 다양한 비용에 대해 살펴본다.

기회비용

경제학에서 거론되는 가장 중요한 비용 중의 하나가 기회비용(opportunity cost)이다. 본고의 첫 장에서 경제생활에서 많은 문제가 발생하는 이유는 인간의 욕망은 무한한 데 비해서 이를 충족 시켜 줄 수 있는 자원은 희소하기 때문이라고 하였다. 이것은 희소한 자원을 어딘가에 사용한다는 것은 다른 곳에 사용할 기회를 잃어버린다는 의미이기도 하다. 이렇게 '어떤 경제행위를 선택하였을 때 포기해야만 하는 차선(次善)의 가치'를 기회비용이라고 한다. 유한한 자원은 동시에 두 곳에 사용될 수 없으며 경제행위자도 동시에 두 가지 행동을 할 수는 없다. 따라서 모든 선택은 동시에 다른 무언가는 포기한다는 의미를 함축하고 있다. 이런 의미에서 세상에 공짜는 없다고 할 수 있다.

어떻게 보면 너무나도 당연한 말처럼 여겨지는 이 원리를 망각하여 큰 낭패를 보는 사람이 적지 않다. 공짜를 좇아 단기간에 일확천금을 꿈꾸는 사람들, 그런 사람들의 심리를 노리는 사기꾼들 등 많은 예를 찾아볼 수 있다. 그러나 모든 결과에는 반드시 반대급부가 있기 마련이다. 학점을 잘 받기 위해서는 즐거움을 포기하고 책상 앞에 앉아 있어야 하며, 1교시 수업을 듣기 위해서는 아침 단잠을 포기해야만 하는 것이다. 성공의 뒤에는 피나는 노력이 있기 마련이다.

경제적 비용

생산자의 궁극적 목적은 이윤의 획득에 있고 이윤은 누구나 알고 있듯이 총수입에서 총비용을 차감한 것으로부터 구할 수 있다. 그런데 기업의 회계장부상에 기록되는 비용과 경제학에서 고려하는 비용 간에는 차이가 있다. 회계장부에는 생산을 위해 투입된 원료, 노동자의 임금, 세금 등 실제로 지출된 화폐 액을 비용으로 기록하며 이를 '명시적 비용'이라고 칭한다. 그러나 경제학에서는 이렇게 실제로 거래되어 드러난 비용만을 고려하는 것이 아니라 투입된 생산요소의 기회비용까지도 고려하여 비용에 더해 주며 이를 '암묵적 비용'이라고 한다. 즉, '경제적 비용 = 명시적 비용 + 암묵적 비용' 이라고 할 수 있다. 따라서 이윤도 '경제적 이윤 = 총수입 – 경제적 비용'으로 측정된다.

이를 좀 더 자세히 보기 위해 예를 들어 살펴보기로 하자. 요리하는 것을 좋아하는 직장인 김 씨는 회사업무에 시달리고 일이 적성에 맞지 않아 회사를 그만두고 피자가게를 차렸다. 전 직장에서는 월급으로 200만 원을 받고 있었으며, 피자가게를 차리는데 들어가는 비용은 연 3% 금리로 은행에 저축해 놓은 돈 2억 원을 인출하여 충당하였다. 피자가게는 월 100만 원의 급여를 주는 아르바이트생을 고용하고 원료비와 각종 세금으로 150만 원 정도가 지출된다. 월 450만 원의 매출을 올린다면 이 피자가게는 얼마의 이윤을 얻고 있을까? 일반적으로 매출액 450만 원에서 총비용 250만 원을 제한 월 200만 원을 영업이윤으로 볼 수 있을 것이다. 그러나 경제적 이윤은 총수입에서 경제적 비용을 제하여 주어야 하며 경제적 비용은 암묵적 비용까지 고려해야 한다. 여기서 인건비와 원료비 등으로 지출된 월 250만 원은 명시적 비용이다. 암묵적 비용은 투입된 생산요소에 대한 기회비용으로 여기서는 본인의 노동력과 자본에 대한 기회비용이다. 즉, 본인이 피자가게에서 일하므로 전 직장에서 월급으로 받던 월 200만 원과, 은행에 저축해 놓은 자본에 대한 월 이자 50만 원은 얻을 기회를 잃어버린 기회비용인 셈이다. 따라서 경제적 비용은 명시적 비용 250만 원에 암묵적 비용 250만 원을 더한 총 500만 원이 되며 경제적 이윤을 따졌을 때는 오히려 50만 원 손해가 된다. 피자가게만을 보면 비용보다 수입이 많아 이윤획득이 가능하지만, 피자가게를 운영함에 따라 직장을 포기해야 하는 것까지 고려하면 오히려 손해이다. 따라서 금전적인 부분만을 고려할 때는 기존대로 직장을 다니는 것이 이득이라는 결론에 이른다.

고정비용과 가변비용

위에서 예를 든 피자가게의 경우에서 비용 측면을 다시 보면 개업을 위해 저축된 2억 원을 투자했는데 아마 이 돈으로는 피자 굽는 화덕과 식탁, 의자, 접시 등의 필요 자재들과 인테리어 등에 사용되었을 것이다. 또한 매달 원료비 등으로 지출된 비용도 있는데 이것은 피자를 만드는데 필요한 밀가루, 치즈, 오일, 햄 등을 비롯한 각종 재료 및 전기, 가스, 수도 사용료 등이 포함되어 있을 것이다. 이 중에서 먼저 전자의 경우 피자의 판매량과 비용 간에 연관성 여부를 살펴보자. 피자가게와 기계 등에 투자된 비용은 피자를 만들기 위한 준비단계에 필요한 비용으로 피자 판매량과는 아무런 연관이 없다. 즉, 피자가게 인테리어나 피자 굽는 기계 등에 투자된 비용은 피자를 하나도 만들지 않는다고 해도 이미 투자된 비용이며, 10개나 20개를 만든다고 해서 이 비용이 변화하지는 않는다. 이렇게 생산량과 관계없이 일정기간 동안 변화하지 않는 비용을 '고정비용'이라고 한다. 이에 반해 밀가루나 치즈 등과 같은 음식 재료나 물, 전기, 가스 등의 사용에 따른 비용은 피자의 판매량과 밀접하게 연관되어있다. 피자 판매량이 증가할수록 이를 만드는데 필요한 재료 구매에 쓰이는 비용도 함께 증가할 수박에 없다. 이렇게 기간과 관계없이 생산량과 연관되어 변화하는 비용을 '가변비용'이라고 한다.

매몰비용

피자가게를 운영하다가 사정이 생겨 문을 닫게 되었다고 하자. 이럴 때 가게를 차리기 위해 투자된 비용은 그 성격에 따라서 회수가 가능한 것이 있을 것이고 그렇지 못한 것이 있을 것이다. 음식 재료를 비롯한 가변비용은 그 성격상, 소모된 비용 대부분이 회수가 불가능할 것이다. 그러나 피자가게를 개업하는데 고정비용으로 투자된 금액 중에서는 가게의 전세금을 비롯하여 기계나 식탁, 의자 등은 중고로 판매하여 일부분은 회수가 가능할 것이다. 이때 투자된 금액 중에서 회수가 불가능한 금액을 매몰비용(sunk cost)이라고 한다.

이 비용 역시 간단한 개념이나 이의 성격을 잘 이해하지 못해 합리적인 결정을 내리지 못하는 경우가 잦다. 매몰비용은 말 그대로 다시 회수할 수 없는, 즉 돌이킬 수 없는 비용이다. 돌이킬 수 없다면 미련을 갖는 것보다 과감히 잊는 것이 최선일 수 있다. 도박의 늪에 빠지는 많은 경우가 처음에 손실을 보았을 때 과감히 떨치지를 못하고 소위 본전 생각에 자꾸만 더 큰 돈을 투자하게 되어 헤어 나오지 못하게 된다고 한다. 과거에 만족스러운 삶을 살았건 그렇지 못했건, 시간은 되돌릴 수 없기 때문에 모두 매몰비용이다. 중요한 것은 앞으로의 시간인 것이다.

시간의 비용

일반인이 일상생활에서 생각하는 것보다 경제학에서는 까다롭게 비용을 고려하고 있는데 이는 시간에도 적용이 된다. 즉, 경제학에서는 시간의 비용까지도 고려하는데 과연 시간은 얼마일까? 우선 머리 아프게 시간의 비용까지 고려해야 하는 이유를 생각해보자. 정도의 차이가 있지만, 대부분의 생산 활동은 투자가 먼저 이루어진 후, 수익은 나중에 창출된다. 즉, 피자가게의 경우도 좋은 위치에 세를 얻고 기계를 설치하고 주방을 꾸미는 등의 고정비용이 지출될 때는 생산이 있기 전으로 수익은 없다. 피자가게처럼 소규모 상점이 아니라 대형공장이나 시설물이 필요한 경우에는 투자 기간이 수년씩 소요되는 경우도 있다. 이때 투자계획을 세우는 단계에서 비용과 수익에 대해 분석을 한다고 하면 시점의 차이에 따른 문제가 발생한다. 예로 2년 동안 20억 원이 투자되고 그다음 연도부터 3년 동안 총 20억 원의 이윤이 발생한다면 5년 뒤에 투자금이 모두 회수된다고 볼 수 있을까? 이것은 지금의 20억 원과 미래의 20억 원의 가치가 같은지 묻는 것이다. 그러나 액면가가 같다고 할 때, 일반인들에게 둘 중 하나를 선택하라고 하면 미래보다는 현재의 것을 선택할 것이다. 왜 그럴까?

현재 100만 원이 있다고 하자. 이를 연이율 5%인 은행예금에 예치하였다면 1년 뒤에는 105만 원이 될 것이다. 이는 역으로 1년 뒤의 105만 원은 현재 100만 원의 가치를 갖는다고 할 수 있다. 만일 내가 다른 사람에게 1년 뒤 105만 원을 주기로 하고, 현재 돈을 빌린다고 하면, 빌려주는 사람이 손해를 보지 않기 위해 빌려줄 수 있는 최대 금액은 100만 원이 될 것이다. 이런 관계를 일반화하여 식으로 표현하면 다음과 같다.

$P_1 = (1+r)P_0$ 여기서 P_0는 처음(0기)의 화폐 액을 의미하며 r은 이자율을 의미한다[8]. 식은 처음 P_0의 금액은 1년 뒤에 원금에 이자까지 더해져 P_1이 됨을 보여준다. 두 번째 연도는 마찬가지로 $P_2 = (1+r)P_1$이 되는데 여기서 $P_1 = (1+r)P_0$이므로 이를 대입하면 $P_2 = (1+r)(1+r)P_0 = (1+r)^2 P_0$가 된다. 같은 방식으로 n년도 뒤에는

8) 미래의 금액을 현재가치로 전환할 때 적용되는 r을 '할인율'이라고 하며, 예시에서는 은행 대출을 고려하여 이자율을 할인율로 사용하였다. 그 외에 물가상승률이 할인율로 사용되기도 한다.

$P_n = (1+r)^n P_0$이 된다. 이를 이용하여 미래의 화폐액을 현재가치(present value)로 전화할 수 있는데 1년 뒤의 화폐액 P_1은 현재 $P_0 = \frac{P_1}{(1+r)}$의 가치와 같다고 할 수 있다. 마찬가지로 2년 뒤의 화폐액 P_2은 현재 $P_0 = \frac{P_2}{(1+r)^2}$의 가치가 되며 n년 후의 화폐액 P_n은 현재 $P_0 = \frac{P_n}{(1+r)^n}$의 가치와 같다.

즉, 시간의 흐름에 따른 비용이 존재하여 비록 화폐 액이 동일할지라도 미래의 화폐 액이 오늘날에 가지는 가치는 더 작게 된다. 따라서 미래의 20억은 현재의 20억보다 더 작은 가치를 가지는 것이다. 이렇듯 그냥 흘러가는 시간도 공짜는 아니다.

메뉴비용[9)]

물가가 지속해서 상승하는 현상을 인플레이션(inflation)이라고 한다. 이 인플레이션도 공짜는 아니고 비용이 따른다. 현재 거래되고 있는 가격이 인상되었다고 하면 여러 가지 경제활동에 영향을 미칠 수 있다. 일단 상품에 표기된 가격표를 모두 바꿔야 할 것이다. 제품에 인쇄된 것을 비롯해 포장지와 광고에 표시된 가격을 모두 새 가격으로 바꾸어야 할 것이다. 가격의 변화는 때로는 결제 관행에 의해 큰 비용을 유발하기도 하는데 예로 터널의 통과비용으로 500원을 징수하고 있다고 하자. 사람들은 간단히 500원짜리 동전 하나로 통행료를 지불하고 다니고 있는데 이를 800원으로 인상한다고 하면 결제에 많은 불편이 따를 것이다. 즉, 500원 동전에다 추가적인 100원짜리 동전이 필요하거나 천 원짜리 지폐를 내면 거스름을 받아야 하는 번거로움이 생기게 될 것이다. 이런 추가적인 불편함과 이로 인한 수요 감소도 가격상승에 수반되는 비용으로 볼 수 있다. 이 외에도 가격의 변동으로 기업이 새로운 계획을 수립하는 등의 추가적인 비용이 유발된다. 이렇게 물

9) 위에서 언급한 여러 가지 비용의 개념이 일반적인 것에 비해 메뉴비용은 특정 경제현상에 대한 개념이지만 뒤에서 공부할 인플레이션에 대한 예습 차원에서 본 장에서 살펴본다.

가 상승으로 유발되는 각종 비용을 일컬어, 가격이 변하면 메뉴판을 교체해야 하는 것에 비유하여 메뉴비용(menu cost)이라고 한다.

생활 속의 비용

경제활동에서 고려되는 다양한 비용을 일상생활 속에서 찾아보자.

우선 본 장의 제목에서 언급된 '심청은 효녀인가?'라는 물음에 대해 생각해보자. 심청은 눈이 먼 아버지를 위해 공양미 삼백 석에 목숨을 바쳤다. 이때 얻은 것은 쌀 삼백 석이고 잃은 것은 심청의 목숨이다. 물론 심청의 효심이 옥황상제의 마음을 움직여 후에 왕비가 되고 아버지의 눈도 뜨게 해 드리지만, 심청이 이를 모두 예상하고 결정을 내린 것은 아니므로 이는 논외로 하자. 즉, 심청의 효심을 의심하는 것이 아니라 순수하게 경제적 비용의 관점에서 바라보자는 것이다. 삼백 석을 얻었지만, 이때 지불한 비용은 기회비용 측면에서 심청이 평생 아버지를 봉양하며 얻을 수 있는 모든 수입이 될 것이다. 심청이 살았다면 삯바느질 등 경제활동을 통해 평생 아버지를 모실 수 있었으나 목숨을 바쳤기 때문에 그 기회를 잃어버린 것이다. 때에 따라서는 쌀 삼백 석 이상의 비용을 지불했다고 볼 수 있으며, 설령 눈을 뜨게 했다고 해도 부모에게 자식을 잃는 슬픔을 주었다는 측면에서는 큰 비용을 지불한 셈이다.

두 번째로 교통수단을 생각해보자. 청주에서 부산으로 출장을 간다고 했을 때, 고속버스를 이용하는 방법과 KTX를 이용하는 방법이 있다. 비용 측면에서는 고속버스가 KTX보다 저렴하다. 그러나 기회비용까지 고려하면 고속버스가 더 비쌀 수 있다. 예로 부산에서 아주 중요한 회의가 있거나 고객을 만난다고 할 때 더 빠르고, 교통상황에 영향을 덜 받는 KTX에 비해 고속버스는 추가적인 기회비용을 부담할 수 있다. 예기치 않게 고속버스가 연착되어 중요한 일정을 놓쳐버린다면 큰 손실을 보게 될 것이고 이를 고려한다면 오히려 KTX보다 비싼 가격을 지불하는 셈이다. 따라서 상황에 따라서는 상대적으로 비싼 KTX를 이용하는 것이 결과적으로는 더 싼 가격을 지불하는 합리적인 선택이 될 수 있다.

세 번째로 쇼핑을 했을 경우를 생각해보자. 상품을 구매할 때 대금을 지급하는 방법이 처음에 일시불로 모두 지급하는 방법과 할부로 미래에 나누어 지불하는 방법이 있다. 할부 시에 원금에 이자를 더한 금액으로 결제가 이루어지든지, 처음 일시불로 결제할 경우 원금에서 할인해 주든지 현재보다 미래에 대금 청산을 할 때 더 많은 금액을 지불하는 것이 일반적이다. 이는 같은 금액이라고 하여도 현재와 미래의 가치가 상이함을 의미하며 시간 흐름에 따른 비용을 고려하여 거래가 이루어지는 것이라고 할 수 있다.

마지막으로 우리의 대학 생활을 떠올려보자. 대학 다닐 때 필요한 돈은 얼마나 될까? 일단 바로 생각할 수 있는 것이 등록금일 것이다. 그 외에 책값과 교통비, 타지에서 온 학생이라면 방값 등을 들 수 있을 것이다. 그러나 이 모든 것은 명시적 비용이며 경제학에서는 이것 이외에 암묵적 비용까지 포함한다. 암묵적 비용은 투입된 생산요소에 대한 기회비용으로 학교에 다니는 본인의 노동과 등록금 등으로 사용된 자본을 생각할 수 있다. 즉, 대학을 다닌다는 것은 직장에서 일하며 소득을 얻을 기회와 대학 등록금 등으로 지출된 금액으로부터 발생할 수 있는 소득획득의 기회를 포기한 것이다. 따라서 학사학위를 취득하는 데 필요한 비용의 계산에서 이것까지 포함하여야 경제적 비용이 된다. 모든 경제주체는 합리적인 판단을 하므로 손해를 보기 위해 대학에 입학한 사람은 없을 것이다. 그러나 진정한 의미에서 고등학교 졸업 후 바로 취직하지 않고 대학을 졸업한 것이 더 나은 선택이 되기 위해서는 암묵적 비용을 능가하는 이득을 창출해야만 하는 것이다. 이를 생각하면 대학을 다니는 시간의 소중함을 다시 한 번 깨닫게 된다.

• 제 7 장 •

배추 가격이 똥값과 금값을 오르내리는 이유?

탄력도

수요와 공급에 의해 가격이 결정되고 또한 이의 변동에 의해 가격도 변동함을 살펴보았다. 그런데 상품에 따라 가격의 변동의 정도나 형태가 특징을 보이는 것이 있다. 한 예로 농산물 가격은 일반적인 공산품에 비해 가격변동 폭이 크고 오르내림을 반복하는 형태를 보인다. 그 원인과 함께 가격변동과 관계된 경제개념을 살펴본다.

탄력도

2장에서 경제의 두 근간인 수요와 공급에 대한 함수를 공부하였다. 즉, 수요와 공급은 함수관계를 갖는 여러 가지 요인에 의해 영향을 받는다. 가장 중요한 변수 중의 하나인 가격이 변화하면, 수요량은 가격의 반대 방향으로 변화하고 공급량은 가격과 동일한 방향으로 변화한다. 이때 상품에 따라서, 어떤 상품은 가격이 조금만 변화해도 수요나 공급이 큰 영향을 받기도 하고, 반대로 어떤 상품은 가격이 큰 폭으로 변화해도 수요나 공급이 별다른 영향을 받지 않기도 한다. 이렇게 두 변수가 함수관계에 있을 때, 한 변수의 변화에 다른 변수가 얼마나 민감하게 반응하는가를 나타내는 척도가 '탄력도(elasticity)'이다.

'수요의 법칙'으로 탄력도를 살펴보자. 수요의 법칙에 따르면 가격이 상승하면 수요량이 감소하는데, 이때 얼마나 크게 감소하는가를 나타내는 것이 탄력도의 개념이고 따라서 '수요의 가격탄력도'는 다음과 같이 정의된다.

$$\text{수요의 가격탄력도} = \frac{\text{수요량의 변화율}}{\text{가격의 변화율}}$$

의미는 가격이 1% 변했을 때 수요량이 몇 % 변하는가를 뜻한다. 그렇다면 이 수요의 가격탄력도에 영향을 미치는 요인은 무엇일까? 쌀의 가격을 예로 들어보자. 쌀값이 오르면 아마도 쌀로 만드는 떡이나 과자 등의 수요가 줄어드는 반면 면이나 빵 등 밀가루 음식 수요는 증가할 것이다. 그러나 예로부터 쌀을 주식으로 삼던 식습관이 하루아침에 바뀌기는 어렵고 밥을 안 먹고 살 수는 없으므로 쌀 수요의 감소는 한계가 있을 것이다. 이번엔 다이아몬드 가격이 상승했다고 가정해보자. 다이아몬드는 결혼식 등에 예물로 많이 쓰이지만 대체할 수 있는 다른 보석들이 많다. 다이아몬드 가격이 비싸면 예물을 다른 보석으로 대체하는 사람이 많을 것이다. 또, 살아가는데 있어 다이아몬드는 꼭 있어야 하는 것은 아니다. 따라서 쌀의 경우에 비해 더 많은 수요량의 감소가 있을 것이며, 이는 가격의 변화에 보다 민감하게 수요가 반응함을 의미한다. 이런 경우에 수요의 가격탄력도가 크다고 말할 수 있다. 즉, 상품이 필수품이냐 사치품이냐에 따라 탄력도가 영향 받을 수 있다. 또 상품 중에는 대체가 가능한 상품이 있고 그렇지 못한 상품이 있다. 대체가능한 상품이 있는 경우에는 가격이 오르면 그 상품의 소비를 줄이고 대체상품으로 소비를 전환할 것이다. 그러나 대체상품이 없는 경우에는 가격이 상승하여도 그 상품의 소비를 중단하지 못한다면 그냥 소비할 수밖에 없을 것이다. 이렇게 대체품의 유무도 탄력도의 크기에 영향을 미친다. 탄력도는 변화율에 대한 변화율로 측정된다. 예로 천 원짜리 볼펜과 천만 원짜리 자동차가 동일하게 10% 가격이 하락하였다고 하면 어떤 상품의 수요량이 더 크게 변하리라고 예상되는가. 아마도 백 원 하락한 볼펜 보다는 백만 원 하락한 자동차의 경우가 더 많은 수요의 증가를 가져올 것으로 예상할 수 있을 것이다. 즉, 상품가격이 소득에서 차지하는 비중도 수요의 가격탄력도에 영향을 준다. 그 외에 수요는 앞에서 일정기간 동안 측정되는 유량의 개념임을 살펴보았다. 따라서 가격변화에 대한 수요량의 변화도 특정시점에 측정하는 것이 아니라 일정기간 동안 측정할 수밖에 없다. 이 때 얼마의 기간으로 측정하는 가에 따라 탄력도가 영향 받을 수 있다. 소비자가 가격이 변화한 것을 알고 이를 소비행태에 반영시키기까지 시간이 소요되므로 단기보다는 장기에 걸쳐 측정된 탄력도가 더 큰 경향을 띨 것이다.

수요함수에서 수요에 영향을 주는 요인은 가격이외에도 여러 가지가 있는데 탄력도가 변수 간 영향의 정도를 나타내는 것이므로 타 요인에 대한 탄력도도 나타낼 수 있다. 예로 소득이 변화해도 수요가 영향을 받는데 이의 민감한 정도를 '수요의 소득 탄력도'로 다음과 같이 나타낼 수 있다.

$$\text{수요의 소득탄력도} = \frac{\text{수요의 변화율}}{\text{소득의 변화율}}$$

2장에서 수요함수를 공부할 때 소득의 변화에 대한 수요의 변화방향에 따라 정상재와 열등재로 구분하였다. 따라서 수요의 소득탄력도의 부호로 그 상품이 정상재인지 열등재인지를 알 수 있다. 정상재는 소득과 수요의 변화방향이 같은 것으로 탄력도를 구하는 식에서 분모와 분자의 부호가 같으므로 소득탄력도는 (+) 부호를 갖는다. 반대로 열등재의 경우에는 소득과 수요의 변화방향이 반대가 되어 소득탄력도는 (-)의 부호를 갖게 된다.

유사하게 수요에 영향을 주는 타 재화의 가격도 생각해 볼 수 있다. X재 가격의 변화에 대한 Y재 수요의 변화 정도를 나타내는 이것은 '교차탄력도'라 칭하며 다음과 같이 나타낼 수 있다.

$$\text{수요의 교차탄력도} = \frac{Y\text{재 수요의 변화율}}{X\text{재 가격의 변화율}}$$

타 재화의 가격변동에 대해 수요가 반응하는 방향을 기준으로 대체재와 보완재로 구분됨을 이미 공부하였다. 대체재의 X재의 가격이 상승하면 이의 수요를 줄이고 상대적으로 싸진 대체 가능한 상품 Y재의 소비를 늘리는 관계를 말하며 따라서 교차탄력도를 구하는 식에서 분모와 분자의 변화방향이 같게 된다. 즉, 교차탄력도의 부호가 (+)가 된다는 것은 두 재화가 대체재의 관계에 있음을 말해준다. 반대로 보완재의 경우는 X재 가격이 상승되면 X재의 수요가 감소하며 이와 함께 소비되는 Y재의 수요도 감소하여 식의 분모와 분자의 부호가 반대가 되어 교차탄력도는 (-)가 된다.

수요뿐만 아니라 공급에 대한 탄력도도 생각할 수 있을 것이다. '수요의 법칙'은 가격과 수요량의 역의 관계를 나타내어 '수요의 가격탄력도'는 (-) 부호를 갖는 반면[10) '공급의 법칙'은 가격과 수요량이 정의 관계를 갖고 있어 '공급의 가격탄력도'는 (+)의 부호를 갖는다. 공급탄력도의 크기에 영향을 주는 요인으로 저장가능성을 생각해 볼 수 있다. 공급의 법칙에 따르면 현재 가격이 싸면 가격이 오를 때를 기다려 현재의 공급량을 줄이려고 할 것이다. 그러나 상품의 특성상 보관하기가 힘든 상품은 설령 현재 값이 싸다고 하더라도 가격이 오를 때를 기다리기 위해 공급량을 줄이기 어려울 것이다. 이에 반해 저장하는데 어려움이 없는 상품은 가격의 변화에 대응해 재고의 조정으로 공급량을 변화시키기가 수월할 것이다. 또 생산하기 위해 필요한 시간(생산기간)도 탄력성에 영향을 미칠 것이다. 예를 들어 자동차는 한 시간에 한 대씩 생산이 되고 쌀은 모를 심어서 가을에 수확까지 6개월이 걸린다고 하자. 가격의 변동에 대해 생산량을 조절하는 것은 생산하는데 걸리는 시간이 짧을수록 용이할 것이다. 그 밖에 생산요소의 대체 가능성 및 확보 용이성도 공급탄력성에 영향을 미칠 것이다. 생산을 위해서는 반드시 생산요소가 필요한데, 이 생산요소의 확보가 용이할수록 그 투입량을 변화시켜 생산량을 조절하기 쉬울 것이다. 예로 상품을 만드는데 숙련된 노동자만이 할 수 있는 일과 특별한 기능 없이 누구나 할 수 있는 일이 있다고 하면, 후자의 경우가 생산량을 조절하기가 훨씬 용이할 것이다. 이 외에도

10) 수요의 법칙이 적용되지 않는 '기펜재'의 경우는 '수요의 가격탄력도'가 (+)의 부호를 갖는다.

각 상품이 가지고 있는 생산에 있어서의 다양한 특수성이 탄력성에 영향을 미칠 수 있다. 수요와 마찬가지로 공급도 유량(flow)의 개념으로 탄력도가 일정기간에 걸쳐 측정된다. 이때 측정되는 기간(측정기간)의 정도에도 영향 받는데 단기보다는 장기에 공급변화가 크게 일어날 것으로 예상할 수 있다[11].

위에서 대표적인 탄력도의 개념으로서 수요와 공급의 가격탄력도를 설명하였으며, 소득탄력도, 교차탄력도 등도 살펴보았다. 그러나 경제학에서 탄력도는 특정부문에 국한되어 몇 가지로 명칭이 지칭되어 있는 것이 아니라 어느 함수에도 적용될 수 있는 포괄적인 개념이다. 즉, 두 데이터가 서로 영향을 주고받는 함수관계라면 한 변수가 변했을 때, 다른 변수가 얼마나 큰 폭으로 변화하는가를 나타내는 개념으로 무엇이든 사용할 수 있다.

일반적으로 탄력도의 크기는 다음과 같이 나타낸다. 원인(분모)의 변화에 비해 결과(분자)가 크게 변하여 값이 1보다 크게 나타나면 '탄력적이다'라고 말한다. 반대로 분모의 변화보다 분자의 변화가 더 작아서 탄력도의 값이 1보다 작게 나타나면 이때는 '비탄력적이다'라고 말한다. 분모변화율과 분자변화율이 같은 경우는 '단위탄력적이다'라고 표현한다.

탄력도와 그래프의 기울기

탄력도는 그래프의 기울기와 밀접한 연관이 있는데 <그림 16>의 수요곡선을 통해 알아보자. 서로 다른 기울기를 갖는 수요곡선 D_1과 D_2가 있고 두 수요곡선 모두 처음 가격이 P_0일 때 수요량은 Q_0에 있다고 하자. 가격이 P_1으로 하락하였다면 두 수요곡선 모두 각각의 수요량에 해당하는 Q_1과 Q_2로 감소할 것이다. 이때 탄력도를 생각해보면 분모로 들어가는 '가격의 변화율'은 두 수요곡선 모두 처음의 가격이 같고 변화된 가격이 같으므로 동일할 것이다. 그러나 수요량의 변화율은 처음의 동일한 수요량 Q_0와 비교하여 Q_2의 경우가 Q_1의 경우보다 더 많이 변화하여 더 크다. 따라서 '수요의 가격탄력도'는 D_2가 D_1보

11) 공급탄력도에 영향을 미치는 요인으로서 기간이 두 가지로 설명되어 혼동을 줄 수 있는데 앞의 '생산기간'은 생산요소의 투입시점부터 제품이 완성되기까지 생산과정에 소요되는 기간을 의미하며, 뒤의 '측정기간'은 탄력도를 측정할 때 얼마 동안의 공급변화를 측정하였는가를 의미함.

다 크다고 할 수 있다. 이 때 D_2는 D_1보다 그래프의 기울기가 완만하게 그려진다.

〈그림 16〉 탄력도와 그래프의 기울기

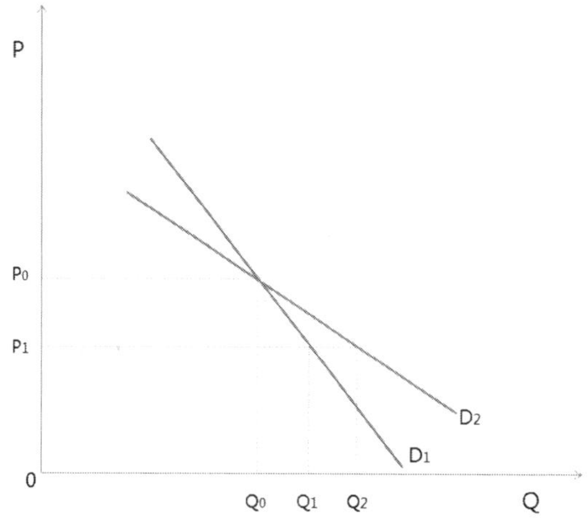

따라서 '수요의 가격탄력도는 수요곡선의 기울기가 완만할수록 크다'라고 말할 수 있다. 이는 공급의 경우에도 똑같이 적용되어 '공급곡선의 기울기가 완만할수록 탄력도가 크고 가파를수록 탄력도가 작다'라고 말할 수 있다. 즉, 함수관계에서 변화의 원인이 되는 변수가 세로축에 위치하고 결과가 되는 변수가 가로축에 위치한다면 두 함수 간의 영향의 정도를 나타내는 탄력도는 기울기가 완만할수록 크게 된다.

탄력도와 가격의 변동

수요나 공급의 변화는 가격의 변화를 유발하게 되는 것을 앞 장의 가격결정원리에서 공부하였다. 그런데 동일한 수요나 공급의 변화가 있을 때 가격이 얼마나 변화하는가는 탄력성과 연관 되어있다. <그림 17>에는 서로 기울기가 다른 공급곡선이 그려져 있으며 처음에 두 공급곡선 모두 수요곡선 D_1과 교차하는 점에서 균형가격 P_0를 형성하고 있다.

이 때 수요의 증가가 일어나 D_1이 D_2로 이동하였다고 하면 균형가격은 상승압력을 받게 된다. 그러나 동일한 수요의 변화에 대해 균형가격의 변동은 S_2의 경우가 P_2로 S_1의 가격 P_1보다 더 높게 상승한다. 즉, 그래프의 기울기가 가파른 경우에 더 많은 가격상승을 가져왔으며 이는 다르게 표현하면 공급탄력도가 작을수록 수요의 변화에 대해 가격이 더 크게 변동하게 됨을 의미한다. 이러한 관계는 공급에만 적용되는 것이 아니라 수요의 경우에도 마찬가지로 적용되어 수요탄력도가 작을수록 공급의 변화에 대해 가격의 변동 폭이 커지게 된다. 본고에서는 지면 관계상 생략하나 독자는 복습차원에서 확인해 보기 바란다.

〈그림 17〉 탄력도와 가격의 변동

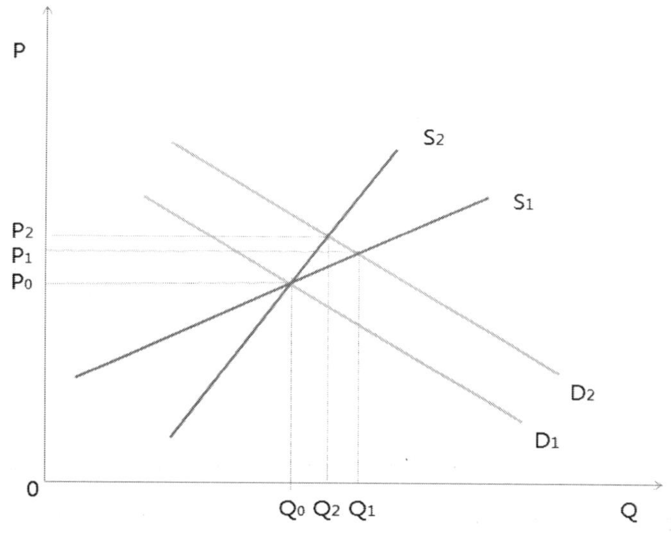

다시 이번 장 제목에서 꺼냈던 질문으로 되돌아 가보자. 상품의 탄력도가 가격변동에 영향을 주는 것을 알았으므로 농산물 가격의 변동을 살펴보기 위해서는 우선 탄력도와 관계된 농산물의 특징을 생각해보자. 수요측면에서 보면 농산물은 대부분 먹거리에 해당되어 우리 생활에 없어서는 안 될 필수품 성격을 띠고 있다고 볼 수 있으며 이는 수요탄력도를 작게 하는 특징을 갖고 있다고 할 수 있다. 공급측면은 앞장에서 살펴본 탄력도에

영향을 미치는 요인 중에서 크게 두 가지와 연관되어 있다고 볼 수 있다. 우선 농산물은 공산품 등에 비해 저장하기가 어려운 특징을 갖고 있다. 또 다른 하나는 농산물에 따라 차이가 있겠지만 농산물을 수확하기 위해서는 어느 정도 기간이 소요될 수밖에 없는 특징이 있다. 그 외에도 기후, 토양 등 자연환경에 영향을 많이 받아 생산자의 의지와 판단으로 생산량을 조절하는 것에 한계가 있는 것도 농산물의 특징으로 볼 수 있다. 이러한 공급측면의 특징은 모두 공급탄력도를 작게 만드는 방향으로 영향을 미칠 것이다.

〈그림 18〉 농산물가격 변동

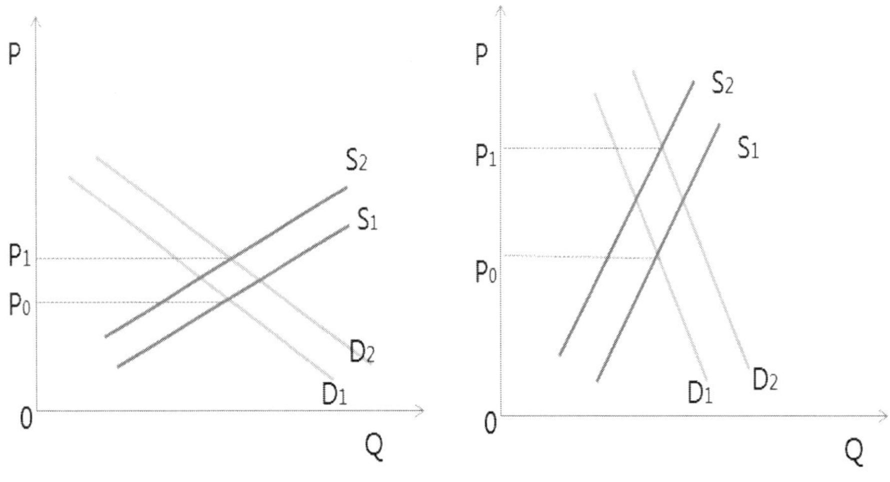

이상의 농산물에 대한 수요와 공급 탄력도의 특징을 고려하여 그래프로 <그림 18>에 나타내었다. 농산물은 그 특성상 수요와 공급의 탄력도[12)]가 모두 작다. 이로 인한 가격변동의 특징을 살펴보기 위해 인위적으로 수요와 공급의 탄력도가 큰 경우와 함께 대비시켜 그림으로 나타내었다. 좌측의 그림은 수요와 공급의 탄력도가 큰 경우로 그래프의 기울기가 완만하게 그려진 반면, 우측의 그림은 수요와 공급의 탄력도가 작은 경우로 기울기가

12) 정확히 표현하면 '수요와 공급의 가격 탄력도'이나 일반적으로 가격변화에 따른 수요 공급의 변화를 가장 많이 언급하므로 본고에서는 특별한 언급이 없는 '수요와 공급탄력도'는 가격탄력도를 의미한다.

가파르게 그려져 있으며 농산물은 그 특징에 따라 이 그래프에 해당한다. 이때 좌측이나 우측 모두 동일한 수요와 공급의 변화가 일어났다고 하자. 탄력도가 큰 좌측의 경우에는 가격의 상승폭이 작은데 비해 탄력도가 작은 우측은 경우에는 가격상승폭이 훨씬 크게 나타남을 알 수 있다. 즉, 농산물 가격은 공산품 등에 비해 농산물이 갖고 있는 수요와 공급 탄력도가 작은 특징 때문에 가격 변동 폭이 크게 된다.

농산물 가격의 주기적 변동

농산물 가격의 또 하나의 특징은 가격 변동폭이 크다는 것 이외에 주기적인 변동을 보여주는 경우가 많다는 것이다. 즉, 한해 고추 값이 크게 오르면 그 이후에도 계속 비싼 가격이 유지되는 것이 아니라 이듬해는 다시 크게 하락하였다가 그 다음해에는 다시 상승하는 등, 공산품 등에 비해 오르내림을 반복하는 형태를 자주 나타낸다. 이는 농산물이 다른 상품과 달리 생산기간이 긴 특징에 기인하는 바가 크다. 생산자는 현재가격에 준하여 생산량을 결정하는데 생산된 농산물의 가격이 결정되는 것은 현재가 아닌 일정기간이 지난 미래가 되어 둘 사이에 괴리가 존재하기 때문이다. 이를 그래프를 이용하여 좀 더 자세히 살펴보자.

<그림 19>에서 1기에 농산물의 생산량이 풍년이 들어 Q_1이 되었다고 하자. 이때 잉여 농산물을 처분하기 위해서는 P_1까지 가격하락이 불가피할 것이다. 농부는 낮은 가격을 경험하고 다음해인 2기에는 그 가격에 대응하는 공급수준인 Q_2까지 생산하려고 할 것이다. 그러나 이 가격에서는 Q_2Q_1만큼의 초과수요가 존재한다. 그러나 그에 대응해서 바로 공급량을 조절할 수는 없으므로 현 공급량 수준에서 수요자가 지불할 수 있는 P_2 수준의 높은 가격에서 거래될 것이다. 이에 공급자는 다음해 3기에는 P_2수준에서의 공급량 Q_3까지 생산하려고 할 것이고 여기서는 Q_3Q_2의 초과공급이 존재하게 된다. 이에 가격은 다시 P_3로 크게 하락하게 되며 이러한 현상이 반복되게 나타나게 된다. 이렇게 지속적으로 가격과 거래량의 변화과정을 연결해 보면 마치 거미집 모양처럼 생겼다고 하여 거미집이론(cobweb theorem)이라고 한다[13].

〈그림 19〉 거미집 이론

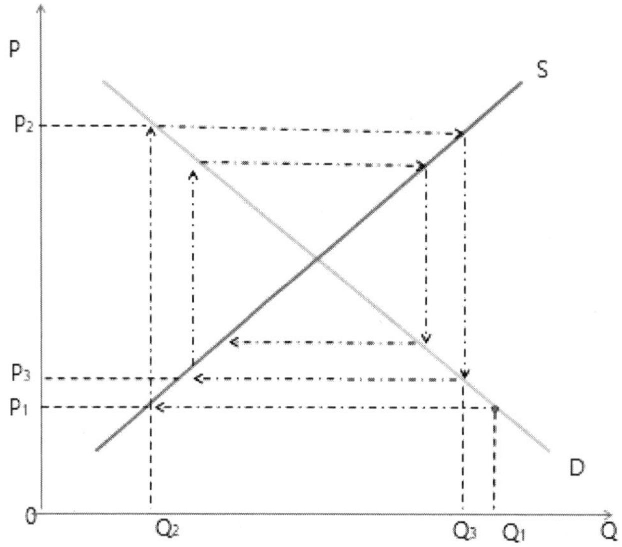

13) 여기서는 가격과 공급량이 균형으로 수렴해 가는 형태를 보이고 있으나 항상 그런 것은 아니며, 공급의 탄력성이 수요의 탄력성보다 작은 경우에 한한다. 반대로 수요 탄력성이 더 작으면 발산되는 형태를 보인다. 본 고에서는 일반적으로 수요보다 공급의 조절이 더 어려운 측면이 있어 이를 반영하여 수렴하는 경우만 언급하였다.

• 제 8 장 •

청소년에게 가격 할인을 해주는 이유는?

탄력도의 적용

영화관람, 대중교통, 놀이기구 등 일상생활에서 소비되는 여러 가지 상품 중에서 청소년에게 가격을 할인해 주는 경우가 많다. 언뜻 생각하면 소득이 없고 힘들게 공부하고 있는 청소년에 대한 복지 차원에서 할인해 준다고 생각할 수 있다. 그러나 경제학적인 관점에서 다르게 생각할 수는 없을까? 기타 탄력도를 이용하여 생활 속의 경제 원리를 이해해 보자.

탄력도와 판매수입

상품의 판매 전략으로 다양한 것이 있겠지만 크게 비싼 가격을 책정하여 팔리는 양은 적으나 단위당 수입이 많게 하는 방법과 반대로 가격은 싸지만 판매되는 양이 많은 소위 박리다매(薄利多賣) 형태를 생각해 볼 수 있다. 두 가지 판매방식 중에서 어떤 것이 더 많은 판매수입을 가져다줄 수 있을까 하는 문제는 탄력도와 연관 지어 생각할 수 있다.

〈그림 20〉 탄력도와 판매수입

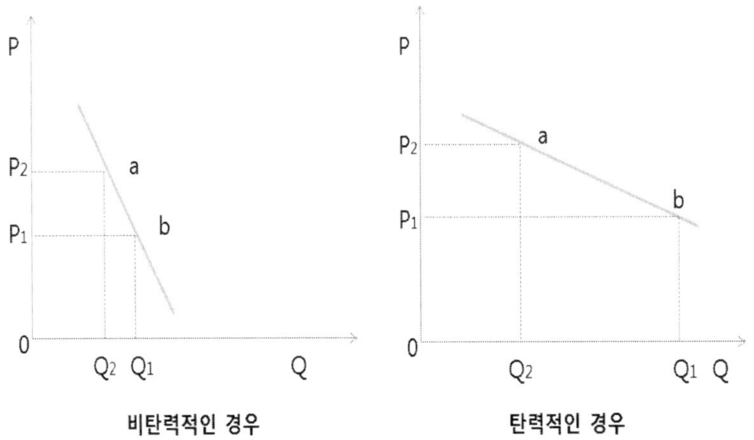

수요의 탄력도가 수요곡선의 기울기와 연관된 것은 앞 장에서 살펴보았다. 즉, 기울기가 완만할수록 탄력도가 큼을 의미하는데 다음 <그림 20>에서는 기울기가 서로 다른 두 수요곡선이 그려져 있다. 각 그래프에서 처음 가격이 P_1이라고 하면 이때 소비자가 구매하려고 하는 양은 Q_1이고 기대되는 판매수입은 $P_1 \cdot Q_1$이 될 것이다. 이때 판매수입 $P_1 \cdot Q_1$은 그래프에서 사각형 OP_1bQ_1의 면적이 된다. 가격이 P_2로 상승한다면 소비자는 줄어든 Q_2만큼 소비할 의향이 있을 것이며 이때 기대되는 판매수입은 $P_2 \cdot Q_2$가 되어 사각형 OP_2aQ_2의 면적이 된다. 따라서 낮은 가격과 높은 가격 중에서 어느 가격을 책정했을 때 더 많은 판매수입을 가져다주는가 하는 문제는 사각형 OP_1bQ_1와 OP_2aQ_2 중에서 어느 것의 면적이 더 넓은가 하는 문제와 같다. <그림 20>에서 좌측의 그림을 보면

P_1보다는 P_2의 가격에 해당하는 판매수입 OP_2aQ_2가 더 넓은 것을 알 수 있다. 반면 우측의 그림은 P_2보다 낮은 가격인 P_1에서의 판매수입인 OP_1bQ_1가 넓게 나타난다. 좌측의 경우는 수요곡선의 기울기가 가팔라 수요의 탄력도가 작고, 우측의 그래프는 수요곡선의 기울기가 완만하여 수요의 탄력도가 큰 경우를 의미한다.

이상을 종합하면 수요의 탄력도가 작은 경우는 가격상승률보다 수요량 감소율이 크지 않기 때문에 가격을 높게 책정하는 것이 판매수입이 더 많고, 수요의 탄력도가 큰 경우는 가격상승률보다 수요량이 많이 감소하여 오히려 가격상승으로 판매수입 감소하는 것을 알 수 있다.

가격차별

위에서 수요의 탄력도에 따라 주어진 가격에서 판매수입이 영향받는 것을 알았다. 탄력도가 큰 경우에는 가격을 낮게, 탄력도가 작은 경우에는 가격을 높게 책정함으로써 보다 많은 판매수입을 올릴 수 있음을 알았다. 이러한 사실은 우리에게 한 가지 시사점을 주고 있는데 이윤을 추구하는 기업으로서 수요의 탄력도를 이용해 가격을 책정하면 보다 많은 이윤을 얻을 수 있다는 것이다. 즉, 소비자를 수요의 탄력도에 따라 구분할 수 있다고 한다면, 전 소비자에게 동일한 가격을 부여하는 것보다 탄력적인 소비자에게는 더욱 싼 가격을, 비탄력적인 소비자에게는 비싼 가격으로 판매하여 더 많은 이윤을 얻을 수 있다. 실제로 일상생활에서 동일한 상품임에도 불구하고 이윤 극대를 위해 다른 가격을 부과하는 경우가 있는데 이를 가격차별(price discrimination)이라고 한다.[14)]

영화관람을 예로 들어보자. 영화관에서는 성인에게는 적용되지 않는 학생 및 청소년 할인제도가 있다. 여러분이 영화관 주인의 입장이고 이윤 극대를 추구한다고 가정하면 영화관람료를 어떻게 책정하겠는가? 성인과 청소년 두 집단을 수요의 탄력성과 연관 지어 생

---

14) 흔히 경제원론에서는 가격차별을 1차, 2차, 3차 가격차별로 구분하는데 본 교양서 수준에서는 이중 탄력성의 차이에 의해 발생하는 3차 가격차별만을 다룬다. 보다 자세한 것은 경제원론 서적을 참고하기 바란다.

각해보면, 영화 관람료가 얼마인가에 보다 민감하게 반응하는 것은 학생일 것이다. 성인은 직장을 다니기 때문에 돈을 벌어서 쓰지만, 청소년은 용돈을 받아 생활하다 보니 아무래도 가격의 변동에 더 민감하게 반응할 것이다. 즉, 영화관람에 대한 수요의 탄력도가 청소년이 성인보다 크다고 말할 수 있다. 그렇다면 영화관 주인의 입장에서는 영화 관람료를 모든 사람에게 동일하게 징수하는 것보다 수요가 보다 탄력적인 학생에게 더 낮은 가격을 받는 것이 더 많은 수입을 올릴 수 있을 것이다. 때로는 보이는 그대로를 믿는 것이 더 아름다울 때가 있다. 모든 영화관 주인이 그런 것은 아니겠지만 청소년을 위한 배려도 다르게 보면 생산자의 이윤추구를 위한 행동일 뿐인 것이다.

이러한 가격차별의 예는 주변에서 많이 찾아볼 수 있다. 또 다른 예로 심심치 않게 언론의 소비자고발 프로그램에 예식장이나 장례식장의 바가지요금이 다뤄지는 것을 볼 수 있다. 그러나 식사나 사진 촬영, 의복, 시설대여 등의 수요에 대한 탄력도가 일상생활에서 이루어지는 것과 결혼이나 장례식에서 이루어지는 것은 상이할 것이다. 결혼이나 장례 같은 관혼상제는 예로부터 지켜야 하는 의례적인 성격이 강하고, 평생에 한 번이라는 것과 나뿐만이 아닌 타인까지 고려해야 한다는 측면에서 수요탄력도가 매우 비탄력적일 수밖에 없다. 즉, 가격이 비싼 줄 알면서도 어쩔 수 없이 구매하게 되는 경우가 많다. 이런 사정은 판매자도 알고 있으므로 이윤의 획득을 위해서 가격을 높게 책정하려 할 것이다.

약간 변형된 형태로 가격차별이 시행되기도 하는데 주변에서 상품을 판매하는데 쿠폰이나 사은권을 갖고 오면 할인해 주는 경우가 있다. 그러나 이러한 쿠폰이나 사은권을 구하는 것이 어려운 것이 아니라 일반인도 쉽게 구하거나 때로는 심지어 그냥 무료로 나눠주는 때도 있다. 그렇다면 10% 할인을 해주는 쿠폰이라면 그냥 편하게 10% 할인된 가격으로 일반인에게 판매하면 될 것을 굳이 쿠폰을 가져오는 사람에게만 할인을 해주는 것일까? 모든 사람이 싸게 사기를 원하지만 때로는 10% 할인을 받기 위해 홈페이지에서 쿠폰을 내려받거나 사은권을 얻으러 가기가 귀찮은 사람도 있을 것이다. 즉, 10%의 할인에 비탄력적인 구매자는 쿠폰을 얻기 위해 수고하기보다는 제값 주고 구매하고자 할 것이다. 판매자의 입장에서는 이런 구매자까지 할인해 줄 필요는 없으며 10%의 가격 인하에 민감하게 반응하는 소비자에게만 할인해 줌으로써 이윤을 증대시킬 수 있을 것이다.

이 외에도 다양한 형태로 가격차별이 이루어지고 있으나 그렇지 않은 경우가 더 일반적이다. 이는 생산자가 소비자에 따라 가격을 달리 책정함으로써 더 많은 이윤을 얻을 수 있음을 알지만, 현실적으로 이를 적용하려면 몇 가지 선행조건이 충족되어야 하기 때문이다. 첫째로 생산자가 가격을 자의적으로 조정할 수 있는 힘을 갖고 있어야 한다. 해당 생산자가 수많은 생산자 중 아주 미미한 규모의 생산을 하는 기업이라면 가격을 조정할 수 있는 힘을 갖고 있지 못해 가격차별은 불가능할 것이다. 둘째, 수요자집단을 탄력성이 크고 작음에 따라 쉽게 구분할 수 있어야 한다. 비탄력적인 수요자에게는 높은 가격을, 탄력적인 수요자에게는 낮은 가격을 제시함으로써 이윤을 증대시킬 수 있다고 해도 이 둘의 구분이 어렵다면 각자에게 서로 다른 가격을 부과하기 어려울 것이다. 따라서 실제로 행해지는 가격차별을 보면 남자와 여자, 성인과 청소년, 국내와 해외, 낮과 심야 등 수요자의 구분이 쉬운 경우가 대부분이다. 셋째로 재정거래(arbitrage transaction)라 불리는 시장 간 되파는 거래가 불가능해야 한다. 상품의 가격이 시장 간에 상이할 경우 가격이 싼 시장에서 상품을 사들여 가격이 비싼 시장에 되팔면 차익을 얻을 수 있을 것이다. 이때 이런 일이 빈번해지면 상품가격이 싼 지역에서는 수요가 증가하여 가격이 상승하게 되고, 반대로 가격이 비싼 지역에서는 공급이 증가하여 가격이 하락하게 될 것이다. 결국, 이러한 재정거래는 시장 간 가격이 동일하게 될 때까지 일어나게 될 것이며 가격차별은 의미가 없어지게 된다.

조세부과와 수요·공급곡선

탄력도와 연관 지어서 또 하나 생각해 볼 수 있는 것이 조세의 귀착문제다. 우리는 경제생활에서 매우 다양한 형태의 세금을 부담하며 살아가고 있다. 일상생활에서 가장 많이 접하게 되는 세금 중의 하나로 농산물 등을 제외한 상품 대부분에 부과되는 부가가치세를 들 수 있다. 여기서 부가가치세는 간접세이며 비례세, 종량세의 성격을 갖고 있다고 하자.[15] 예를 들어 정부에서 자동차에 부가가치세를 부과하였다고 하면 생산자는 자동차 가

15) 실제 부가가치세는 매출액에 대해 일정 비율을 부과하는 '종가세'적 성격을 띠고 있는 것이 일반적이나 본고에서는 논의의 편의를 위해 종량세를 가정했다. '비례세'는 과세단위에 대하여 일정한 세율이 적용되는 조세이며, '종량세'는 과세물건의 수량을 기준으로 부과하는 조세를 의미한다.

격에 세금을 얹어 가격을 책정할 것이고 결국, 소비자가 이 가격을 모두 지불하고 자동차를 사게 될 수밖에 없을 것이다. 그럼 부과된 세금은 모두 소비자가 부담한 것인가? 이렇게 부과된 세금을 궁극적으로 누가 부담하게 되는가에 관한 문제를 '조세의 전가' 또는 '조세의 귀착'이라 하는데 탄력도와 연관 지어 살펴보도록 하자.

우선 부가가치세가 부과되면 수요와 공급에 어떤 변화가 일어날까? 부가가치세는 간접세의 성격을 가지므로 상품을 소비하는 자가 납세의무자가 되나 생산자가 먼저 조세를 납부를 하고 판매가격에 이를 포함하여 후에 돌려받게 된다. <그림 21>에는 조세가 부과되기 전의 일반적인 수요와 공급곡선 D과 S_1이 그려져 있다.

〈그림 21〉 조세의 효과

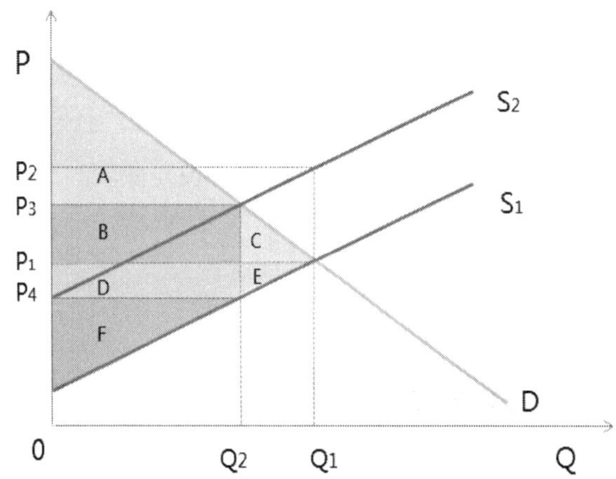

이미 알고 있는 바와 같이 수요곡선은 상품 소비로 인해 얻게 되는 한계효용과 관련되어 있으며, 공급곡선은 생산을 위해 소요되는 한계비용과 연관되어 있다. 이때 종량세인 부가가치세가 자동차 한 대당 십만 원씩 부과되어 생산자가 지불하였다고 하면 이는 비용과 연관된 공급곡선에 영향을 미칠 것이다. 공급곡선은 생산의 대가로 최소한 받아야겠다고 생각하는 금액을 의미하며, 이윤획득을 위해서는 최소한 비용만큼은 받으려고 할 것이다. 그런데 생산자의 입장에서는 생산을 위한 원재료와 노동자의 고용 등에 쓰인 비용이나 세금으로 국가에 납부된 금액이나 회계장부상에서는 동일하게 지출된 비용의 성격을 가질 것이다. 따라서 자동차를 생산하는 대가로 받아야겠다고 생각하는 금액은 처음 금액에 세금으로 낸 금액만큼을 더한 액수가 될 것이다. 그리고 이는 추가로 생산되는 자동차에 동일하게 적용될 것이기 때문에 각 생산량에서 동일하게 부과된 세금 10만 원을 더 받으려고 할 것이다.

그래프에서 처음 가격이 P_1이고 이때 거래량은 Q_1이다. 세금을 자동차 한 대당 10만 원씩 부과한다면 생산자의 공급가격은 이만큼 상승할 것이며, 이는 생산량 수준과 관계없이 동일하게 일어날 것이다. 이는 공급곡선을 부과된 조세액만큼 상방으로 평행이동을 하는 결과를 갖고 올 것이다($S_1 \rightarrow S_2$). 즉, 조세가 부과되기 전에는 Q_1의 생산을 위해서 최소한 P_1의 가격을 받으려고 하였으나 조세가 부과된 후에는 이것까지 포함한 P_2의 가격을 받으려고 할 것이다. 이때 두 가격의 차이인 P_1P_2는 부과된 조세 10만 원이 된다.

조세부과의 경제적 효과

<그림 21>을 이용하여 조세부과에 따른 경제적 효과를 좀 더 자세히 살펴보자. 우선 조세가 부과되기 전에 소비자잉여는 도형 A, B, C를 합한 큰 삼각형 모양의 면적으로 표시할 수 있다. 마찬가지로 생산자잉여는 도형 D, E, F를 합한 하단의 큰 삼각형 모양의 면적으로 이해할 수 있다. 그리고 이 둘을 더한 수요와 공급곡선 가운데 위치하는 큰 삼각형 모양(A+B+C+D+E+F)이 사회총잉여가 된다.

이제 대당 10만 원씩의 세금을 부과하였다고 하면 공급곡선이 상방으로 평행이동하게 되고 이에 따라 균형점도 이동하게 된다. 새로운 균형점에서 수요자는 P_3의 가격으로 Q_2의 거래량에 해당하는 금액을 지출하게 되므로 소비자잉여는 A의 면적이 된다. 조세부과 전과 비교하면 B와 C 면적만큼 소비자잉여가 감소하였다.

그런데 소비자가 P_3의 가격을 지불하였다고 해도 생산자가 한 대당 수입액이 P_3가 되는 것은 아니다. 왜냐하면, 부과된 세금은 정부에 납부해야하므로 판매가격에서 이를 제외한 금액이 생산자의 판매수입이 되며 이는 그래프에서 P_4로 표시된다. 따라서 생산자는 Q_2 만큼을 P_4의 가격을 받고 판매하는 것과 마찬가지가 되어 생산자잉여는 F의 면적이 된다. 생산자잉여를 조세부과 전과 비교하면 D와 E를 더한 면적만큼 조세부과로 인해 감소하였음을 알 수 있다.

한편 조세 부과액만큼 공급곡선이 상방으로 평행이동하였으므로 거래량 Q_2에 대당 조세액인 $P_3 - P_4(=P_2 - P_1)$을 곱하면 조세 수입액이 되는데 이는 그래프에서 B와 D를 합한 면적을 의미한다.

다음으로 조세부과에 따른 사회총잉여의 변화를 살펴보면 우선 조세부과 전에는 관련 경제주체가 수요자와 공급자뿐이므로 이 둘의 잉여를 더한 A+B+C+D+E+F가 사회총잉여였다. 그러나 조세부과 후에는 여기에 조세를 징수하는 정부까지 관련 경제주체에 포함되어 사회총잉여가 측정된다. 이를 주체별로 살펴보면 소비자잉여(A), 생산자잉여(F), 조세 수입(B+D)으로 이를 합한 (A+B+D+F)가 사회총잉여가 된다. 여기서 한 가지 흥미로운 사실을 알 수 있는데 조세를 부과하기 전과 후를 비교하면 소비자잉여와 생산자잉여가 감소했을 뿐만 아니라 사회총잉여도 감소했다는 사실이다. 즉, 그래프에서 C와 E로 표시되는 면적만큼 사회 전체의 후생 측면에서 감소를 가져왔고 이는 사회적으로 바람직한 생산량인 Q_1에 비해 현 생산량 Q_2는 과소생산이 되고 있어 자원의 최적 배분이 일어나지 못했음을 의미한다.

이번에는 정부의 조세 수입인 B+D를 좀 더 살펴보면, 이 중 B 면적은 조세가 부과되지 않았다고 하면 소비자가 소비자잉여로 누릴 수 있던 몫이었으나 조세가 부과됨으로써 정부가 징수해간 부분으로 결과적으로 소비자가 부담한 것으로 볼 수 있다. 마찬가지로 D 부분은 조세부과로 생산자가 누리던 잉여부분을 정부에 납부한 것이 되므로 조세 수입 중에서 생산자가 부담하는 부분으로 이해할 수 있다. 즉, 조세를 부과했을 때 특별한 경우를 제외하고 수요자나 공급자 중, 어느 한쪽이 부담하는 것이 아니라 양쪽이 함께 부담하게 되는 것을 알 수 있다.

이 외에도 <그림 21>을 통해 직관적으로 조세 수입과 사회적 후생손실에 대해 흥미로운 사실을 유추할 수 있는데 조세를 많이 부과하면 할수록 조세 수입과 후생손실에 미치는 영향에 대한 것이다. 이는 공급곡선이 상방으로 많이 이동함에 따라 B+D의 면적으로 표시되는 조세 수입과 C+E로 표시되는 사회 후생의 손실이 어떻게 변화하는가에 대한 문제로 이해할 수 있다. 결론부터 말하자면 조세 수입은 일정 수준까지는 조세부과액의 증가에 따라 증가하지만, 그 이상의 조세부과는 오히려 조세 수입을 감소시킨다. 반면 조세부과로 인해 감소하는 사회 후생의 손실은 조세부과액이 증가함에 따라 지속해서 커진다. 이는 독자가 어렵지 않게 그래프를 통해 확인할 수 있을 것이다.

탄력도와 조세의 전가

앞에서 정부에서 조세를 부과하면 생산자와 소비자가 함께 조세를 부담하게 됨을 살펴보았다. 그러나 둘 중에 누가 더 많이 부담하고 적게 부담하는지는 차이가 있을 수 있는데 <그림 22>에는 수요곡선의 기울기를 달리한 두 경우의 그래프가 그려져 있다.

〈그림 22〉 수요탄력도와 조세의 전가

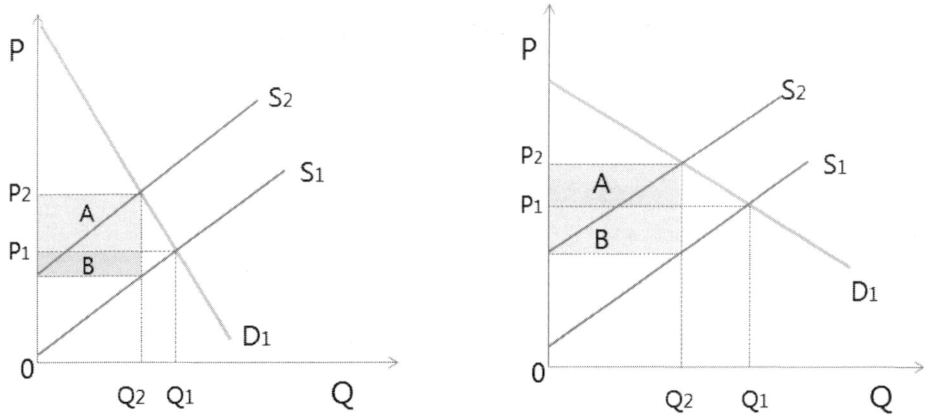

두 그래프 모두 조세부과 전의 공급곡선 S_1에서 부과 후에 S_2로 이동하였다. 그 결과 A+B만큼을 조세로 정부에 납부하게 되는데 그중에 A부분은 소비자가 부담하고 B부분은 생산자가 부담하게 된다. 수요곡선의 기울기가 가파르게 그려진 좌측의 경우에는 A면적이 B면적보다 큼을 알 수 있는데 소비자가 생산자보다 더 많은 조세를 부담하고 있음을 뜻한다. 수요곡선의 기울기가 완만하게 그려진 오른쪽 그래프의 경우에는 반대로 B부분이 A부분보다 커, 생산자가 소비자보다 조세를 많이 부담하고 있음을 알 수 있다. 수요곡선의 기울기는 '수요의 가격탄력도'를 의미하기 때문에 이는 달리 표현하면 수요가 비탄력적이면 소비자가 조세를 많이 부담하며, 수요가 탄력적이면 생산자가 많이 부담하게 된다고 할 수 있다. 이렇듯 수요의 탄력도는 부과된 조세가 누구에게 전가되는가에 영향을 미치게 된다.

수요측면이 아니라 공급측면에서 탄력도가 조세의 전가에 미치는 영향을 살펴보기 위해 이번에는 공급곡선의 기울기를 달리하여 다음 그림에 나타내었다. 위에서 설명한 수요곡선의 경우를 그대로 적용하면 공급곡선의 기울기가 가파른 좌측의 경우는 생산자가 조세를 많이 부담하며, 기울기가 완만한 우측의 경우는 반대로 소비자가 많이 부담하게 되는 것을 알 수 있다. 즉, 공급은 탄력도가 클수록 소비자가, 작을수록 생산자가 조세를 부담하게 됨을 알 수 있는데 이는 앞에서 살펴본 '수요탄력도와 조세의 전가' 간의 관계와는 반대가 된다.

〈그림 23〉 공급탄력도와 조세의 전가

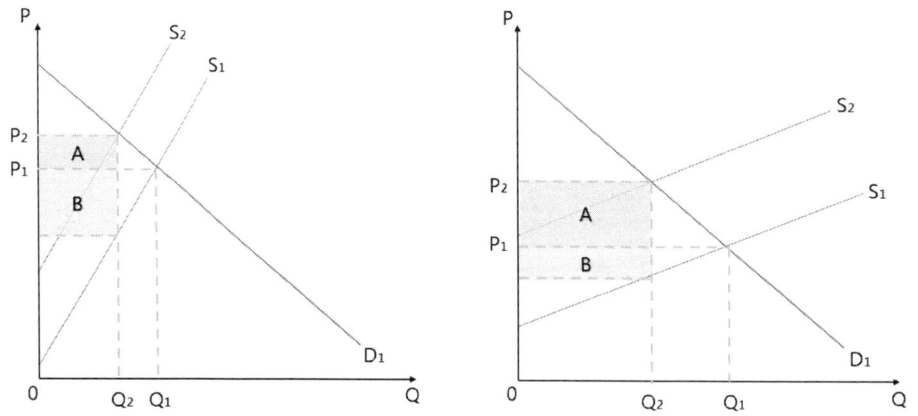

• 제 9 장 •

MT참여 인원이 많을수록 회비가 적어지는 이유는?

규모의 경제

학과나 단체에서 체육대회나 여행 등 행사를 추진할 때 참가자의 회비로 비용을 충당하는 경우가 많다. 이때 개인이 부담해야 할 회비가 참가자의 수에 영향을 받게 되는데, 보통 참가자 수가 늘어날수록 참가비는 적어진다. 이와 비슷하게 상품의 가격도 소량으로 만드는 것보다 대량으로 생산할 때 더 낮아지게 되는 현상을 자주 목격할 수 있다.

총생산, 한계생산, 평균생산

비용과 생산은 서로 다른 개념처럼 보이지만 사실 동전의 앞뒷면처럼 바라보는 관점의 차이일 뿐 동일한 현상을 설명할 때가 많다. 사회현상을 더욱 잘 이해하기 위해서 둘 간의 관계를 간단히 살펴보자. 생산을 위해서 필수적인 생산요소 중 노동력만이 필요하다고 하면 가로축은 노동력, 세로축은 생산량 좌표에 해당하는 총생산곡선을 그릴 수 있다. 노동력의 투입이 증가하면 이에 따라 생산되는 상품의 양도 증가할 것이므로 총생산곡선은 우상향하는 형태가 될 것이다. 그러나 우상향하는 형태도 여러 가지가 있을 수 있는데 만일 기울기가 일정한 직선의 형태라면 노동투입 증가에 따라 생산량의 증가가 일정함을 의미하며, 기울기가 점차 가팔라지는 형태라면 노동투입 증가에 따라 증가하게 되는 생산량도 점차 증가하게 됨을, 반대로 기울기가 점차 완만해지는 형태라면 노동투입 증가에 따라 생산량의 증가가 점차 감소하게 됨을 의미한다.

생산품의 특징에 따라 다르겠지만, 이전 장에서 사례로 든 자동차 생산을 생각해보자. 노동자 한 사람이 한 달 동안 일해서 자동차 한 대를 생산했다고 한다면, 노동자 두 사람, 세 사람이 함께 일하면 얼마나 생산될까? 혼자 생산한다면 모든 일을 혼자 해야겠지만 노동자가 증가함에 따라 함께 돕거나, 각 전문분야로 나누어 효율적으로 일할 수 있을 것이다. 따라서 노동자가 증가함에 따라 더 많은 양의 생산 증가를 가져오게 되며 생산 곡선의 기울기는 점차 가파르게 된다. 그러나 이런 현상이 무한정 일어나지는 않을 것이다. 즉, 적정규모 이상으로 노동투입량이 증가하게 되면 서로 일을 하는 데 방해가 되거나 책임 전가 등으로 오히려 효율성이 저하되어 생산량 증가는 점차 감소하게 될 것이다. 이는 우상향하는 총생산곡선의 기울기가 노동투입 증가에 따라 점차 완만해지는 것으로 나타난다. 이상의 것을 종합해서 일반적인 총생산곡선(total product :TP)을 그려보면 <그림 24>처럼 S형태의 곡선을 얻게 된다.

〈그림 24〉 총생산, 평균생산, 한계생산

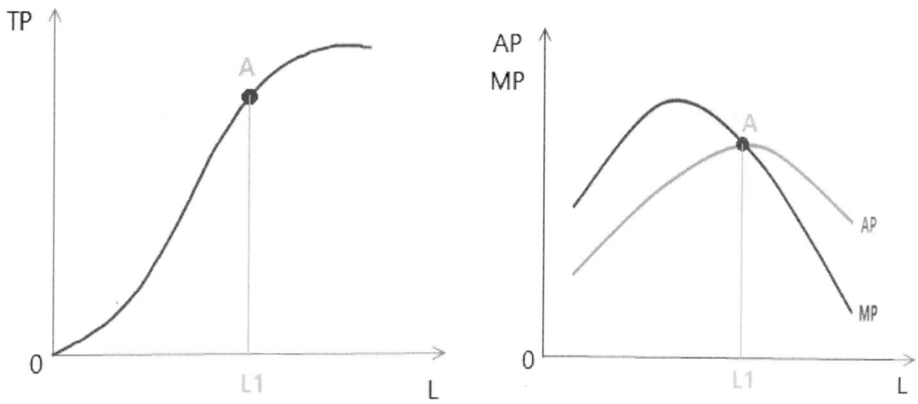

5장에서 소비자의 선택 원리를 배우면서 '한계효용'의 개념을 살펴보았다. 이 '한계(marginal)'의 개념을 생산에 적용하면 '한계생산(marginal products: MP)'을 쉽게 이해할 수 있다. 즉, 한계생산은 노동투입을 한 단위 늘렸을 때 증가하게 되는 생산량의 증가분을 뜻한다. 경제에서 자주 언급되는 또 다른 개념으로는 '평균(average)'이 있는데 이는 총량을 기준이 되는 단위로 나누어 준 것을 의미한다. 여기서는 총생산을 투입된 노동량으로 나누어 준 것으로 의미는 '노동 한 단위당 생산량'이 되며 '평균생산(average products: AP)'이라 한다. 총생산과 한계생산, 그리고 평균생산의 관계를 식으로 표현하면 다음과 같다.

$$MP = \frac{\Delta TP}{\Delta L} \qquad AP = \frac{TP}{L}$$

이 식으로부터 가로축은 노동량인 L, 세로축은 생산량 즉 TP의 좌표에서 한계생산과 평균생산이 어떤 의미를 갖는지 유추할 수 있다. '한계생산'은 가로축 L의 변화에 대한 세로축 TP의 변화분을 의미하므로 이는 해당하는 노동투입량 수준에서 TP곡선 상의 '접선의 기울기'를 의미하게 된다. 이에 반해 '평균생산'은 총생산을 총노동량으로 나눈 값이므로 해당하는 노동투입량 수준에서 TP곡선과 원점을 연결한 '직선의 기울기'가 된다. 한계생산이나 평균생산 모두 노동투입이 적을 때는 투입량 증가에 따라 기울기가 점차 커져 증가하다가 일정 수준을 벗어나면 노동투입 증가에 따라 그래프의 기울기가 작아지는 산 모양의 형태를 보이게 된다. 또한 원점에서 가까운 부분에서는 TP곡선 상 접선의 기울기가 원점과 접점을 연결한 직선의 기울기보다 커서 한계생산이 평균생산보다 크게 되며 노동투입량이 많은 원점에서 멀리 떨어진 부분에서는 반대로 평균생산이 한계생산보다 크게 된다. 이렇게 한계생산과 평균생산의 상대적 크기가 노동투입량의 규모에 따라 역전되기 위해서는 중간에 둘이 같게 되는 즉, 총생산곡선 상에서의 접선의 기울기와 원점과 이 점을 연결한 직선의 기울기가 같게 되는 지점(A)이 있게 된다. 이는 다름 아닌 평균생산이 최대가 될 때임을 <그림 24>을 통해 확인할 수 있다.

소비자 선택이론에서 한계효용이 소비량 증가에 따라 점차 감소하는 현상을 가리켜 '한계효용체감의 법칙'이라 했다. 그러면 한계생산은 점차 증가하다가 감소하는 형태를 보여주고 있는데 뭐라고 말해야 할까? 이를 이해하기 위해 경제주체의 관심 및 경제문제가 어디에서 발생할 것인가를 생각해보자. 경제학은 선택의 학문이라고 하는데 선택의 문제는 한계생산이 체증하는 구간에서는 발생하지 않을 것이다. 왜냐하면 이 구간은 노동투입에 따라 생산증가분이 지속해서 증가하기 때문에 무조건 노동투입량을 늘리는 것이 유리할 것이다. 그러나 한계생산이 체감하는 구간에서는 노동투입 증가에 따라 추가 고용에 따른 비용은 증가하나, 생산량 증가분은 점차 감소함으로써 노동투입 여부에 대한 선택의 문제에 놓이게 된다. 경제학에서의 관심은 바로 이 구간에 있으며 한계생산이 체증하는 구간이 있다고 하더라도 일반적으로 요소투입이 증가할수록 한계생산은 감소하는 '한계생산체감의 법칙'을 논한다.

총비용, 한계비용, 평균비용

이제 위에선 언급된 내용을 비용 측면에서 살펴보자. 생산 곡선에서 가로축이었던 노동투입을 위해서는 비용이 수반될 수밖에 없다. 고정요소에 필요한 고정비용은 없으며[16] 노동투입량에 관계없이 단위당 노동가격은 일정하다고 가정하면 노동투입량에 일정한 단위당 노동가격을 곱하면 생산비의 의미가 될 것이다. 생산 곡선의 세로축은 총생산 TP(total product)인데 이는 생산량의 일반적 개념인 Q(quantity)와 다를 것이 없다. 이는 생산 곡선의 두 축을 노동투입량에 일정한 노동가격을 곱해 단위만 달라진 생산비를 나타내는 가로축과 생산량을 나타내는 세로축으로 이해할 수 있다. 이 총생산곡선을 뒤집어 생산량(Q)을 가로축에 놓이게 하고 생산비를 세로축에 놓이게 한 것이 다름 아닌 총비용곡선(total cost:TC)이 된다.

〈그림 25〉 총비용, 한계비용, 평균비용

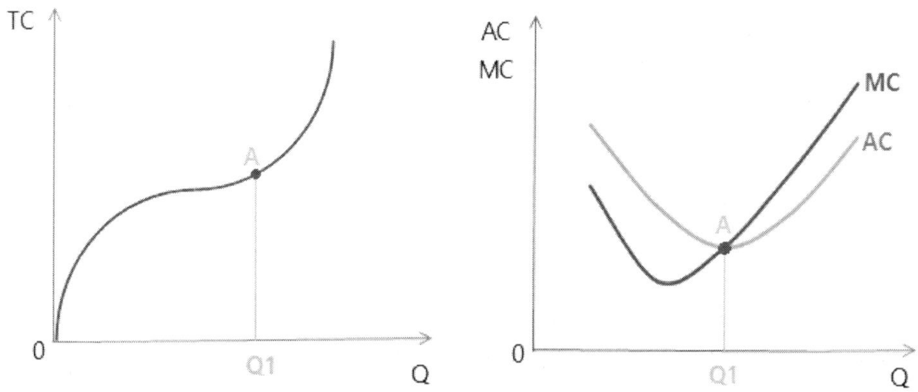

따라서 총비용곡선은 총생산곡선을 뒤집어 놓은 것과 같은 형태로 <그림 25>처럼 그려진다. 원점에서 가까운 구간은 생산 곡선에서 한계생산이 체증하는 구간인데 여기서는 노동자가 추가로 투입되면 더 많은 양의 생산량 증가가 있게 된다. 이를 역으로 이야기하면 더 적은 양의 노동투입량 증가로 이전과 동일한 양만큼 생산량을 늘리는 것이 가능하다는 뜻과 같다. 즉, 가로축인 생산량 증가에 대해 세로축인 생산비의 증가가 적게 됨을 의미하

---

16) 총비용을 고정비용과 가변비용으로 나누었을 때의 비용곡선도 뒤에서 다루게 된다. 또한 장기적으로는 모든 요소가 변화할 수 있으므로 모든 비용이 가변비용이라 할 수 있다. 경제원론에서는 장·단기를 나누어 분석하나 교양서적인 본고에서는 이를 구분하지 않았다.

므로 총비용곡선의 기울기는 점차 완만하게 된다. 동일한 이유로 한계생산이 체감하는 구간에서는 총비용 곡선의 기울기는 점차 가파르게 된다. 생산과 마찬가지로 비용도 '한계비용(marginal cost: MC)'과 '평균비용(average cost: AC)'의 개념이 사용되는데, 한계비용은 상품 한 단위를 추가로 생산하는 것에 대한 비용의 증가분을 뜻하며, 평균비용은 상품 한 단위 당 소요된 비용을 말한다. 식으로 표현하면 다음과 같다.

$$MC = \frac{\Delta TC}{\Delta Q} \qquad AC = \frac{TC}{Q}$$

그래프에서 한계비용과 평균비용을 도출하는 방법도 생산의 경우와 동일하다. 총비용곡선에서 주어진 생산량에 해당하는 점에서의 '접선은 기울기'는 '한계비용'을 의미하며, 원점과 이 점을 연결한 '직선의 기울기'는 '평균비용'을 의미한다. 두 비용 모두 원점에서 생산량이 증가함에 따라 처음에는 감소하였다가 일정규모 이상에서는 다시 증가하는 U자 형태를 띠고 있다. 그러나 소규모 생산 구간에서는 한계비용이 평균비용보다 더 낮으며 일정규모 이상의 생산에서는 반대로 한계비용이 평균비용보다 더 높다. 두 비용이 같게 되는 생산규모는 평균비용이 최저가 될 때이다. 즉, 한계비용 곡선은 평균비용 곡선의 최저점을 통과하는 형태가 된다. 이러한 특징은 앞에서 살펴본 생산 곡선의 경우와 동일하다. 총생산곡선을 뒤집으면 총비용곡선이 되는 것과 마찬가지로 한계생산, 평균생산 곡선을 뒤집으면 한계비용, 평균비용 곡선이 된다. 이러한 비용곡선의 특징은 <그림 25>로부터 확인할 수 있다.

규모의 경제

기업의 목적은 이윤의 획득에 있으며 다른 조건이 일정하다면 비용이 적게 투입될수록 이윤은 커질 것이다. 비용 중에서 기업의 입장에서 가장 관심을 두는 비용 중의 하나가 '평균비용'이다. 거래에서 상품에 동일한 가격이 부여될 때 상품 단위당 비용을 빼면 상품 한 단위가 가져다주는 이윤이 된다. 생산량이 증가함에 따라 총비용은 당연히 증가하여 직접적으로 이윤과 연관 짓는데 제한이 있으며, 한계비용은 비용이 증가하여도 평균비용은 낮아져 수익성이 개선될 수 있어 역시 지표로서 한계가 있다. 평균비용은 제품 한 단위당 소요되는 비용을 의미하므로 생산에 있어서 효율성의 지표로 볼 수 있다. 즉, 하나의 제품을 만드는데 소요되는 비용을 현재보다 더 낮출 수 있다면 지금 현재의 생산은 자원의 낭비가 있는 비효율적 생산인 것이다.

〈그림 26〉 규모의 경제

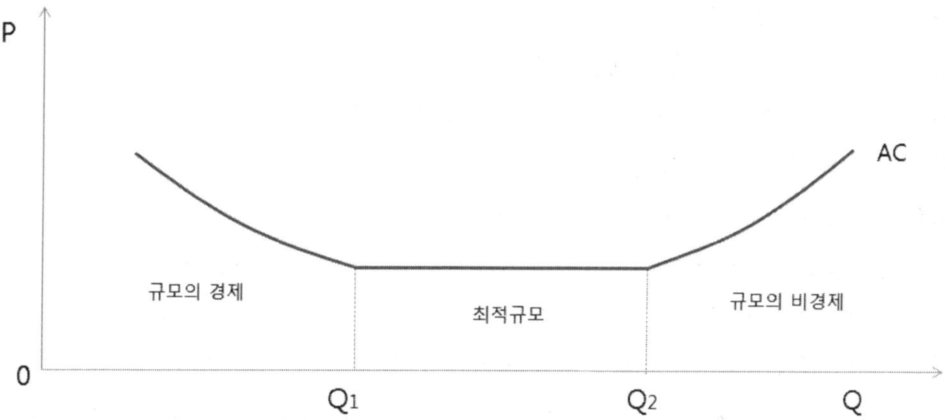

<그림 26>에는 위에서 살펴본 U자 형태의 평균비용곡선을 다시 그렸다. 이 중에서 원점에서 Q_1까지는 생산량이 증가할수록 평균비용이 낮아지는 구간이다. 즉, 소량생산보다는 대량생산을 함으로써 경제적인 이득이 실현되고 있다고 할 수 있으며 이러한 현상을 가리켜 '규모의 경제(economy of scale)'라고 한다[17].

규모의 경제에 대한 원인은 여러 가지가 있으나 첫째, 분업과 특화를 들 수 있다. 소규모 생산에서는 고용된 노동자가 적어 혼자 여러 가지 일을 할 수밖에 없다. 그러나 대량생산 체제에서는 많은 노동자가 고용되어 저마다 특정 부문의 일만 하면 되는 분업이 이루어지고, 같은 일을 반복하다 보면 특화(specialization)가 이루어져 생산성이 향상될 것

17) '규모의 경제'는 '한계생산 체증'과 구분지어 고정요소까지 고려하는 장기의 개념이며 장기 평균비용곡선도 단기 평균비용곡선을 연결하는 포락선 형태를 띠게 되나, 여기서는 이를 구분하지 않고 간단히 살펴보았다.

이다. 둘째, 생산요소의 효율적 사용이 가능해지는데 특히, 고정요소의 활용 측면에서 그렇다. 예로 상품을 만드는데 필요한 기계를 구입하거나 공장을 건설하였다고 하면 이 생산설비에 적절한 생산능력이 있을 것이다. 일반적으로는 생산량을 늘릴 때마다 생산설비를 늘리는 것이 아니고 애초에 생산설비를 여유 있게 보유하고 있다. 따라서 생산량이 증대되면서 유휴 생산설비가 줄어들어 효율적으로 생산요소를 활용할 수 있을 것이다. 셋째, 대량생산을 통해 제품판매나 생산요소 확보 등에 있어 이점을 누릴 수 있다. 일상생활에서 상품을 구입할 때 소규모 영세업체보다는 대량생산을 하는 대형업체의 상품을 선호하는 경향이 있음을 어렵지 않게 볼 수 있다. 또한 생산에 필요한 생산원료를 구입하는데 있어서도 대량으로 구입하기 때문에 원료 공급자가 우선적으로 공급해주거나 가격을 할인해 주는 등의 혜택을 제공하고 생산자는 이로부터 경제적 이익을 얻을 수 있을 것이다. 이 외에도 대량생산으로 경영관리나 기술개발이 더욱 효율적으로 이루어지는 등 다양한 이점이 존재하며 이로 인해 규모의 경제가 실현된다.

그러나 규모의 경제가 무한히 실현되는 것은 아니다. 적정규모 이상으로 생산이 증가한다면 오히려 기업 내부의 여러 가지 비효율적 요인으로 인해 비용이 상승하게 될 것이다. 따라서 기업의 입장에서는 상품 단위당 비용인 평균비용을 더 이상 낮출 수 없는 가장 효율적인 최적규모(optimum size)가 된다. 생산시설이 상품 한 단위당 규모로 조정되기보다는 일정량 단위로 조정되는 것이 일반적이므로 이 생산량 구간에서는 생산량 변화에 따라 평균비용의 변화가 미미할 것이다. 이를 고려하여 <그림 26>에서 평균비용이 최저가 된 Q_1에서 Q_2까지 일정하게 표현되어 있다. 이 구간은 모두 최적규모가 달성되었다고 볼 수 있으며 Q_1은 '최소한의 최적규모'를 의미하고 Q_2는 '최대한의 최적규모'를 의미한다.

생활 속의 규모의 경제

다시 본 장의 서두에서 언급하였던 참여자가 많을수록 회비가 저렴해지는 현상으로 되돌아 가보자. 학과에서 MT를 가려고 한다면 우선 교통편과 숙소가 정해져야 할 것이다. 차량을 대여할 때 대형 버스의 경우 20명이 가든 40명이 가든 버스 한 대의 대여료로 지불하게 되는 금액은 동일하기 때문에, 더 많은 학생이 참여할수록 한 사람당 분담하게 되는 교통비는 감소한다. 이러한 현상은 숙소에서도 일어날 수 있는데 정해진 적정 인원까지는 실제 숙박 인원이 적다고 할인되지 않으며, 초과할 경우에도 추가 비용이 발생하여 비록 전체 비용은 증가할 수 있어도 일 인당 부담해야 하는 비용은 감소하는 경우가 일반적이다. 이 외에도 행사 진행을 위한 음향시설 대여, 식재료 구매, 유적지 등의 입장료 등에서 참가자가 많을수록 가격할인의 혜택 등 개인별 부담 금액이 적어지는 특징을 발견할 수 있다. 이상에 언급한 이유 등으로 MT 참가자가 적은 것보다는 많을수록 개인이 부담해야 할 회비는 적어지게 된다. 생산자의 경우는 아니지만, 원리는 동일한 일종의 '규모의 경제'가 발생하고 있는 것이다.

빵이나 우유, 또는 과자류 등 상품을 소비할 때 포장지를 보면 제조공장의 주소가 적혀 있다. 그런데 경우에 따라 제조공장이 하나가 아니라 전국에 걸쳐 다수가 존재하며 그중의 한 생산지가 표기되어 있다. 이번 장에서 알아본 '규모의 경제' 원리에 따르면 모여서 대량생산을 하는 것이 좋은데 그렇지 않고 전국에 공장을 분산시켜 놓은 이유가 무엇일까? 이 물음에 대한 대답은 앞서 '규모의 경제'에 대해 살펴보면서 '규모의 경제'가 존재하나 무한한 것은 아니며 적정 규모 이상에서는 오히려 단위당 비용이 증가하게 되는 '규모의 비경제'로부터 얻을 수 있을 것이다. 즉, 대량생산이 무조건 좋은 것은 아니며 상품마다 단위당 비용을 가장 저렴하게 할 수 있는 '최적규모'가 있고 생산자는 이를 위해 노력할 것이다. 상품의 특성상 조선, 석유, 자동차 등과 같이 고정요소 규모가 크고 원료의 수송비용이 많이 소요되어 대규모로 집적된 생산단지가 필요한 경우도 있으나, 원료나 생산품의 품질이 변질되기 쉬운 문제점 등으로 인해 공급과 수요처가 특정 지역에 집중되지 않고 산재해 있는 경우에는 소규모 생산시설로 여러 곳에 위치하는 것이 '최적규모'를 달성하는데 유리할 수 있다. 즉, 이윤극대화를 추구하는 기업은 스스로 생산량의 최적규모를 달성하기 위해 노력하고 있다.

• 제 10 장 •

동네 쌀가게와 KT&G의 행동원리는 같을까?

이윤극대 원리, 시장이론

농산물이지만 쌀은 전국 각지의 자체 브랜드로 판매되거나 심지어 동네 쌀가게까지 포함하면 매우 많은 판매자가 경쟁하고 있다. 이에 반해 담배나 인삼은 국내시장에서 KT&G라는 회사가 시장에서 매우 큰 점유율을 갖고 있다[18]. 경제생활에서 보면 이렇듯 생산자의 시장형태가 수가 많은 소규모 영세업체인 경우가 있고 반대로 소수의 거대기업이 생산을 담당하고 있는 경우도 있다. 생산자의 형태에 따라 시장은 어떻게 구분할 수 있고 각 시장의 특징과 행동원리는 무엇인지 살펴보자.

18) 담배와 인삼은 50년대 정부기관인 '전매청'으로 출발하여 80년대 '담배인삼공사'의 형태로 독점권을 갖고 있었으나 2000년대 들어 주식의 일반매각과 일반기업의 참여를 허용하였다.

이윤극대 원리

생산자의 궁극적 목적이 이윤의 획득이라는 것은 모두가 알고 있는 사실이다. 생산자의 형태에 따라 이윤극대화라는 생산자의 목적함수가 변화할 수 있을까? 동네 조그만 쌀가게주인인 옆집 할아버지가 추구하는 것이나 국내에서 가장 큰 농산물 가공업체인 'KT&G'의 CEO가 추구하는 것이나 '이윤극대화'라고 하는 목적은 변함이 없을 것이다[19]. 다만 시장의 형태에 따라 생산자의 행동이 달라질 것이고, 이로 인해 결과가 상이한 특징이 있을 뿐이다.

이윤극대화 원리는 앞서 소비자 이론에서 배운 내용을 상기하면 보다 쉽게 이해할 수 있을 것이다. 즉, 기수이론에 입각한 소비자 행동원리에서 효용이 극대가 되는 조건은 '한계효용 균등의 법칙'으로 설명할 수 있다. 이윤극대화 원리도 '한계(marginal)'의 개념을 이용하여 접근할 수 있다. 이윤은 우리가 일상적으로 알고 있는 것처럼 총수입(total revenue)에서 총비용을 제한 것으로 정의할 수 있다[20]. 이를 식으로 나타내면 $\pi = TR - TC$로 표현할 수 있으며 여기서 π는 이윤(profit)을 의미한다. 총 판매액의 개념인 총수입은 가격과 판매량의 곱 $P{\cdot}Q$로 구할 수 있다. 생산, 비용, 효용 등 지금까지 배운 경제 개념이 모두 총(total), 한계(marginal), 평균(average)의 개념으로 이해할 수 있듯이 '총수입'도 '한계수입(marginal revenue: MR)', '평균수입(average revenue: AR)' 으로 표현할 수 있다.

한계수입은 '상품 한 단위를 추가로 생산하여 판매했을 때 총수입의 증가분'을 의미하며 평균수입은 '상품 한 단위 당 가져다주는 수입'을 뜻한다. 이를 식으로 표현하면 다음과 같다. 여기서 $TR = P{\cdot}Q$임으로 AR은 이를 Q로 나눈 값인 P가 된다.

$$MR = \frac{\Delta TR}{\Delta Q}, \quad AR = \frac{TR}{Q} = \frac{P{\cdot}Q}{Q} = P$$

---

19) 물론 KT&G가 민영화가 되긴 했으나 공익을 사업이념으로 삼아 단순히 이윤극대만을 추구하지는 않는다. 본고에서는 유사한 상품이나 시장형태가 다른 기업행동원리를 살펴보기 위한 예일 뿐임을 밝힌다.

20) 앞서 살펴본 것처럼 '경제적 이윤'은 총수입에서 '암묵적 비용'까지 고려한 '경제적 비용'을 제외한 것으로 정의된다. 본고에서는 이후 따로 정의하지 않아도 '경제적 이윤'의 개념을 포괄한다.

기업의 입장에서 상품을 한 단위 더 생산하면 이에 따른 긍정적인 효과와 부정적인 효과가 공존할 것이다. 추가로 생산된 상품을 판매하면 수입이 늘어나지만 이를 위해서는 비용 또한 증가하게 된다. 즉, 경제적인 용어로 표현하면 한계수입도 증가하지만 한계비용 역시 함께 증가할 수밖에 없다. 생산량 증대가 기업의 이윤에 어떻게 영향을 미치는가는 이 둘 중에서 어느 것이 더 큰가에 좌우된다. 예로 한계수입이 한계비용보다 더 큰 $MR > MC$인 경우는 추가 생산된 상품이 벌어다 주는 것이 이를 생산하기 위해 소요되는 비용보다 크기 때문에 기업은 이득이며 생산량을 늘려야 한다. 반면 한계비용이 한계수입보다 더 큰 $MR < MC$인 경우는 비용증가분이 수입증가분보다 커 만들수록 손해인 경우이다. 이때는 생산량을 줄이는 것이 손해를 줄이는 것이므로 이윤이 증가할 것이다. 즉, 한계수입과 한계비용 중에서 어느 한쪽이 더 크거나 작으면 생산량을 조절하여 이윤을 증대시킬 수 있음을 의미하며 현 상황이 이윤극대를 만족시키고 있지 못함을 의미한다. 그렇다면 더 이상 이윤을 증대시킬 수 없는 이윤이 극대가 되는 생산량은 한계수입과 한계비용이 부등호 관계가 아닌 등식이 성립할 때라는 것을 유추할 수 있다. 즉, 이윤극대 조건을 $MR = MC$로 표현할 수 있으며 각 기업은 형태에 관계없이 이 조건이 달성되는 수준에서 생산량을 결정하려고 할 것이다.

시장형태와 수입곡선

시장의 형태와 관계없이 생산자가 추구하는 것은 이윤극대이고, 이윤극대 조건은 한계수입과 한계비용이 같게 될 때임을 알았다. 이제 시장의 형태에 따른 생산자의 특징이 무엇인지 살펴보기 위해 제목에서 꺼냈던 동네 쌀가게와 대형 농가공업체를 생각해보자. 먼저 동네 쌀가게는 우리나라에 매우 많은 쌀 판매자 중의 한 사람으로 시장에서 차지하는 비중이 매우 미미할 것이다. 또한 이천, 진천 등지의 쌀이 예로부터 맛이 좋다고 알려져 있기는 하나, 전반적으로 쌀은 재배기술이나 외적 환경이 크게 차이 나지 않아 상품성의 편차가 크지 않다. 이런 상황에서 쌀가게 주인은 쌀값을 조정하는데 한계가 있을 것이다. 돈을 많이 벌고 싶어 쌀 가격을 올리면 시중에 쌀을 판매하는 곳은 얼마든지 많이 있고 품질의 차이도 크지 않아 소비자는 다른 가게를 찾아갈 것이기 때문이다. 논의의 편의를 위해서 쌀가게는 소규모 영세업자와 상품의 특성상 가격을 조정할 수 있는 힘이 전혀 없는 가격순응자(price taker)라고 하자.[21] 이 경우 총수입곡선을 그려보면 $TR = P{\cdot}Q$에서 P는 생산자 입장에서 변경할 수 없는 일종의 상수와 같은 의미로 우상향하는 직선의 형태가 될 것이다. 즉, 세로축의 총수입은 가로축 판매량에 대해 상품가격이 일정하므로 가격만큼 일정한 비율로 증가하게 될 것이다. 총수입곡선을 알면 이로부터 한계수입과 평균수입곡선을 도출할 수 있다. 앞의 효용과 생산, 비용곡선의 경우와 마찬가지로 총수입곡선에서 각 판매량에 해당하는 점에서의 접선의 기울기는 한계수입이 될 것이며 그 점과 원점을 연결한 직선의 기울기는 평균수입이 될 것이다. 이의 관계가 <그림 27>에 정리되어 있다.

〈그림 27〉 완전경쟁시장의 수입곡선

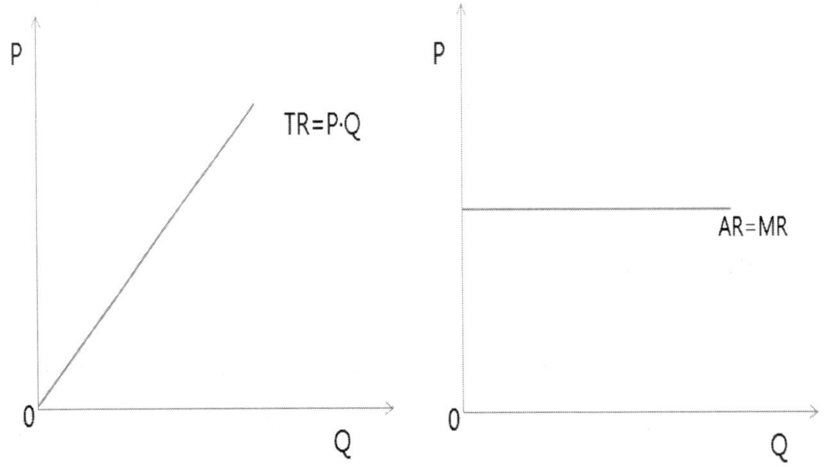

그런데 총수입곡선이 직선의 형태가 되기 때문에 모든 점에서 접점의 기울기는 동일하게 된다. 또한 총수입곡선 상의 어느 점이던 이와 원점을 연결한 직선의 기울기도 동일하게 된다. 이는 생산량에 관계없이 한계수입과 평균수입이 일정하다는 것을 의미하며 또한

21) 이런 특징을 갖는 시장을 '완전경쟁시장'이라고 하며 보다 자세한 것은 다음 절에서 설명한다.

한계수입과 평균수입이 동일한 값을 갖게 됨을 의미하기도 한다. 이를 그래프로 나타내면 <그림 27>에서 보는 것과 마찬가지로 생산량에 관계없이 일정한 값을 갖는 수평선의 형태가 되며 이 선이 한계수입곡선이면서 동시에 평균수입곡선이 된다. 이 때 값은 가격인 P로 동일하게 된다.

이번에는 KT&G에서 생산하는 담배나 인삼가공품을 생각해보자. 담배나 인삼 생산량을 전액 국가에서 수매하던 옛날과 비교하면 정도가 완화되기는 하였으나 아직도 KT&G가 시장에서 차지하고 있는 점유율은 상당한 수준이다. 실제 이 회사 생산품의 가격결정은 완전히 자유로운 회사 의사결정이 아닌 공익을 고려한 국가의 관리 등 여러 요인에 의해 영향을 받지만 본고에서는 대비를 통한 설명의 이점을 위해 예를 들었을 뿐이므로 이윤극대만을 추구한다고 가정한다. 위에서도 언급하였지만 조그만 동네 쌀가게와 국내 굴지의 큰 회사 모두 추구하는 바는 이윤극대화로 동일할 것이다. 그러나 시장에서 차지하는 위상이 상이하기 때문에 행동의 특성과 그 영향은 다를 것이다. 자세한 것은 뒤에서 살펴보기로 하고 여기서는 총수입곡선과 한계, 평균수입곡선을 살펴본다. 총수입은 $TR = P \cdot Q$로 앞의 소규모 쌀가게와 동일하다. 그러나 가격 P가 앞의 영세 쌀가게는 생산자가 영향을 줄 수 없는 '가격순응자'였던 것에 비해 대형업체인 KT&G는 가격에 영향을 미칠 수 있다. 즉, 시장 전체 생산량 중에 큰 비중을 차지하고 있는 기업의 생산량은 단순히 한 기업의 생산량이 아닌 전체 시장의 공급량에 영향을 미칠 수 있다. 예로 KT&G에서 어느 날 갑자기 담배생산량을 절반으로 줄인다고 하면 어떤 일이 벌어질까? 아마도 시장에서는 담배의 품귀현상이 벌어지면서 담배가격이 상승할 것이다. 이는 더 이상 가격은 생산량과 관계없는 상수의 성격이 아니라 생산량과 함수관계에 있음을 의미하고 이런 거대기업은 '가격순응자'가 아닌 '가격결정자(price-maker)'로서 역할을 하게 됨을 알 수 있다. 이를 식으로 표현하면 $TR = P(Q) \cdot Q$로 가격이 상수가 아닌 생산량의 함수로 표시된 것만 상이하다. 가격과 생산량과의 관계는 (-)의 관계가 된다. 따라서 생산량 Q가 증가하면 반대로 P는 감소하여 서로 상반되는 효과가 TR에 영향을 미친다. 만일 Q가 증가하는 효과가 이로 인한 P의 감소보다 크다면 생산량의 증가에 따라 총수입은 증가할 것이며, 반대로 생산량 증가에 비해 가격의 하락폭이 크다면 총수입은 감소할 것이다. 그런데 생산량이 얼마 되지 않는 미미한 수준에서는 생산량이 증가해도 가격에 미치는 영향이 크지 않겠지만 적정량을 초과하여 많은 양이 공급될 때는 조금만 생산량이 증가해도 가격하락이 클 것이다. 즉, 생산량이 적은 수준에서는 생산량 증가에 따라 총수입이 증가하나 공급이 충분히 된 상황에서는 생산량 증가에 따라 총수입이 감소됨을 의미한다. 이를 그래프로 나타내면 <그림 28>에서와 같이 산(山)모양의 형태가 될 것이다.

〈그림 28〉 불완전경쟁시장의 수입곡선

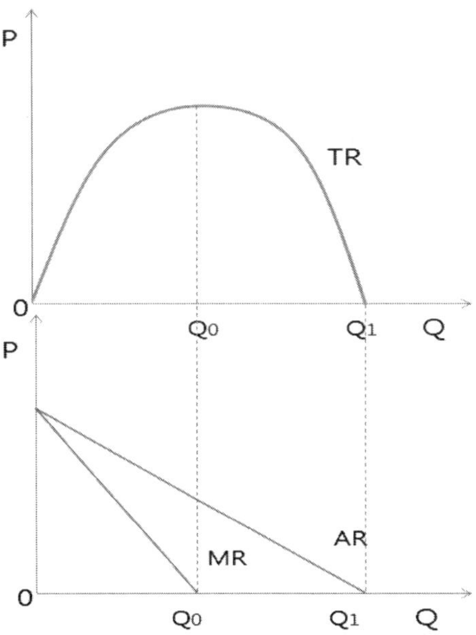

총수입곡선(TR)을 알면 이로부터 한계수입(MR)과 평균수입곡선(AR)을 도출할 수 있다. 각 생산량에 해당하는 총수입곡선상의 점에서의 기울기인 한계수입은 생산량 증가에 따라 점차 감소하는 형태를 띤다. 즉 우하향하는 형태를 띠며 총수입이 극대가 될 때 한계수입은 0이 되며 그 보다 많은 생산량에서는 생산량증가에 따라 오히려 총수입이 감소하게 된다. 평균수입은 각 생산량 수준에 해당하는 총수입곡선 상의 점과 원점을 연결한 직선의 기울기를 의미하는데 생산량이 증가함에 따라 기울기가 점차 완만하게 되어 이것도 우하향하는 형태를 띠게 됨을 알 수 있다. 그러나 총수입곡선에서 어느 한 점의 접선의 기울기와 그 점과 원점을 연결한 직선의 기울기를 비교하면 같지 않음을 알 수 있는데 이는 한계수입과 평균수입이 같지 않음을 의미한다. 앞에서 살펴본 가격순응자의 경우에는 이 둘이 동일하였던 것과 차별되는 특징이다. U자를 뒤집어 놓은 산 모양의 총수입곡선에서는 그 점에서의 기울기가 원점과 연결한 직선의 기울기보다 작아 한계수입곡선이 평균수입곡선 보다 작음을 알 수 있다. 이상의 종합하면 한계수입과 평균수입곡선 모두 우하향의 형태를 지니고 한계수입곡선이 평균수입곡선의 아래쪽에 위치하는 <그림 28>과 같이 그려지게 됨을 알 수 있다. 총수입곡선이 생산자가 '가격순응자'로서 행동하는 경우와 '가격결정자'로서 행동하는 경우가 상이하기 때문에 이로부터 도출된 한계수입곡선과 평균수입곡선 역시 두 경우가 상이하다. 즉, 생산자의 시장형태에 관계없이 목적은 동일하더라도 행동 및 그 영향은 상이하다.

시장의 형태

위에서 시장형태에 따른 특징을 살펴보기 위해 영세한 작은 규모의 생산자와 거대기업의 예를 들었다. 이렇듯 우리가 살아가는 경제에는 다양한 시장형태가 있고 저마다의 특징이 있다. 각각의 시장에 대해 행동원리를 살펴보는 것이 경제를 이해하는데 많은 도움이 되기는 하지만 경제학 전공자가 아닌 일반인의 교양을 위한 목적의 본고에서는 시장의 구분과 그 특징에 대해서만 알아보고자 한다.

경제학에서 생산자형태에 따른 시장은 크게 네 가지로 구분하는데 "완전경쟁-독점적경쟁-과점-독점"이 그것이다. 이를 구분하는 기준은 '경쟁도'이며 경쟁의 정도는 '기업의 수'와 '시장점유율'에 영향 받는다. 기업의 수가 많을수록 경쟁의 치열할 것이며 특정 기업이 시장에서 큰 점유율을 갖고 있는 경우보다는 여러 기업이 시장을 분할하고 있는 경우에 경쟁이 심할 것이다. "완전경쟁–독점적경쟁-과점-독점"은 경쟁도 순서에 의해 나열된 것인데 '완전경쟁'쪽으로 갈수록 경쟁도가 심하며 '독점'으로 갈수록 경쟁도가 낮다.

완전경쟁(perfect competition)시장의 특징은 첫째, 수요자와 공급자가 다수 존재한다. 따라서 시장 전체에서 개별 수요자와 공급자는 매우 미미한 존재일 뿐이며 이들의 수요와 공급량은 시장가격에 전혀 영향을 미치지 못한다. 둘째, 진입과 탈퇴의 자유인데 생산자가 영업을 포기하고 다른 일을 하거나 반대로 다른 일을 하던 생산자가 새로이 시장에 진입하거나 하는 행동에 전혀 걸림돌이 없음을 의미한다. 셋째, 거래되는 상품의 동질성이다. 즉, 여러 생산자가 상품을 생산하고 있지만 각 상품 간에 질적인 차이는 없어 소비자의 만족감이 동일함을 의미한다. 넷째, 정보의 완전성인데 정보획득 비용이 매우 저렴하여 누구나 정보를 얻을 수 있음을 의미한다. 즉, 어느 한쪽만 정보를 알고 있어 이를 이용하여 경제적 우위에 있을 수 없는 정보의 대칭성을 의미한다. 이상의 조건이 만족된다면 완전경쟁시장의 생산자는 시장에서 가격을 움직일 수 있는 힘을 전혀 갖지 못하는 '가격순응자'적 입장이 될 수밖에 없다. 경제학에서 완전경쟁시장은 하나의 이상적인 시장으로 자원의 최적배분이라는 시장의 기능이 원활히 수행되게 된다.[22] 이상적인 시장이라 현실경제에서 완벽히 완전경쟁시장에 부합되는 경우를 찾는 것은 어려우나 예로 많이 거론되는 시장 중의 하나가 쌀 시장이다.

독점적경쟁(monopolistic competition) 시장은 첫째, 수요자와 공급자가 다수 존재하고 둘째, 진입과 탈퇴가 자유로운 특징을 갖는데 이는 앞서 살펴본 완전경쟁시장의 특징과 동일하다. 그러나 세 번째 특징은 '상품의 이질성'인데 이는 '상품의 동질성'을 가정한 완전경쟁시장과 차별된다. 즉, 독점적경쟁시장의 상품은 생산자에 따라서 상품의 질이 다르다고 차별성을 느낀다는 것이다. 이 제품의 이질성은 중요한 의미를 갖는데 바로 제품의 질이 다르다는 점을 이용해서 가격을 어느 정도 조정할 수 있는 힘을 가질 수 있다. 예로 청주 시내에 식당은 많으나 맛집으로 소문난 식당은 그 중 몇 군데가 있다. 이는 같은 식당이라고 하더라도 소비자가 느끼기에 음식 맛이 다르다고 차별성을 느낀다고 할 수 있다. 또한 경우에 따라서는 그러한 맛집을 이용하기 위해서는 더 비싼 가격을 지불하거나 대기표를 받고 기다려야 하는 추가적인 비용을 지불해야 하는 경우가 많다. 즉, 이러한 추가 비용을 감수하고서라도 소비자를 유인할 수 있는 힘을 생산자가 갖고 있다는 의미다. 네 번째 특징으로 '비가격 경쟁'을 들 수 있다. 이는 가격경쟁을 하지 않는다는 의미가 아니라 가격경쟁 이외에 다른 경쟁도 많이 한다는 의미이다. 대표적인 것이 '제품차별화'이다. 즉, 생산자는 이윤획득을 위해 가격순응자가 아닌 가격결정자의 위치에 서려고 할 것이고 이를 위해 본인이 생산하는 상품의 질을 다른 생산자와 차별화하기 위해 노력할 것

22) 경제학의 일반균형이론에서 모든 시장이 완전경쟁시장일 경우 자원의 최적배분이 실현되는 것이 이론적으로 증명된다.

이다. 식당을 예로 들면 새로운 메뉴를 개발하거나, 같은 음식이라도 양념 또는 국물 맛을 달리하거나, 인테리어 등을 달리 하는 등 제품의 차별화를 위해 노력하는 특징을 보인다. 그 외에도 광고나 체인점 등을 통한 맛의 규격화 등 다양한 경쟁이 이루어지고 있다. 완전경쟁시장이 이상적인 시장인 것에 비해 독점적경쟁시장은 주변에서 흔히 볼 수 있는데 특히 개인 서비스업과 관계된 산업에서 많이 찾아볼 수 있다.

과점(oligopoly)은 전체 시장을 소수의 기업이 분할하고 있는 형태의 시장이다. 기업의 수도 중요하지만 시장점유율도 중요한 요소이다. 예로 컴퓨터를 판매하는 생산자는 동네의 작은 조립컴퓨터 업체까지 포함하면 전국에 매우 많은 생산자가 있으나 삼성, LG, 삼보 등 소위 빅3업체가 상당한 정도의 국내시장 점유율을 갖고 있어 과점의 형태로 보는 것이 타당하다. 과점시장의 첫 번째 특징은 기업 상호 간에 의존성이 크다는 것이다. 쉽게 얘기해서 생산자끼리 서로 상대방의 행동을 예의주시 하고 있다는 의미이다. 완전경쟁이나 독점적경쟁은 워낙 많은 생산자가 있어 경쟁자의 행동을 관찰하기 어렵고 독점의 경우에는 그럴 필요성이 없을 것이다. 그러나 몇 개 안되는 기업이 시장을 분할하고 있다 보니 상대방이 어떤 전략을 펴는가 하는 것이 매우 중요한 판단요인이 된다. 둘째, 과점시장은 진입장벽이 있어 새로운 기업이 시장에 진입하는 것이 어렵다. 앞 두 시장은 쉽게 새로운 기업이 시장에 진입할 수 있는데 반해 과점은 기존기업이 다양한 형태의 진입장벽으로 신규 기업의 진입을 어렵게 할 것이다. 셋째, 비가격경쟁 행위를 들 수 있는데 '독점적경쟁'과 동일한 특징이지만 과점의 경우가 훨씬 다양하고 활발하게 이루어지고 있다. 제품차별화의 경우에도 기술을 바탕으로 한 기능의 차별화뿐만 아니라 디자인, 수리 및 관리, 판매 및 유통 등 다양한 형태의 차별화가 이루어진다. 광고경쟁도 독점적경쟁의 경우와는 차원이 다르게 매스미디어를 활용하여 매우 경쟁적으로 이루어지고 있다. 우리가 일상생활에서 매일 접하게 되는 광고도 거의 대부분 과점시장의 생산품인 것으로 부터도 알 수 있다. 그 외에 기업이미지, 사회기여 등 다양한 비가격경쟁 행위가 일어난다. 넷째, '비경쟁행위'를 과점시장의 또 다른 특징으로 들 수 있는데 기업은 기본적으로 서로 경쟁자이다. 그러나 과점시장에서는 동일한 생산품을 생산하는 기업끼리 서로 경쟁이 아닌 협력을 하는 사례가 발생되곤 한다. 이는 독점이라 경쟁자가 없거나 완전경쟁처럼 너무 많은 경쟁자가 있는 경우에는 불가능하며 과점처럼 소수의 경쟁자가 있는 경우에 협력이 가능할 것이다. 대표적인 협력의 예로 '담합'을 들 수 있다. 담합은 경쟁자가 서로 행동의 통일로 독점처럼 행동하여 추가 이윤을 누리고자 함이 목적이며 많은 경우 법으로 금지하고 있다. 또한 담합은 모든 참가자가 서로 약속을 지킨다고 가정할 경우, 처음으로 약속을 깨는 생산자가 이익을 누릴 수 있으므로 지속적으로 유지되기 어려운 특징도 갖고 있다. 이러한 담합의 속성은 '죄수의 딜레마(prisoner's dilemma)'라고 불리는 용어에서도 찾아 볼 수 있다.

독점(monopoly)시장의 특징은 첫째, 시장에서 생산자가 유일하다.[23] 두 번째로 대체재가 존재하지 않는다. 대체재가 존재하면 해당 상품 대신 사용할 수 있는 다른 상품이 있다는 것이므로 진정한 의미의 유일한 생산자가 아니게 된다. 셋째, 진입장벽이 존재하여 신규기업의 진입이 어렵다. 진입장벽이란 독점기업이 지배하는 시장에 새로운 생산자가 참여하는 데 어려움을 주는 요소로써, 기업 간 경쟁을 차단하는 역할을 한다. 독점기업은 다양한 방법을 동원하여 신규기업의 진입을 막고 자신이 획득하는 독점적 이윤을 지속적으로 유지하려고 할 것이다. 대표적인 진입장벽으로는 덤핑, 광고, 신제품 출시, 제품차별화 등을 들 수 있다. 넷째, 앞에 열거한 특징으로부터 귀결되는 것으로서 '가격결정자(price-maker)'의 역할을 한다. 즉, 생산자가 자의적인 판단에 의해 시장가격을 설정하며 때로는 가격차별을 실시하기도 한다. 다른 시장은 시장가격에 대해 전혀 결정권이 없거나 있다고 해도 제한적인 것에 비해 독점의 경우는 자의적인 가격설정이 가능하다. 그러나 완벽한 형태의 독점도 완전경쟁과 마찬가지로 보기 드물다. 완전경쟁시장이 이상적인 시장으로서 현실적으로 불가능하다면 독점의 경우는 독점의 많은 폐해[24]로 인해 완전한 독점이 되도록 국가에서 용인하기 보다는 경쟁을 유도하거나 국가가 직접 운영하는 형태가 일반적이다.

23) 경제학에서는 수요자가 유일한 경우도 '수요독점'이라는 형태로 다루고 있으나 여기서는 일반적으로 독점이라 인식하는 생산자가 유일한 경우를 대상으로 한다.
24) 독점시장의 사회적 후생에 대해서는 뒤에서 추가로 설명한다.

• 제 11 장 •

손님 없는 학교 앞 커피숍은 왜 문을 닫지 못하나?

손익분기점, 조업중단점

시장은 경쟁도에 따라 분류를 할 수 있으며 각 시장의 특징에 살펴보았다. 이 중 가장 상반되는 시장이 완전경쟁과 독점시장이고 나머지 두 시장은 양쪽의 성격을 함께 갖고 있으므로 교양 수준에서 경제를 이해하는데 가장 중요한 두 시장의 균형에 대해서만 살펴보고자 한다. 본 장에서는 우선 완전경쟁시장의 균형과 이와 관련된 사회현상으로 주변에서 장사는 되지 않는데 지속해서 영업활동은 하는 이유를 알아보자.

완전경쟁시장의 균형

생산자의 목적은 이윤 극대에 있고 이윤 극대 조건은 $MR = MC$임을 앞에서 알았다. 또한, 완전경쟁시장에 속해있는 개별 공급자의 총수입, 한계수입, 평균수입곡선에 대해서도 살펴보았으며 비용함수에서 총비용, 한계비용, 평균비용곡선을 9장에서 공부하였다. TR, MR, AR 등은 생산자가 어떤 시장형태에 속해있는가에 따라 상이한 모습을 보였다. 그러나 비용은 상품 생산자가 어떤 시장에 있는가에 크게 영향 받지 않을 것이다. 즉, 완전경쟁시장의 생산자나 독점시장의 생산자나 생산요소를 구매한 대가로 지불하는 비용의 형태는 큰 차이가 없을 것이다. 만일 차이가 있으려면 생산요소를 공급하는 요소시장의 형태가 영향을 미칠 수 있지만, 이는 본고에서 목적으로 하는 수준을 벗어나는 것으로 논외로 한다.

〈그림 29〉 완전경쟁시장의 균형

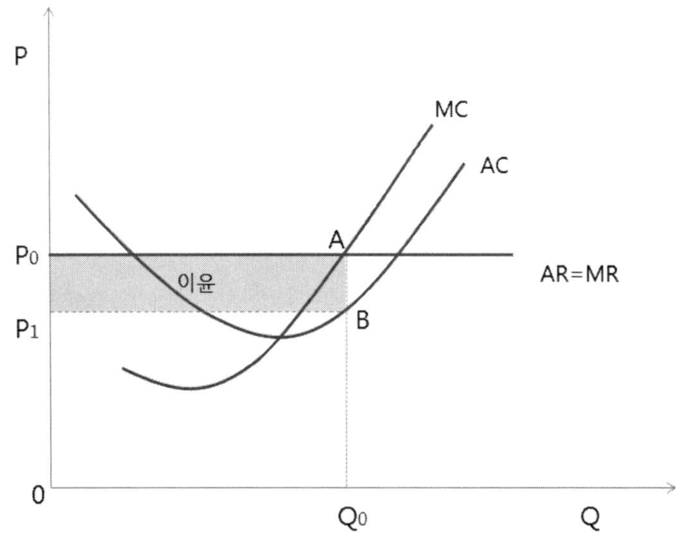

<그림 29>에는 수입 곡선과 비용곡선이 함께 그려져 있다. 수입 곡선은 한계수입과 평균수입이 수평으로 일정한 값을 갖는 완전경쟁시장의 경우가 그려져 있고 비용곡선은 U

자 형태를 가지며 한계비용곡선이 평균비용곡선의 최저점을 지나가는 일반적인 경우가 그려져 있다.

완전경쟁시장에서 활동하는 생산자는 이윤 극대를 얻기 위해 $MR = MC$가 달성되는 수준의 Q_0에서 생산량을 결정할 것이다. Q_0보다 더 적은 생산량에서는 한계수입이 한계비용보다 커 생산량을 증가시킬수록 이윤이 증가한다. 반면 Q_0보다 많은 우측의 생산량에서는 한계비용이 한계수입보다 커 생산할수록 손실이 있게 된다. 따라서 생산량을 줄임으로써 손실을 줄여 이윤을 증대시킬 수 있다. 결국 Q_0에서 생산할 때 가장 많은 이윤을 얻을 수 있다.

극대가 되는 이윤의 양을 그래프에서 확인해 볼 수 있는데 이윤은 총수입에서 총비용을 뺀 것으로 측정된다. 이때 $AR = \frac{TR}{Q}$임으로 $AR \cdot Q = TR$이 된다. 여기서 $AR = P$이므로 현 생산량 수준 Q_0에서 TR은 P_0에 Q_0을 곱한 사각형 OP_0AQ_0의 면적이 된다. 마찬가지로 $AC = \frac{TC}{Q}$임으로 $AC \cdot Q = TC$가 되며 그래프에서는 OP_1BQ_0의 면적이 된다. 이윤은 총수입에서 총비용을 뺀 것이므로 큰 사각형 면적OP_0AQ_0에서 작은 사각형 면적OP_1BQ_0을 뺀 사각형 P_0ABP_1의 면적이 이윤의 의미가 된다. 이상을 다시 정리하면 완전경쟁시장에서 시장가격은 개별생산자는 아무런 역할을 하지 못하며 시장에서 시장수요와 공급에 의해 결정된 것을 받아들일 뿐이다. 시장가격이 P_0에서 결정되면 개별생산자는 본인의 이윤 극대를 만족시켜주는 $MR = MC$가 되는 Q_0만큼 생산할 것이며 이때 P_0ABP_1만큼 이윤을 얻을 수 있다.

시장에서 P_0의 가격이 결정되었을 때 개별기업의 균형은 Q_0에서 이루어질 것이다. 그런데 이 균형이 지속적으로 유지될 것인가 하는 물음에는 완전경쟁시장의 특성상 그렇지 못하다. 어떤 산업에서 개별기업이 이윤을 얻고 있다면 정보의 완전성에 의해 모든 사람이 이 사실을 알게 될 것이다. 그렇다면 진입에 어려움이 없는 완전경쟁시장에서 초과이윤이 존재하는 이 산업에 다른 신규생산자가 진입하리라는 것은 쉽게 예상할 수 있다. 이렇게 소위 돈벌이가 될 것 같은 시장에 신규생산자가 진입하게 되면 시장공급이 증가하게 되고 이는 균형가격에 영향을 미칠 것이다. 즉, 시장에서 공급이 증가하면 균형가격은 처음 가격 P_0보다 하락하여 P_1이 된다면 가격순응자인 개별 공급자는 이 가격을 그대로 받아들이게 될 것이다. <그림 30>는 가격하락에 따른 이윤의 변화를 보여주고 있는데 P_0일 때 이윤이 사각형P_0ABC_0의 면적인 것에 비해 P_1으로 가격이 하락하였을 때의 이윤은 사각형 P_1DEC_1으로 감소한 것을 알 수 있으며 개별기업의 생산량도 Q_0에서 Q_1으로 감소한 것을 알 수 있다. 그러나 P_1의 가격도 안정된 균형가격으로 볼 수는 없다. 왜냐하면, 이전보다 이윤이 감소하기는 하였으나 초과이윤이 존재하는 한 신규기업의 진입이 계속 이루어질 것이기 때문이다.

〈그림 30〉 신규기업 진입으로 인한 이윤변화

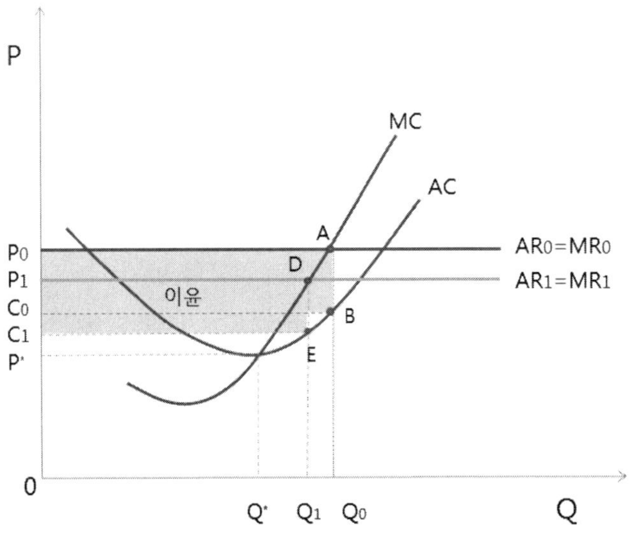

그렇다면 신규기업의 진입이 이루어질 수 없는 가격은 어디일까? 만일 시장가격이 평균비용이 최저가 되는 P^*보다 아래로 하락하게 되면 총수입보다 총비용이 많아져 개별생산자는 손해를 보게 될 것이다. 손해를 보게 되면 그 시장에서 퇴출하는 생산자가 발생할 것이고 이는 시장공급의 감소를 가져와 다시 가격은 상승하게 될 것이다. 즉, P^*를 중심으로 더 높은 가격에서는 초과이윤이 있어 신규기업의 상승으로 장기적으로 가격은 하락압력을 받게 될 것이고 이보다 낮은 가격에서는 손해를 가져와 기업의 퇴출로 가격은 상승압력을 받게 될 것이다. 따라서 더는 가격의 변동요인 없는 균형가격은 P^*에서 달성되게 된다.[25] 주어진 가격에서의 처음 균형을 단기균형이라고 한다면 가격변동과 시장 수급 조정을 거친 이 균형을 장기균형이라고 한다.

이 완전경쟁시장의 균형을 보면 일단 평균비용이 최저가 되는 지점에서 균형이 이루어진다는 것으로부터 최적 규모가 달성되는 것을 알 수 있다. 또한, 균형에서 P=MC가 되는 것을 알 수 있는데 이것은 자원의 최적 배분 여부를 판단하는 기준으로 활용되기도 한다. 부족한 자원이 필요한 적재적소에 적절한 양만큼 배분된다는 것은 수요자나 공급자 중에 어느 한쪽이 손해나 이득을 보지 않고 지불하고자 하는 금액과 받으려고 하는 금액이 일치될 때라고 이해할 수 있다. 이때 공급자가 손해를 보지 않기 위해서 최소한 받으려고 하는 금액은 MC가 될 것이며 수요자가 소비의 대가로 최대한 지불할 의사가 있는 금액은 P로 볼 수 있다. 따라서 P=MC는 두 경제주체가 한쪽으로 자원 배분이 더 많이 되어 손해나 이득을 보는 것이 아니라, 동등하게 받아들일 수 있는 최적의 상태라는 점에서 자원의 최적 배분에 대한 기준이 될 수 있다. 즉, 완전경쟁시장은 최적 규모가 달성되고 자원의 최적 배분이 달성되는 바람직한 시장형태로 이해할 수 있다.

평균비용, 평균고정비용, 평균가변비용

6장에서 경제학에서 쓰이는 다양한 비용의 개념에 대해 알아보았다. 그중 상품생산에 소요되는 비용을 어떤 생산요소에 투입되는 비용인가를 기준으로 고정비용과 가변비용을 구분하였다. 지금까지는 이를 구분하지 않고 총비용으로 살펴보았으나 이를 구분하되 고정요소는 변화하지 않는 단기를 가정하자. 즉, 생산량과 직접적 연관이 없는 생산시설이나 도구 등에 주로 투입되는 고정비용은 변화하지 않고 생산량에 의해 영향 받는 원재료 성격의 가변비용만 변화 가능하다고 가정하자. 총비용(total cost)은 총 고정비용(total fixed cost)과 총 가변비용(total variable cost)으로 구성되어 있음을 $TC = TFC + TVC$

25) 올바른 장기균형은 장기비용곡선에 의해 도출되어야 하나 본고에서는 교양수준의 보다 낮은 이론단계로서 비용을 장단기로 구분하지 않았다.

로 표현할 수 있다. 이 식은 $\frac{TC}{Q}=\frac{TFC}{Q}+\frac{TVC}{Q}$로 바꿔 쓸 수 있고 이것은 $AC=AFC+AVC$로 이해할 수 있다. 즉, 평균비용은 평균고정비용과 평균가변비용으로 구성된다. 의미는 지금까지 공부해왔던 평균의 개념과 다르지 않다. 즉, 평균고정비용은 상품 한 단위당 소요된 고정비용을, 평균가변비용은 상품 한 단위당 투입된 가변비용을 의미한다. 이를 그래프로 표현하면 우선 평균고정비용은 총고정비용이 변화하지 않는 단기를 가정하고 있으므로 분자는 변화하지 않고 분모만 변화할 수 있다. 즉, 분모가 커짐에 따라 분수가 점차 작아져 가로축에 근접하는 직각쌍곡선의 형태를 띠게 된다. 평균가변비용은 9장에서 예를 들어 설명하였듯이 일정 규모까지는 감소하다가 다시 증가하게 되는 U자 형태를 띠게 된다. AC로 표시되는 평균비용은 평균고정비용과 평균가변비용의 합으로 계산되므로 각 생산량의 평균가변비용에서 평균고정비용만큼 더한 점들을 연결하면 도출할 수 있다.

〈그림 31〉 평균비용, 평균고정비용, 평균가변비용

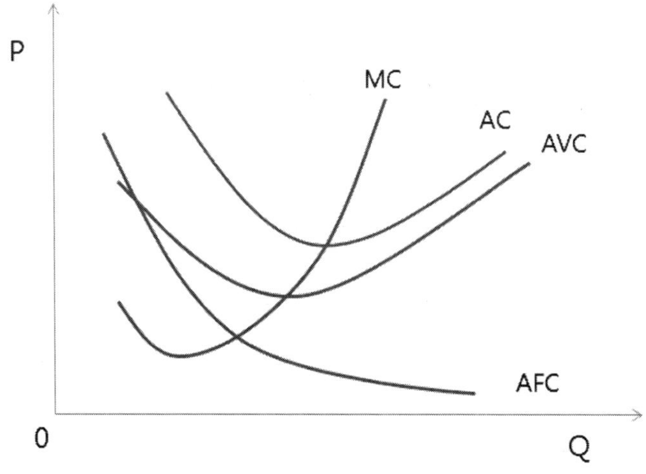

또한, 한계비용곡선도 함께 나타낼 수가 있는데 앞에서 공부한 바와 같이 이는 평균가변비용과 평균비용곡선의 최저점을 지나간다. 그런데 비용을 고정비용과 가변비용으로 구분했기 때문에 평균비용과 마찬가지로 한계비용도 한계고정비용과 한계가변비용으로 구

분하지 않는 이유에 대해 궁금하게 생각할 수 있다. 그 이유는 생산량의 변화분에 대한 총비용의 변화분으로 계산되는 한계비용은 고정요소가 변화할 수 없는 단기를 가정하였기 때문에 한계가변비용과 일치하게 된다. 즉, 한계고정비용은 0이 되기 때문에 한계가변비용이 곧 한계비용이 되며 동일한 값을 갖는 두 비용을 굳이 다르게 지칭할 필요가 없기 때문이다. 이상에서 설명한 각종 비용곡선이 <그림 31>에 그려져 있다.

손익분기점, 조업중단점

어떤 기업이 완전경쟁시장에서 경제활동을 하고 있다고 하자. 개별기업에 있어 각종 비용이 <그림 32>와 같이 주어져 있고 시장에서 상품가격이 P_1으로 결정되었다고 하자. 완전경쟁시장에 속해있는 생산자는 이 가격을 그대로 받아들일 수밖에 없고 이 가격이 곧 평균수입이자 한계수입이 된다. 이윤 극대를 만족시켜주는 생산량은 한계수입과 한계비용이 일치하는 Q_1이 될 것이다. 이때 총수입은 사각형 OP_1aQ_1의 면적이 되고 총비용은 사각형 $OfbQ_1$이 되어 이윤은 사각형 P_1abf로 표시될 것이다. 만일 공급자가 증가하든 또는 다른 요인이 원인이 되어 가격이 하락한다면 앞 절에서 살펴본 바와 같이 이윤은 축소될 것이며 크게 하락한다면 손실이 발생할 것이다. 이때 손실이 발생하게 되는 전환점은 평균비용이 최저가 되는 점일 것이다. 만일 가격이 평균비용 최저보다도 낮은 P_2까지 하락했을 때 이윤 극대를 만족시켜주는 생산량은 Q_2이며 총수입은 OP_2dQ_2의 면적이 되고 총비용은 $OgcQ_2$의 면적이 되는데 이때는 총비용이 더 크게 되어 차이인 P_2dcg만큼 손해가 된다. 이때 평균비용이 최저가 되는 점 i를 기준으로 하여 그보다 높은 가격에서는 이윤이 발생하고 낮은 가격에서는 손해가 발생하게 되므로 이 점을 "손익분기점"이라고 한다.

그러면 손익분기점보다 낮은 가격에서는 손해가 나기 때문에 개별생산자는 생산을 중단해야만 할까? 위에서 살펴본 P_2의 경우를 상기하면 Q_2만큼 생산하면 P_2dcg만큼이 손해이다. 만일 생산을 하지 않는다고 하면 당연히 총수입은 아무것도 없게 될 것이다. 그러나 총비용이 0이라고는 할 수 없다. 이유는 총가변비용은 생산량이 없을 때 0이라고 할 수 있지만 총고정비용은 생산량과 관계없이 이미 투자된 비용이기 때문이다. 따라서 생산을 하지 않는다고 해도 고정비용만큼은 손해를 볼 수밖에 없다.

〈그림 32〉 손익분기점, 조업중단점

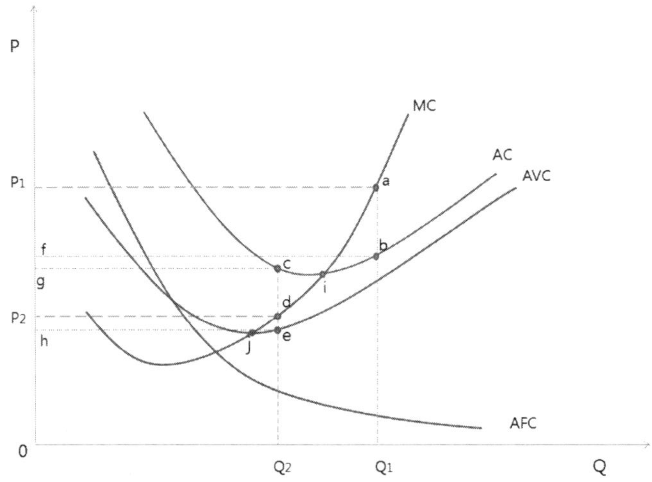

이를 그래프에서 보면 가격이 P_2일 때 총고정비용은 $TFC = AFC \cdot Q$가 되고 AC와 AVC의 차이가 AFC가 되므로 $AFC \cdot Q$, 즉 총고정비용은 사각형 $gceh$가 된다.[26] 즉, 생산하지 않는다면 $gceh$만큼 적자를 보게 됨을 의미한다. 그런데 생산을 할 때의 적자액 P_2dcg는 생산을 하지 않을 때의 적자액 $gceh$보다 적음을 알 수 있다. 즉, 생산하지 않는 것보다 생산하는 것이 적자를 줄일 수 있음을 보여준다. 그 이유는 생산하지 않으면 이미 투자된 고정비용 전부를 손해 보는 것이다. 그러나 생산을 함으로써 얻는 수입이 고정비용 일부를 상쇄시킬 수 있다면, 총비용에 미치지 못해 손실이 불가피하나 생산이 적자 폭을 줄이는 방법이 될 수 있다. 그래프에서 총가변비용은 $oheQ_2$의 면적으로 표시될 수 있는데 생산을 하면 이를 초과하는 oP_2dQ_2의 수입을 얻게 되어 고정비용 일부분을 상쇄시킬 수 있다. 그러나 가격이 더 낮아지면 생산으로 고정요소에 투입된 비용을 상쇄시킬 여력이 그만큼 감소할 것이다. 만일 가격이 평균가변비용이 최저가 되는 점 j보다 낮아지게 되면 가변비용마저도 회수할 수 없어 생산할 이유가 없게 된다. 따라서 점 j 위의 가격에

---

26) 고정요소가 변화가 없는 단기를 가정하고 있으므로 예에서는 가격수준과 관계없이 총고정비용은 같다.

서는 손실을 보더라도 생산으로 손실을 줄일 수 있어 생산을 중단하지 않으나 그보다 낮은 가격에서는 생산시설의 가동을 중단할 것이다. 이렇게 생산의 지속 여부를 가늠하는 기준이 된다는 의미에서 점 j를 "조업중단점"이라고 한다.[27)]

생활 속의 손익분기점, 조업중단점

이번 장의 제목으로 꺼냈었던 학교 앞 커피숍 이야기를 해보자. 사실 커피숍은 이번 장에서 살펴보고자 하는 완전경쟁시장과는 꽤 거리가 있어 좋은 예라고 하기는 어렵다. 최근 커피숍이 한 집 건너 하나가 있을 정도로 많이 증가한 것이 사실이지만 '가격순응자'라고 하기에는 브랜드에 따라 가격을 높게 받는 기업도 있으며 수요자도 기호에 따라 특정계층에 한정되거나, 특정 브랜드에 선호를 가진 사람도 있다. 오히려 커피숍은 독점적 경쟁 시장의 성격을 갖고 있다고 할 수 있다. 그러나 완벽한 형태의 완전경쟁시장의 예를 찾아보기 어렵고 주변에서 쉽게 볼 수 있는 사회현상으로부터 경제이론을 설명하기 위한 목적으로 예를 든 것이므로 독자의 이해 및 주의가 필요하다.

커피숍이건 식당이건 영화관이건 주변에서 손님이 별로 없어 영업이 잘 안 되는 것 같은데도 불구하고 폐업을 하지 않고 계속 생산활동을 하는 경우를 적지 않게 볼 수 있다. 이를 위에서 학습한 이론을 배경으로 살펴보려면 우선 생산요소를 고정요소와 가변요소로 분리해야 한다. 커피숍의 운영에 필요한 고정요소로는 가게 및 인테리어, 그리고 커피를 만드는 기계 등을 들 수 있다. 본인 소유의 가게이던 세를 얻던 판매 장소와 분위기 있게 꾸며놓은 테이블, 의자와 장식품을 비롯한 인테리어, 그리고 커피를 볶거나 추출하기 위한 커피 관련 기계들은 커피 판매량과는 관계없이 기본적으로 필요한 고정생산요소이다. 이들이 갖춰지면 커피 원두, 물, 전기, 가스 등은 판매되는 양에 따라 증감되는 가변요소이다. 판매되는 상품의 특성에 따라 다르겠지만, 상황에 따라 고정비용이 가변비용보

27) 조업중단점은 고정비용뿐만 아니라 매몰비용에 의해서도 크게 영향받는다. 본문에서는 고정비용 전액이 매몰비용임을 가정하고 서술하였다. 만일 매몰비용이 전혀 없다고 하면 '손익분기점'이 곧 '조업중단점'이 될 것이다.

다 많은 액수가 투자되는 경우도 적지 않을 것이다.

사업을 시작할 때의 예상보다 손님이 많지 않아 사업을 접는다면 투입된 고정비용 중에서 매몰비용은 모두 손실이 될 것이다. 그러나 생산을 함으로써 투입된 가변비용보다 많은 수입이 주어진다면 이로써 고정비용을 상쇄할 수 있다. 즉, 손님이 많지 않지만, 커피 원료 및 공과금 등의 가변요소 투입에 필요한 비용 이상으로만 매출액이 나온다면 영업행위를 하는 것이 하지 않는 것보다 손실을 줄일 수 있다. 이윤을 얻는다는 의미는 아니지만, 아예 영업을 중단하는 것보다는 영업함으로써 손실을 그나마 줄일 수 있다는 의미이다.

여기서 또 알 수 있는 것은 생산자가 언제 생산을 그만둘까 하는 것은 비용 중에서 고정비용의 규모에 크게 영향 받게 되는 것을 유추할 수 있다. 좀 더 정확히 표현하면 고정비용 중에서 회수할 수 없는 매몰비용의 크기에 영향을 받게 되며, 이 비용이 크면 클수록 조업중단점은 낮게 되어 쉽게 영업을 그만두지 못하게 될 것이며, 반대로 규모가 작을수록 쉽게 다른 상품생산으로 전환이 이루어질 것이다.

용광로의 불꽃은 꺼지게 할 수 없다고 한다. 그 이유는 불이 꺼지게 되면 쇳물이 굳어져 용광로를 비롯한 투입된 생산설비를 모두 사용할 수가 없게 되어 막대한 고정비용의 손실을 가져오기 때문이다. 실제로 외환위기 당시 한 제철소는 부도가 났으나 공장 문을 닫기보다는 정부가 개입하여 타사로 매각이 이루어졌으며, 핸드폰 단말기 업체도 부도가 났으나 역시 폐업의 절차를 밟은 것이 아니라 수년간의 우여곡절 끝에 타 회사가 인수하였다. 이런 경우는 시장의 형태는 완전경쟁이 아닌 과점시장 형태에 가까우나 그 원리는 앞서 보았던 고정비용과 매몰비용에 근거한 손익분기점, 조업중단점과 동일하다.

• 제 12 장 •

철도, 전기, 수도 등은 왜 국가가 운영할까?

독점의 원인, 독점의 균형

형태와 운영 주체의 차이는 있지만 직.간접적으로 국가가 관여해 상품을 생산하는 것들이 있다. 예로 든 철도, 전기, 수도 등이 대표적인 것들이며 우리나라뿐만 아니라 다른 나라에서도 유사한 형태를 띠는 경우가 많다. 또한 국가가 아니더라도 특정 생산자가 전체 시장에서 압도적인 지위를 차지하고 생산 활동이 이루어지는 형태가 있다. 이러한 현상에 대한 이유를 살펴보고 앞 장에서 살펴보았던 경쟁도가 큰 시장과 비교하여 독점시장의 특징에 대해 살펴본다.

독점의 원인

이렇듯 생산자가 특정 기업 하나이거나, 한 기업이 시장에서 압도적인 지위를 차지하고 있는 형태를 독점이라고 한다. 자유로운 경쟁을 바탕으로 하는 시장경제체제에서 독점이 생기는 이유를 살펴보면, 첫째로 생산요소의 독점을 들 수 있다. 생산요소는 상품 생산에 반드시 필요한 것인데 이를 전부 특정 기업이 소유하고 있다 보면 당연히 이것으로 상품을 생산하는 기업도 하나가 될 수밖에 없다. 우리나라 고전 소설 '허생전'을 보면 주인공 허생이 제주도로 건너가 갓을 만드는 원료인 말총을 모두 사들여 엄청난 부를 획득하는데 이의 한 예로 볼 수 있다.

두 번째로 자연독점(natural monopoly)의 형태가 있는데 말 그대로 자연스럽게 독점이 될 수밖에 없는 경우를 말한다. 이는 규모의 경제가 큰 산업에서 발생할 가능성이 큰데, 규모의 경제가 크다고 하는 것은 생산 증가를 통해 상품 단위당 비용이 지속적으로 낮아지는 규모가 매우 큼을 말한다. 처음 시장에 진입한 기업은 점차 생산량을 늘려가며 단위당 비용을 크게 낮춘 상황인데 신규 기업이 기존 기업과 가격경쟁을 하려면 처음부터 대량생산체제를 갖춰야 하며 이를 위해서는 초기 고정비용에 막대한 비용을 투자해야 한다. 그러나 신규 기업이 불확실한 미래에 이런 막대한 비용을 부담하기는 쉽지 않으며 소량생산을 하면 비용이 상대적으로 많이 소요되어 기존 기업과의 가격경쟁이 어렵게 된다. 따라서 시장에 진입하려는 신규 기업이 점차 사라지게 되어 자연스럽게 독점이 형성되는 것을 자연독점이라고 한다.

셋째, 국가에서 법적으로 독점권을 부여하는 경우가 있다. 특허나 면허 같은 형태로 독점권이 부여되는데 삼성과 애플 간에 있었던 특허권 분쟁이 대표적인 사례라고 할 수 있다. 뒤에서 살펴보겠지만 독점이 완전경쟁에 비해 비효율적인 시장형태임에도 불구하고 법적으로 독점권을 부여해 주는 이유는 기술 및 경제발달을 위해서다. 만일 독점권이 부여되지 않는다면 힘들게 개발한 기술을 타인이 아무런 대가 없이 가져다 쓸 수 있을 것이고, 개발자들은 반대급부를 전혀 누리지 못하게 되어, 더 이상 사람들은 새로운 기술을 개발하려 하지 않을 것이다.

넷째, 국가가 특별한 목적에 의해 독점권을 행사하거나 부여해 주는 경우가 있다. 예로 과거 전매청에서는 담배나 인삼 전량을 국가가 수매해 독점권을 행사한 적이 있었는데 수익도 중요한 목적 중의 하나였다. 이외에도 국가 안보상의 이유로 무기류 등을 특정 기업에서만 생산하게 하거나, 산업화 초기 경쟁에 의한 낭비를 줄이고자 지역별, 품목별로 특정 업체를 지정해 독점권을 부여하기도 했는데, 우리나라는 과거 지역별 소주나 자동차 차종별 독점권을 부여하기도 했다.

독점의 균형

앞에서 살펴보았듯이 독점의 생산자도 완전경쟁과 동일하게 이윤 극대화를 위해 노력하지만, 시장에서의 역할이 상이하기 때문에 개별기업에 있어 비용곡선의 형태가 다르게 나타난다. 독점시장의 생산자는 우하향하는 평균수입곡선(AR)과 한계수입곡선(MR)을 접하게 되는데 이를 비용곡선과 함께 나타낸 것이 <그림 33>이다.

〈그림 33〉 독점시장의 균형

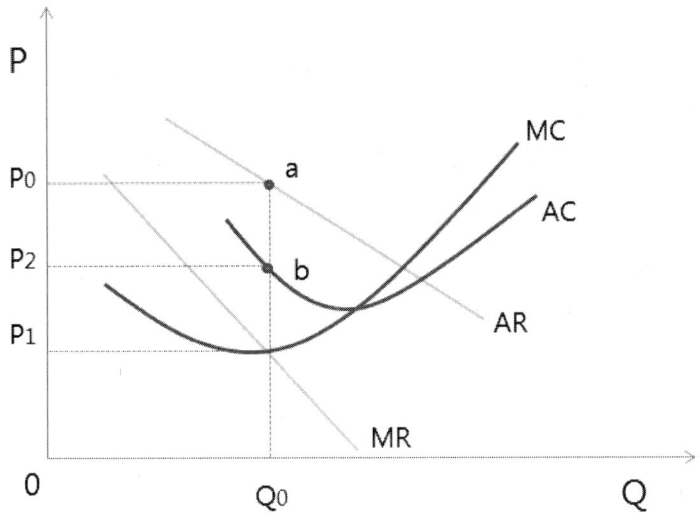

독점기업도 이윤극대화를 위해서는 한계수입과 한계비용이 일치되는 수준 Q_0에서 생산량을 결정할 것이다. 이때 P_1은 Q_0를 생산할 때 한계비용에 해당하는 값으로써 생산자가 손해를 보지 않기 위해 최소한 받으려고 하는 금액과 관련된다. 그러나 생산자는 이윤을 위해 받을 수 있는 최대한의 가격을 받으려고 할 것이고, 이는 Q_0수준에서의 평균수입(AR)인 P_0가 될 것이다.[28] 이때 총수입은 $AR \cdot Q_0$인 사각형 P_0aQ_0O의 면적이 되고 총비용은 $AC \cdot Q_0$인 사각형 P_2bQ_0O가 되며, 이윤은 이 둘의 차인 사각형 P_0abP_2의 면적이 될 것이다.

이상의 결과는 완전경쟁시장과 수입곡선의 형태가 다르기는 하지만 이윤극대화원리에 의한 생산량과 가격결정 원리는 동일하다. 그러나 완전경쟁의 경우에는 처음의 균형달성 이후에 초과이윤 획득을 목적으로 새롭게 시장에 진입하는 신규 기업들로 인해 균형량과 균형가격이 변화하였는데 이에 반해 독점의 경우에는 이후에 대한 논의 자체가 크게 의미가 없다. 왜냐하면 독점적 지위를 이용한 진입장벽으로 신규 기업이 진입하는 것을 방지할 수 있고, 가격도 기업이 자율적으로 결정할 수 있는 '가격결정자'의 위치에 있기 때문이다. 즉, 완전경쟁시장의 경우에는 균형이 단기균형과 장기균형으로 구분되어 각각 다른 균형가격과 양을 나타냈는데, 독점의 경우는 장기균형이 의미가 없게 된다.[29]

이제 완전경쟁과 독점의 균형을 서로 비교해보자. 단순히 서술된 내용으로 비교하는 것보다 그래프를 통해 시각적인 비교를 하면 각 시장균형의 특징을 보다 명확하게 이해할 수 있을 것이다. 그런데 완전경쟁과 독점의 수입곡선 형태가 서로 달라(완전경쟁은 수평, 독점은 우하향 형태) 둘을 하나의 곡선으로 표현하는 것은 불가능하다는 문제점이 있다. 그러나 직접적인 비교를 통한 각 시장의 특징을 이해하기 위해 동일한 곡선상에 두 시장의 수입곡선을 함께 나타낼 수 있다고 가정하자. <그림 34>에는 언뜻 보면 독점시장의 균형과 유사한 그래프가 그려져 있는데 평균수입 AR과 비용이 동일한 완전경쟁과 독점기업의 그래프가 함께 그려져 있다.

---

28) $AR = \frac{TR}{Q} = \frac{P(Q) \cdot Q}{Q} = P(Q)$로 시장에서 거래되는 가격의 개념이 포함되어 있다.

29) 비용을 단기와 장기로 구분하면 독점기업도 장기비용곡선과 수입곡선에 의해 이윤극대화를 꾀하지만 여기서는 비용의 장단기 구분을 하지 않았다.

〈그림 34〉 완전경쟁과 독점시장의 균형

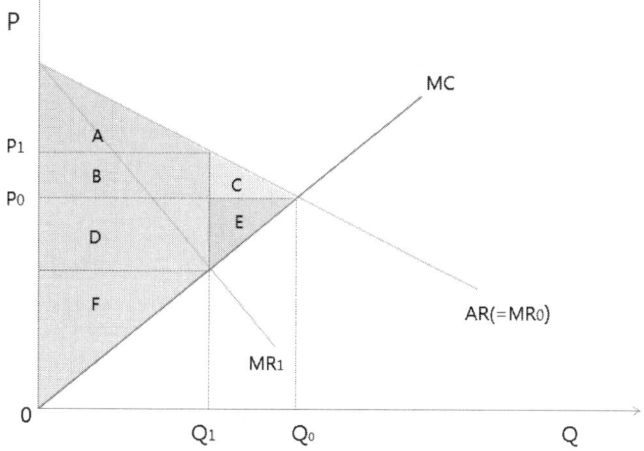

완전경쟁시장은 생산자가 가격순응자로서 행동하기 때문에 평균수입과 한계수입이 동일하다(AR=MR). <그림 34>에서 평균수입 AR은 곧 완전경쟁시장의 한계수입 MR_0가 되며, 따라서 완전경쟁시장의 생산자는 이윤극대조건 $MR_0 = MC$가 만족되는 생산량 Q_0 만큼 생산할 것이고 이때 가격은 P_0가 된다. 독점기업의 경우에는 AR보다 작은 MR_1의 한계수입을 갖게 되며 이윤극대를 만족시켜 주는 생산량은 Q_1, 가격은 P_1이 된다(이에 대한 원리는 앞서 <그림 33>과 함께 살펴보았다.). 균형 생산량과 가격을 비교해보면 균형 생산량은 완전경쟁이 더 많으며, 균형 가격은 독점이 더 높게 형성됨을 알 수 있다. 즉, 독점은 완전경쟁시장에 비해 높은 가격과 과소생산이 이루어지고 있다고 말할 수 있다.

이번에는 자원배분의 효율성 측면에서 살펴보자. 완전경쟁시장의 경우에는 $P_0 = MR_0 = MC$가 되어 소비자나 생산자 어느 한쪽에 득이나 손해됨이 없이 자원의 최적배분이 이루어지는 것을 앞에서 살펴보았다. 그러나 독점의 경우에는 균형생산량 Q_1에서 한계비용보다 가격 P_1이 더 높게 형성됨을 알 수 있다($P_1 > MR_1 = MC$). 즉, 최소한 받아야 하는 금액 이상의 가격으로 소비자에게 판매하는 것으로, 생산자에게 초과이윤이 부여되고 소비자에게는 후생의 손실이 발생하는 것이다.

자원의 최적배분에 대한 비교는 사회총잉여 개념으로도 살펴볼 수 있는데 그림에서 완전경쟁시장이라면 $MC=MR_0$에서 균형이 이루어져 소비자 잉여는 균형점 위쪽으로 커다란 삼각형 모양의 면적을 구성하고 있는 $A+B+C$로 표현될 수 있다. 마찬가지로 생산자 잉여는 $D+E+F$가 되며 사회총잉여는 이 둘을 더한 $A+B+C+D+E+F$가 된다. 그러나 시장이 독점의 형태라면 이윤극대를 만족시켜 주는 $MC=MR_1$에서 균형이 형성될 것이며, 이때 소비자는 P_1의 가격을 지불해야함으로 소비자 잉여는 A가 된다. 즉, 소비자는 완전경쟁에 비해 독점의 형태에서는 $B+C$로 표현된 면적만큼 후생의 손실을 가져온다. 반면 생산자 잉여 측면에서 보면 독점의 경우에 Q_1만큼 P_1의 가격으로 거래되기 때문에 $B+D+F$가 생산자 잉여가 된다. 완전경쟁인 경우의 생산자 잉여와 비교해보면 B만큼 늘어나고 E만큼 줄어듦을 알 수 있다. 그런데 그림에서 볼 수 있듯이 B의 면적이 E 면적보다는 커서 생산자 잉여는 독점의 경우가 완전경쟁시장 보다 더 늘어남을 알 수 있다. 즉, 독점의 시장형태는 소비자보다는 생산자에게 유리한 형태임을 확인할 수 있다. 소비자 잉여와 생산자 잉여를 합한 사회총잉여는 독점의 경우에 $A+B+D+F$가 되는데 이를 완전경쟁과 비교해보면 $C+E$만큼 감소하였음을 알 수 있다. 즉, 누구의 후생이 증감하였는지에 대한 형평성은 논외로 하더라도 독점의 경우, 사회총잉여가 완전경쟁에 비해 감소하게 됨을 알 수 있어 자원의 최적배분이 이루어지지 못하고 낭비됨을 확인할 수 있다.

또 하나의 완전경쟁과 독점의 차이는 장기균형에서도 찾을 수 있다. 앞장에서 완전경쟁시장의 장기균형은 평균비용곡선이 최저가 되는 최적규모에서 달성되었다. 그러나 독점은 <그림 33>에서 살펴보았듯이 평균비용이 최저가 되는 양보다 적은 규모에서 균형이 이루어지고 있다. 즉, 생산량을 증대시킴으로써 단위당 비용을 절감시킬 수 있음에도 불구하고 과소생산을 함으로써 고비용을 지불하는 낭비적 요소가 있음을 의미한다. 이러한 장기균형 측면에서도 독점은 완정경쟁에 비해 비효율적인 시장임을 알 수 있다.

독점력의 측정

기업이 시장에서 얼마만큼 독점력을 가지고 가격결정자의 위치에서 생산 활동을 하고 있는지를 측정함으로써 시장구조를 파악할 수 있다. 어떤 산업에서 특정 기업의 시장지배력을 측정하는 방법으로 가장 일반적으로 사용하는 것 중의 하나로 'k기업 집중률(k-firm concentration ratio : CR_k)'을 들 수 있다. 이는 시장에서 상위 k개 기업들의 시장점유율을 합한 것으로 다음과 같이 표현할 수 있다.

$$CR_k = \sum_{i=1}^{k} S_i$$ 여기서 S_i는 i번째 기업의 시장점유율을 의미한다.

k기업 집중률의 장점은 작성과 이해가 쉽다는 것이다. CR_3가 0.6이라고 하면 그 시장에서 규모가 큰 3개 기업이 전체 시장의 60%를 점유하고 있다는 의미가 된다. 그러나 단점으로는 k에 속하는 기업은 동일하게 취급이 되어 시장의 구조를 파악하는데 한계가 있다는 점이다. 예로 규모가 큰 순서 3개 기업의 시장점유율이 한 경우는 0.2, 0.2, 0.2이고 또 다른 경우는 0.4, 0.1, 0.1이라고 했을 때 CR_3는 모두 0.6으로 동일하다. 그러나 앞의 경우는 3개 기업이 동등하게 시장을 분할하고 있어 과점시장으로 볼 수 있는 반면, 뒤의 경우는 특정 기업의 시장점유율이 압도적으로 커 독점적 지위를 누리고 있다고 볼 수 있다. 이러한 단점을 극복하기 위해 고안된 방법이 시장점유율에 따라 가중치를 부여하는 것으로 규모가 큰 기업에 더 큰 가중치를 주는 것이다. 대표적인 것으로 '허쉬만-허핀달 지수(Hirschman-Herfindahl index: HHI)'가 있는데 다음과 같이 구한다.

$$HHI = \sum_{i=1}^{n} S_i^2$$ 여기서 S_i는 i번째 기업의 시장점유율을 의미한다.

k기업 집중률과 다른 것은 단순히 시장점유율을 합하는 것이 아니라 이의 제곱을 합한다는 것이다. 즉, 시장점유율이 클수록 제곱한 값은 더욱 크게 될 것이기 때문에 더 큰 가중치를 부여하는 것과 같다. 따라서 HHI 값이 클수록 특정 기업에 시장지배력이 집중되

어있음을 의미한다.

〈표 2〉 주요 독과점 산업(2017)

	반도체	승용차	LCD	휴대폰	유기발광 표시장치	냉간 압연 및 압출
CR_3	99.2	88.5	86.0	88.5	97.6	76.1
HHI	6,033	3,175	3,515	3,869	7,083	3,326

자료: 공정거래위원회 보도자료(2019.12.) / 주 : 총 출하액 10조 원 이상 산업

생활 속의 독점

우리 생활 주변에서 완벽한 개인기업 형태의 독점시장을 찾는 것은 쉽지 않다. 자동차, 은행, 휴대폰 단말기 시장 등에서 특정 기업의 시장점유율이 압도적으로 높은 경우가 있지만 그래도 국내 경쟁업체와 수입업체 등과 영향을 주고받는 경우가 대부분이다. 그러나 정부조직이나 공기업으로 눈을 돌리면 전기, 철도, 수도, 우편, 공항 등은 경쟁자를 찾아보기 힘든 보다 독점에 가까운 시장형태가 많다. 왜 독점으로 운영되는 것은 국가가 직간접적으로 관여된 경우가 많은 것일까?

이들 산업의 특징은 우선 고정요소에 막대한 비용이 투자된다는 특징이 있다. 예로 전기를 생산하여 판매하기 위해서는 발전소가 있어야 하고, 이를 수요자에게 이끌어 줄 고압선 철탑과 변전소, 그리고 전신주와 전선, 각 집집마다 계량기 등이 모두 전력 판매를 위한 고정요소의 성격이며 이에 투입되는 비용이 막대하다. 고정비용이 많이 투입된다는 것은 달리 보면 규모의 경제가 크게 시현될 가능성이 크다는 것을 의미한다. 즉, 언급된 고정요소가 전기 판매를 위해 사전에 필요한 요소지만 이에 비해 전력생산에 따른 추가적인 비용은 크지 않아 생산을 증가시킬수록 단위당 비용은 낮아지게 된다. 이런 경우에는 앞에서 살펴본 바와 같이 막대한 초기 투자비용 때문에 신규기업의 진입이 어렵고 자연스

럽게 독점이 형성되는 자연독점이 발생하기 쉽다. 그러나 독점형태의 시장은 완전경쟁에 비해 높은 가격과 과소생산으로 소비자의 후생감소가 크게 발생한다. 더욱이 전력, 수도 등은 일상생활에서 없어서는 안 될 필수품 성격의 상품이어서 소비자 후생의 손실은 상당할 것이다. 따라서 이를 방지하기 위해 정부에서 취할 수 있는 대안 중의 하나가 정부가 직접 생산을 담당하는 것이고, 위에서 언급한 독점형태의 다른 상품도 비슷한 특징을 갖고 있다.

살펴본 바와 같이 독점은 자원배분이 완전경쟁에 비해 비효율적으로 이루어지며, 소수 독점기업의 혜택보다는 다수 소비자의 후생손실이 크므로 많은 나라에서 다양한 방법으로 규제를 하고 있다. 우리나라도 '공정거래위원회'에서 법규에 의해 기업이 독과점화 되는 것을 방지하고 올바른 경쟁을 유도하기 위해 노력하고 있다. 그러나 학문을 탐구하는 자세로서 독점이 반드시 나쁘기만 한 것인가에 대해서도 생각해 볼 필요가 있다. 독점으로 기대할 수 있는 긍정적인 효과 중의 하나로 '규모의 경제'를 들 수 있다. 즉, 동일한 양을 생산하는데 경쟁적인 시장구조에서 많은 기업이 소량으로 생산하는 것보다 한 개의 기업이 대량으로 생산할 때 단위당 비용이 더 저렴해져서 오히려 독점기업이 싼 가격에 상품을 공급할 수 있다. 두 번째로 독점기업은 완전경쟁과 달리 초과이윤을 얻을 수 있는데 이것의 역할에 대한 문제이다. 초과이윤이 존재한다는 것은 다른 한쪽이 그만큼 손실을 보아 자원의 최적배분이 달성되지 못했음을 의미하기도 하지만, 초과이윤은 기술개발과 경제발전의 원동력이 되기도 한다. 기업의 궁극적 목적은 초과이윤의 획득에 있으며 역으로 이윤이 존재하지 않으면 생산을 중단할 것이다. 또한 신제품, 신기술에 필요한 R&D비용은 매몰비용의 성격이 크기 때문에 이를 감당할 수 있는 기업에서만 투자가 가능할 것이다. 예로 초과이윤이 거의 존재하지 않는 경쟁도가 높은 시장에서는 생산 활동을 지속적으로 영위하는 것이 당면과제일 것이며 기술개발에 투자할 여력은 거의 없을 것이다. 이렇듯 초과이윤은 새로운 기술개발과 기업 생산 활동의 원동력으로써 보다 윤택한 삶을 영위하도록 도와주는 역할을 하기도 한다.

• 제 13 장 •

스포츠 선수가 천문학적인 연봉을 받는 이유는?

생산요소시장

기업을 운영하는 경영주와 주식이나 금융자산소득을 제외하고, 노동에 대해서 천문학적인 연봉을 받는 고액소득자를 살펴보면 스포츠 선수, 가수, 영화배우 등 특정 직업에 집중되어있다. 또, 천문학적 연봉은 아니어도 의사, 회계사, 변리사 등 일반 노동자보다 높은 연봉을 받는 직업군이 있다. 이렇게 직업별로 연봉이 차이가 나는 이유는 무엇일까?

생산요소시장

연봉은 노동에 대한 대가로 일종의 가격이며, 따라서 가격결정의 원리인 수요와 공급이 일치하는 점에서 연봉이 결정된다. 다만 다른 것은 지금까지 논의되었던 가격의 대상은 생산물인 재화나 서비스였던 것에 비해 여기서 보고자 하는 연봉, 즉 임금은 노동이라는 생산요소에 대한 가격이다. 그러므로 임금결정 원리를 이해하기 위해서는 먼저 생산요소에 대한 수요와 공급곡선의 도출이 선행되어야 한다.

생산요소시장을 이해하는데 있어 유용한 사실은 수요자와 공급자가 생산물 시장과 서로 반대라는 것이다. 즉, 생산물 시장의 공급자인 기업은 생산요소시장에서는 노동과 자본을 사용하는 수요자가 되며, 생산물 시장의 수요자인 개인은 생산요소시장에서 노동을 하고 여유자금을 빌려주는 공급자가 된다. 따라서 생산요소시장에서의 수요자와 공급자의 행동원리는, 앞장에서 살펴본 생산물시장에서의 공급자와 수요자의 행동원리를 상기하면 쉽게 이해할 수 있을 것이다.

생산요소의 수요

생산요소의 수요자는 생산물의 공급자인 기업이기 때문에 이윤의 극대가 목적함수가 되며 이것이 달성되는 수준에서 생산요소 수요량이 결정될 것이다. 생산물 시장의 이윤극대 조건은 이미 한계수입과 한계비용이 같게 되는 $MR = MC$임을 알고 있으며 이것은 동일한 경제주체이기 때문에 생산요소시장에서도 똑같이 적용된다.[30] 여러 가지 생산요소가 각각 이윤극대를 만족시켜주는 수준에서 투입량이 결정될 것이나 논의의 단순화를 위해 노동만 생산요소로 투입된다고 가정하자. 우선 생산요소시장에서 모든 노동자의 임금이 동일하다고 하면[31] 노동자 한 명을 더 고용했을 때 추가적으로 부담해야 하는 비용,

---

30) 정확한 생산요소시장에서 이윤극대조건은 한계수입생산물과 한계요소비용이 같아지는 $MRP = MFC$이나 비전공자를 위한 교양수준의 경제원리 학습을 목적으로 하는 본고에서는 이를 구분하지 않았다.

31) 생산요소시장이 완전경쟁시장이면 모든 노동자의 임금이 동일할 것이다.

즉 한계비용은 임금(wage)과 동일할 것이다. 그렇다면 노동자를 한 명 더 고용함으로써 추가로 증가하는 한계수입은 어떻게 표현할 수 있을까? 일단 노동자의 추가 투입에 따른 생산량의 증가는 우리가 알고 있는 한계생산(MP)의 개념으로 이해할 수 있다. 그런데 한계생산은 생산물의 양적인 개념으로 화폐단위로 표현되는 한계비용인 임금과 비교하기가 어렵다. 따라서 이를 수입액으로 전환시키기 위해 상품가격을 곱하면 화폐단위로 표시된 시장가치를 구할 수 있다. 이상을 종합하면 생산요소시장에서는 생산물시장의 이윤극대조건에서 MC는 임금 W로 대치할 수 있고 MR은 MP와 생산물가격 P의 곱으로 바꿔 쓸 수 있을 것이다. 즉, 생산요소시장에서의 이윤극대 조건을 $P \cdot MP = W$으로 표현할 수 있다. 여기서 좌변($P \cdot MP$)은 노동투입에 따른 한계생산을 시장가치화 한 의미가 되기 때문에 따로 '한계생산물가치(value of marginal product: VMP)'라고 부르며 이것으로 바꿔 쓰면 $VMP = W$를 요소시장의 이윤극대화 조건이라 할 수 있다. 부연 설명하면 $VMP > W$면 노동자를 한명 더 고용했을 때 임금으로 지급되는 금액보다 그 노동자가 벌어다주는 수입이 더 많으므로 이때는 고용을 늘려야 한다. 반대로 $VMP < W$면 노동자가 소위 밥값도 못하는 경우로 이때는 고용을 줄여야 한다.

〈그림 35〉 노동수요 공급곡선

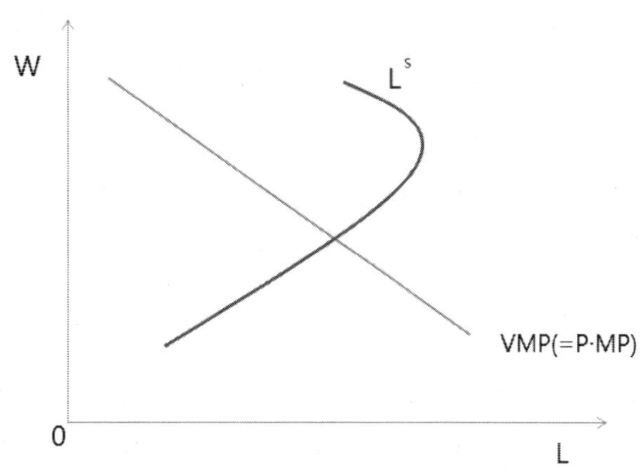

따라서 노동수요곡선은 $VMP = W$를 만족시켜 주는 노동가격 W와 노동량 L간의 조합을 연결한 선이 된다. 그런데 요소시장의 이윤극대화 조건식에서 노동량 L은 명시적으

로 표현되어 있지는 않으나 $VMP = P \cdot MP$이며 노동의 한계생산인 MP가 노동량 L에 의해 영향 받는다. 우리는 9장에서 '한계생산 체감의 법칙'의 살펴보았으며 따라서 L이 증가함에 따라 MP는 감소하며 여기에 생산물 가격을 곱한 VMP와 균형에서 동등하게 되는 W도 감소하게 된다. 즉, L과 W의 관계가 서로 역(-)의 관계가 되어 이를 그래프로 나타내면 <그림 35>처럼 우하향하는 노동수요곡선을 얻을 수 있다.

생산요소의 공급

수요와 마찬가지로 생산요소의 공급자는 생산물시장에서는 반대의 위치인 수요자가 된다. 그리고 생산물 수요자의 목적은 '효용의 극대'에 있으며 따라서 생산요소의 공급량도 이 목적이 충족되는 수준에서 결정될 것이다. 아마도 일하기 좋아하는 사람은 거의 없을 것이기 때문에 노동 공급자는 노동과 여가(노동하지 않는 시간을 통칭하여 여가로 표현하자) 둘 사이에서 효용이 극대가 되는 수준의 노동량을 선택할 것이다. 일하기 싫어하면서도 일을 할 수 밖에 없는 이유는 삶을 영위하기 위한 소득 때문일 것이다. 따라서 '노동과 여가의 선택'문제는 다시 '소득과 여가의 선택' 문제로 바꾸어 생각할 수 있다. 또, 소득을 얻으려고 하는 궁극적인 목적은 소비에 있다고 할 수 있으며, 이것을 감안하면 얼마나 노동을 할 것인가 하는 문제는 '소비와 여가의 선택'문제로 이해할 수 있다.

두 상품 중에서 어느 것을 얼마만큼 소비해야 효용이 극대화 될 것인가 하는 문제는 5장의 소비자 행동원리에서 이미 공부한 바 있다. 앞 장에서 살펴본 소비자 행동원리 중, 기수이론인 한계효용이론에 따르면 두 상품의 1원당 한계효용이 같게 될 때까지 두 상품을 소비하면 효용극대가 달성되게 된다. 즉, $\frac{MU_X}{P_X} = \frac{MU_Y}{P_Y}$가 되도록 소비한다면 효용극대가 된다는 원리를 동일하게 적용할 수 있다. 여기서 X재를 소비재로 놓고 Y재를 여가로 놓으면 이미 알고 있는 '한계효용균등의 법칙'과 다를 것이 없다. 다만 P_X는 소비재의 가격으로 이해하는데 어려움이 없는 반면 P_Y는 여가의 가격이 되어 직관적으로 이해하기 어려운 면이 있다. 구체적인 상품이 아닌 '여가'라는 추상적인 것에 대한 가격을 측정해야 하는 문제가 발생한다. '집콕, 방콕'하며 쉬기만 할 때 여가에 대한 비용은 없는 것으로 봐야하는가? 이것에 대한 답은 기회비용에서 찾을 수 있다. 여가를 즐기는 시간에 대한 비용을 포기한 가치에 대한 개념으로 측정할 수 있다. 여가를 택했다고 하는 것은 노동을 포기한 것과 같으며, 노동을 포기했다는 것은 임금을 포기한 것과 마찬가지다. 즉, 여가를 즐기는 것의 기회비용은 노동으로부터 얻을 수 있는 임금이라고 볼 수 있다. $P_Y = W$로 놓을 수 있으며 따라서 노동공급량은 효용극대 조건인 $\frac{MU_X}{P_X} = \frac{MU_Y}{W}$이 만족되는 수준에서 결정될 것이다. 이제 만일 임금 W가 상승한다면 충족되었던 효용극대 조건은 $\frac{MU_X}{P_X} > \frac{MU_Y}{W}$가 되어 노동자는 효용증진을 위해 X와 Y재의 소비량을 조절할 것이다. 이 경우 단위당 한계효용이 작은 Y재의 소비를 줄임으로써 효용의 증대를 가져올 수 있는데 Y재가 여가이므로 여가를 줄이고자 할 것이다. 여가를 줄인다고 하는 것은 역으로 노동을 늘린다는 것과 마찬가지임으로 요약하면 임금 W가 상승하면 노동자는 노동량 L을 증가시킨다고 이해할 수 있다. 즉, 임금과 노동공급량 간의 관계는 서로 정(+)의 관계를 갖고 있어 이를 그래프로 나타내면 우상향하는 노동공급곡선을 얻을 수 있다.[32] 노동공급량에 영향을 줄 수 있는 또 다른 요인으로 소비재 가격 P_X를 생각할 수 있다. 만일 P_X가 하락하였다고 하면 $\frac{MU_X}{P_X} > \frac{MU_Y}{W}$가 될 것이고 위에서 살펴본 W가 상승한 경우와 동일한 변화가 일어나 노동공급이 증가하게 될 것이다. 즉, P_X가 하락하거나 W가 상승하면 노동공급이 증가하는 것으로 이해할 수 있으며 이를 보다 간단히 표현하면 $\frac{W}{P_X}$가 상승하면 노동공급이 증가하여 둘 간에 정(+)의 관계가 성립함을 알 수 있다.[33]

---

32) 그러나 일정수준 이상의 임금에서는 임금상승에 대해 노동공급이 감소하는 후방굴절형의 노동공급곡선이 일반적이다.

33) 이때 W는 명목임금, $\frac{W}{P_X}$는 실질임금의 개념으로 이해할 수 있으며, 명목과 실질의 개념에 대해서는 뒤의 GDP부분에서 보다 자세히 살펴본다.

생활 속의 임금결정

생산물시장과 마찬가지로 생산요소시장도 수요와 공급이 일치하는 점에서 균형량과 균형가격이 결정된다. <그림 35>에서 두 곡선이 교차하는 지점에서 노동량 L_0와 임금 W_0가 결정된다. 또한 수요나 공급의 변화가 있을 때 균형가격과 균형량이 변화하는 원리도 생산물시장과 동일하다. 예를 들어, 이민자 법이나 노동고용에 관련된 법규가 개정되어 외국노동자가 국내 기업에 쉽게 취업이 가능하게 되면, 이는 국내 노동시장에서 공급의 증가를 가져와 노동공급곡선이 우측으로 이동할 것이다. 그 결과 시장에서 결정되는 임금은 하락하게 되어 외국인을 포함한 전체 고용량은 증가하게 될 것이다.

이 간단한 가격결정원리로부터 특정 직업군의 임금이 높게 형성된 이유를 살펴볼 수 있다. 노동의 성격상 누구나 할 수 있는 일이 있고, 특정기술이나 지식을 가진 사람만 할 수 있는 일이 있을 것이다. 전문직군인 의사나 변호사, 회계사 등은 일반 회사원 보다 전문적인 지식이 필요하고 자격을 갖춘 사람만 일을 할 수 있어 노동 공급량이 제한되어 있다. 즉, 전문직의 노동공급곡선은 일반 노동공급곡선에 비해 좌측에 위치할 수밖에 없으며 이로 인해 균형점도 보다 높은 가격에서 결정된다.

선진국은 일반적으로 신흥국에 비해 임금이 높게 형성되어있다. 이를 노동수요 측면에서 살펴보면 노동수요곡선은 임금과 한계생산물가치(*VMP*)가 같게 되는 노동량을 연결한 선을 의미하기 때문에 가격(*P*)과 한계생산(*MP*)에 의해 영향 받게 된다. 우선 소비재, 즉 생산물의 가격을 의미하는 P는 상품에 따라 다르지만 선진국이 신흥국에 비해 전반적인 물가가 비싸므로 선진국이 보다 높을 것이다. 노동생산력과 관계있는 한계생산도 선진국이 신흥국에 비해 높을 가능성이 크다. 왜냐하면 노동자 한 사람이 투입되어 생산할 수 있는 양은 노동의 질과 자본.장비에 의해 영향 받는데 선진국의 여건이 보다 좋을 것이기 때문이다. 선진국은 신흥국에 비해 교육.훈련시설이나 기회 등의 여건이 양호하여 보다 양질의 노동력을 보유하고 있을 가능성이 크다. 또한 투자를 위한 자본여건도 좋아 도로, 항만, 통신 등 사회간접자본이 신흥국에 비해 잘 갖추어져 있을 것이며, 생산시설도 기계화, 자동화 등으로 효율적으로 운영될 가능성이 크다. 이러한 이유로 노동자 한 명이 생산해 낼 수 있는 '한계생산력'은 선진국이 신흥국에 비해 클 가능성이 크다. 종합하면 노동

수요곡선을 나타내는 노동의 한계생산물가치 *VMP*는 *P*와 *MP*의 곱으로 계산되는데 둘 모두 선진국이 신흥국에 비해 크기 때문에 노동수요곡선이 보다 위에 위치하게 된다. 따라서 노동시장의 균형이 신흥국보다 선진국이 더 높은 곳에서 형성됨으로 균형가격인 임금이 더 높게 결정된다고 해석할 수 있다.

얼마 전 TV에서 80년대를 대상으로 한 드라마가 크게 인기를 끌었다. 드라마 속에서 은행원인 주인공 아버지가 투자방법으로 은행에 예금하고 이자 받는 게 제일 좋다면서 "은행 금리가 조금 내려가서 현재 15%다" 라고 말하는 장면이 나온다. 현재 1%대 이자율과 비교하면 격세지감을 느끼는 이런 이자율이 실제로 우리나라에서 불과 30여 년 전에 있었다. 일반적으로 개발초기에는 이자율이 높다가 경제규모가 커지고 선진국이 되면서 이자율이 낮아지는 현상이 일반적이다. 노동에 대한 가격이 임금이듯이 또 다른 생산요소인 자본에 대한 가격을 이자율로 볼 수 있으며[34] 따라서 생산요소가격결정원리로 이 현상을 설명할 수 있다.

자본의 공급측면을 보면 투자로 쓰이게 되는 자본의 근원은 예금에 있으며 예금은 소득 중에서 소비하고 남은 잉여금을 금융기관에 예치하는 것이다. 소득수준이 낮은 개발단계에서 경제주체는 생계를 위한 소비 후에 남는 잉여금이 크지 않은데 비해 선진국은 상대적으로 여유자금이 넉넉하여 예금액도 많아 자본의 공급곡선이 신흥국보다 우측에 위치할 것이다.

자본의 수요측면을 보면 노동의 경우와 마찬가지로 가격과 한계생산에 의해 영향 받을 것이다. 다만 당연한 것이지만 노동시장의 경우는 '노동에 대한 한계생산(MP_L)'인 것에 비해 자본시장의 경우는 '자본에 대한 한계생산(MP_K)'에 의해 영향 받는다. 일반적으로 가격은 경제규모가 커질수록 상승하는 추세를 보이나 한계생산은 그렇지 못하다. 9장에서 생산이론에서 '한계생산체감의 법칙'을 살펴보았다. 즉, 아무것도 투자되지 않은 상태에 1억원을 투자할 때와, 이미 많은 금액이 투자된 상태에 1억을 투자할 때를 비교했을 때. 동일한 금액을 투자하더라도 후자의 수익이 더 적을 수 있다. 아무도 투자하지 않는 상황에서 나 혼자 생산으로 벌어들이는 수익보다 여러 생산자가 함께 투자하여 경쟁을 벌일 때

---

34) 임금은 투여된 노동력 자체에 대한 반대급부로서 가격의 의미이나 이자율은 투여된 자본 자체보다는 자본이 가져다주는 서비스에 대한 반대급부로서 가격의 의미이다.

의 수익이 작아지게 될 것을 예상할 수 있다. 또한 경제규모 확대에 따른 가격의 상승은 다른 한편으로 동일한 금액으로 투입할 수 있는 생산요소의 양이 감소한다는 것을 의미하기도 한다. 즉, P의 상승을 감안하더라도 MP_K의 감소되는 요인이 커 VMP_K는 자본량 증가에 따라 감소될 가능성이 있다는 의미이다. 따라서 경제발전에 따라 VMP_K로 표시되는 자본수요곡선이 아래쪽으로 이동해 균형가격인 이자율이 더 낮아질 수 있다.

이제 이번 장 제목에서 언급되었던 스포츠 선수를 비롯하여 연예인이 천문학적인 연봉을 받는 이유에 대해 생각해보자. 일단 직관적으로 높은 연봉을 받는 이유로 생각해 볼 수 있는 것이 남보다 탁월한 재능을 갖고 있다는 것이다. 예로 축구선수 '메시'나 가수 'BTS' 등과 같은 세계 최정상급의 스포츠맨과 연예인은 다른 사람이 흉내 낼 수 없는 본인만의 재능을 갖고 있다. 그 만큼 잘하는 사람은 많지 않다는 의미에서 생산요소의 공급곡선이 상대적으로 좌측에 위치함을 의미한다. 그러나 해당분야에서 최고 품질의 상품을 보여줄 수 있다는 사실이 상대적으로 높은 연봉을 설명할 수는 있겠으나 천문학적 연봉을 설명하기에는 뭔가 부족하다. 예로 '생활의 달인'에 나올법한, 각 분야에서 뛰어난 재능을 가진 노동자가 모두 천문학적 연봉을 받는 것은 아니다.

그런데 천문학적 수입을 올리는 대표적 직업군인 스포츠 선수와 연예인 등을 관찰해보면 한 가지 공통점이 있는 것을 알 수 있다. 축구, 야구 등의 스포츠 경기나 음악회, 영화, 드라마 등의 예술 공연은 TV, 라디오, 인터넷 등 소위 대중매체를 통해 공급되고 있다. 월드컵 경기를 동 시간대에 수십억 명이 TV를 통해 시청할 수 있으며, 동일한 영화를 전 세계 극장을 통해 역시 수십억 명이 관람할 수 있고, 음악도 음반이나 파일 등을 통해 수십억 명의 수요자를 창출할 수 있다. 다른 상품은 한꺼번에 다수의 수요자에게 상품의 공급이 어려운 것에 비해 이 상품들은 대중매체라는 매개체를 통해 동시간대에 매우 많은 수요자를 창출할 수 있으며 그럼에도 불구하고 수요에 크게 불편함을 느끼지 못하는 특징이 있다.

영화 한 편으로 수십만 관람객으로 인한 입장권 수입이나 노래 한 곡으로 수백만 음원 판매 수입을 올릴 수 있으며 스포츠 경기 하나로 엄청난 광고 및 중계권료 수입을 얻을 수 있다. 이는 앞에서 배운 요소가격결정에서 선수나 연예인 한 명이 줄 수 있는 VMP가 매우 크다는 의미이며 생산요소 수요곡선이 매우 높게 위치하게 됨을 의미한다. 따라서 생산요소의 수요나 공급곡선 모두 일반적인 요소에 비해 상방에 위치하게 되므로 균형요소가격도 매우 높게 결정될 수밖에 없다.

• 제 14 장 •

소득불평등은 필요악인가?

소득분배

앞 장에서 임금의 결정원리와 편차가 나는 이유에 대해 살펴보았다. 이러한 임금편차는 경제생활의 원동력이 되는 소득편차를 초래하고 경제뿐만 아니라 각종 사회문제의 원인이 되기도 한다. 그럼 역으로 모든 노동자에게 동일한 임금을 제공하는 것이 바람직할까? 신입사원 모집에서 대졸자와 토익점수를 요구하는 것은 잘못된 것일까? 그럼 신입사원 자격으로 용모나 신체적 조건을 요구하는 것은 잘못된 것일까?

소득 불평등의 문제

사실 우리가 공부하고 있는 시장경제체제와 이번 장의 주제인 소득분배와는 상충하는 면이 없지 않다. 경제생활에서 발생하는 경제문제는 크게 3개로 분류할 수 있으며 이는 '효율성', '형평성'과 연관되어 있음을 앞에서 공부하였다. 그런데 '효율성'과 '형평성'은 동시에 충족되기는 어렵다. 한쪽을 추구하면 다른 한쪽이 침해받게 되는 것이 일반적이다. 시장경제는 이 중에 '효율성'에 중점을 두고 있는 경제체제라 할 수 있어 경제체제 내에 '형평성'을 제고할 메커니즘이 충분히 마련되어 있지 않다고 할 수 있다. 오히려 이윤극대 및 효용 극대의 목적을 경제주체가 추구하다 보면 자유로운 경쟁 하에서 '형평성'을 놓치는 경우가 많다.

그렇다면 소득 불평등은 왜 나쁜 것일까? 경제학은 사회과학의 한 분야이고 사회과학은 말 그대로 사회현상을 연구대상으로 하며, 사회는 '공동생활을 영위하는 모든 형태의 인간집단'을 일컫는다. 즉, 사회과학의 궁극적 목적은 인간으로서 함께 살아가는 삶을 잘 영위하기 위함이라고 할 수 있다. 그런데 소득 불평등은 이러한 사회과학이 궁극적 목적인 인간존엄성을 상실시키는 빈곤 문제를 일으킨다. 이것이 소득 불평등이 나쁜 이유 첫 번째이다. 빈곤 문제가 심각한 상황으로 이어지면 인간다운 생활을 넘어 생존까지 위협하는 상황을 야기한다는 것을 해외사례 등을 통해 어렵지 않게 볼 수 있다. 두 번째로 소득분배의 불균등은 경제학에서 풀어야 할 숙제인 자원의 최적 배분을 왜곡한다. 희소한 자원은 꼭 필요한 적재적소에 투입되어야 함에도 이미 부유한 사람에게 부가 축적되고 정작 자원이 필요한 빈곤층에게 돌아가지 못한다는 것은 스스로 자원 배분이 왜곡되었음을 인정하고 있다. 세 번째로 소득 불평등은 여러 가지 사회문제의 원인이 된다. 여러 연구에서 범죄나 자살 등 사회적 문제가 소득 불평등과 무관하지 않음이 밝혀지고 있다. 또한, 역사적 사실에서도 소득 불평등이 심해질 때 전쟁이나 혁명 등 사회적 변혁이 일어난 사례를 어렵지 않게 찾아볼 수 있다. 네 번째로 소득 불평등은 국민의 행복지수를 떨어뜨려 성장잠재력을 약화한다. 다양한 연구를 통해 국민이 느끼는 행복감은 소득이 높은 선진국이 아니라 오히려 후진국에서 더 크다는 사실이 밝혀졌다. 즉, 주관적인 행복감은 절대적 소득이 아닌 상대적 편차에 의해 크게 좌우된다. 그 외에도 소득 불평등은 장기적 국가 성장에 장애요소가 되며 사회적 자본(social capital)[35]을 감소시키는 등 많은 부작용을 동반한다.

소득편차의 발생원인

임금 및 소득편차가 발생하는 원인은 크게 두 가지로 나누어 생각할 수 있다. 하나는 노동시장이 완전경쟁시장임에도 불구하고 소득편차가 발생하는 경우이고 다른 하나는 노동시장이 불완전함으로써 소득편차가 발생하는 경우이다.

먼저 노동시장이 완전경쟁이라면 구성원 모두가 직업의 이동이 자유롭고, 임금수준에 대한 정보를 모두 알고 있으며, 노동자나 기업 모두 임금에 영향을 미치지 못하고 시장균형임금을 받아들이는 상황이다. 이때 발생할 수 있는 대표적인 소득편차의 원인으로 첫째, 개인의 능력 차이를 꼽을 수 있다. 수요자의 입장에서 임금으로 최대한 지불할 의사가 있는 금액은 노동자의 한계생산물가치를 초과하지 않을 것이고 이는 노동자의 생산력과 밀접한 관련이 있다. 따라서 일 잘하는 노동자가 더 많은 소득을 얻게 될 것이다. 둘째, 동일한 생산력을 갖고 있다고 하더라도 근로조건의 차이에 의해 소득편차가 생길 수 있다. 다른 일에 비해 근무 여건이 열악하다고 하면, 일하고자 하는 사람이 많지 않을 것이고 따라서 균형임금은 더 높게 형성될 것이다. 일종의 근무환경이 열악한 것에 대한 보상차원의 격차로 이해할 수 있을 것이다.

노동시장이 불완전하면 이것이 바로 소득편차의 원인이 될 수 있다. 첫째, 노동시장의 진입과 탈퇴, 즉 노동 이동이 불완전하다고 하면 소득편차가 발생할 수 있다. 역으로 노동 이동이 완전히 자유롭다고 하면 임금편차가 있더라도 장기적으로 노동자들이 임금이 싼 곳으로부터 비싼 곳으로 이동할 것이기 때문에 임금편차는 사라지게 될 것이다. 둘째, 노동시장에 대한 정보가 불완전하다면 이것 또한 임금편차의 원인이 된다. 노동시장에 대한 정보가 특정 계층에게만 제공된다면 이를 이용하여 더 높은 임금을 얻을 수 있을 것이다. 셋째, 임금체계의 경직성을 들 수 있다. 임금편차가 없어지려면 노동 수요와 공급의 변화

35) 사회구성원이 공동의 목표 달성을 위해 얼마나 효율적으로 추진 및 성취를 할 수 있는가를 나타내는 개념으로 구성원 간의 협력, 신뢰, 규범, 네트워크 등과 연관된다.

에 대응하여 임금이 유동적으로 변화할 수 있어야 한다. 임금체계의 경직성에 대한 대표적인 예로 연공서열에 의한 급여제도 등을 들 수 있다. 넷째, 사회.경제적 차별도 임금편차의 중요한 원인이 된다. 동등한 근무 여건에서 동일한 업무성과를 보여줌에도 불구하고 인종이나 성, 출신학교 등에 따라 차별이 존재한다면 임금편차를 일으킬 수 있다. 다섯째, 경제구조 자체가 이중적으로 형성되어 각 시장에서 따로 경제시스템이 운용된다면 균형가격도 다르게 결정될 것이다. 예로 도시와 농촌, 수도권과 지방 등 경제가 이중구조로 되어있어 각자 경제적 여건 및 특징이 달라 따로 운용된다면 임금도 다르게 형성될 것이다.

소득분배의 측정

현 소득분배 상황이 얼마나 공평 또는 불공평한지를 논하기 위해서는 객관적으로 이를 나타내 줄 수 있는 측정지표가 필요하다. 소득분배 지표 중에서 가장 많이 쓰고 있는 것 중의 하나가 '십분위분배율'이다. 이를 측정하기 위해서는 우리나라 가구를 소득을 기준으로 하여 저소득에서부터 고소득으로 순서를 매겨 10등분 하는 작업이 필요하다. 가장 소득이 낮은 분위를 1분위로 하고 가장 소득이 높은 가구 10%를 10분위로 한다. 이를 바탕으로 다음과 같이 십분위분배율을 측정한다.

$$\text{십분위분배율} = \frac{\text{최하위40\% 소득점유율}}{\text{최상위20\% 소득점유율}}$$

통상적으로 하위보다는 상위소득자의 소득점유율이 높고 소득편차가 심해진다고 함은 상대적으로 상위소득자의 소득점유율이 커지게 된다는 것이고 이는 십분위분배율의 식에서 분자보다 분모가 커지게 됨을 의미하므로 값은 작아지게 될 것이다. 반대로 소득분배가 완전히 균등분배가 되어있는 경우는 최하위나 최상위나 소득이 동일하여 점유율이 같을 것이다. 따라서 분모인 상위 20%는 소득 20%를 점유하고 분자인 하위 40%는 전체 소득의 40%를 점유하게 되어 십분위분배율의 값은 2가 될 것이다. 즉, 십분위분배율은 0~2 사이의 값을 갖게 되며 값이 클수록 소득분배가 균등하게 되었음을 의미한다.

두 번째 소득분배 측정방법으로 '로렌츠 곡선(Lorenz curve)'이 있다. <그림 36>의 로렌츠 곡선에서 알 수 있듯이 가로축에는 '가구누적점유율'을 기록하고 세로축에는 '소득누적점유율' 표시한다. 양 축이 모두 누적점유율이므로 0에서 시작하여 100%에 이르는 값으로 동일하여 정사각형 모양의 좌표를 갖게 된다. 여기서도 십분위분배율과 비슷하게 가구를 소득 순위별로 정렬한 후 이 분위의 소득이 전체 소득에서 차지하는 비중의 조합을 연결하여 그래프를 도출한다. 원점에 가까울수록 저소득층이 위치하고 멀수록 고소득층이 위치하며 누적 점유율이기 때문에 항상 원점에서 시작하여 대각선 끝점에 곡선이 접한다.

이해를 돕기 위해 극단적인 두 가지 경우를 가정해보자. 하나는 완전불균등분배로 한 계층의 가구가 전체 소득 모두를 가진 경우이고, 또 다른 하나는 완전균등분배로 구성원 모두가 동일한 소득을 얻고 있는 경우이다. 먼저 완전불균등분배는 한 계층을 제외한 나머지 가구는 소득이 없으므로 누적소득점유율도 0이 되어 로렌츠 곡선이 가로축 선상에 그려지다가 원점에서 가장 먼 고소득 가구 하나가 전체 소득을 벌어 세로축 끝점과 연결될 것이다. 반면 완전균등분배의 경우는 모든 가구가 동일한 소득을 벌고 있어 어느 가구를 택하던 그 가구의 가구 비중과 소득 비중이 같게 된다. 즉, 10%의 가구가 10%의 소득을 벌고 50%의 가구는 전체 소득의 50%를 벌고 있다. 이를 좌표에서 그려보면 원점과 반대편 끝점을 연결하는 대각선이 된다.

〈그림 36〉 로렌츠 곡선

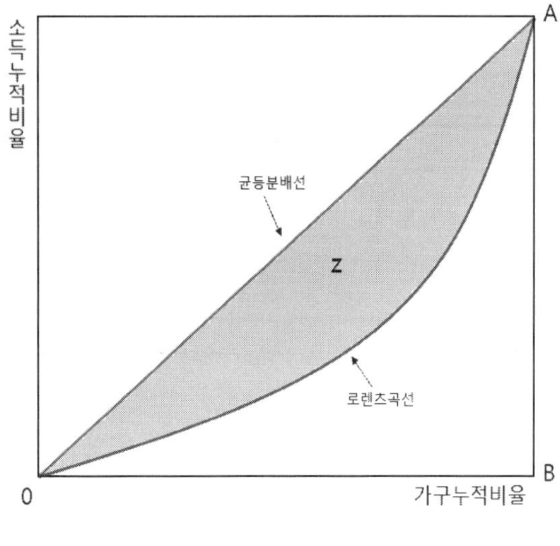

이 두 가지 경우는 극단적인 경우이고 일반적으로는 원점에서 가까운 저소득계층은 가구점유율보다 소득점유율이 낮아 대각선보다 아래에 위치한다. 반면에 고소득계층에서 급격히 소득점유율이 높아져 대각선 끝점에 접하게 되는 아래로 쳐진 곡선 모양의 그래프를 갖게 될 것이다. 그리고 곡선의 형태가 대각선에 근접하게 직선에 가깝게 될수록 균등분배가 되었음을 의미하고, 반대로 아래쪽으로 늘어져 있는 정도가 심할수록 불균등분배가 되었다고 이해할 수 있다.

그러나 로렌츠 곡선의 단점은 서로 다른 집단 간이나 시간에 따른 추세를 큰 차이가 있을 때를 제외하고는 비교하기 어렵다. 즉, 그래프의 모양이 크게 다르지 않고 미미한 차이가 있을 때 소득분배의 개선 여부를 판단하기가 쉽지 않다. 이러한 단점을 보완하기 위해 고안된 것이 '지니계수(Gini's coefficient)'이다. 두 값을 비교할 때 가장 객관적이고 확실한 방법 중 하나가 수치화된 값을 비교하는 것이다. 따라서 지니계수는 로렌츠 곡선을 수치화한 것으로 이해할 수 있는데 <그림 36>에서 원점과 A, B를 연결하는 직각삼각형 모양의 면적에서 원점과 A를 연결하는 대각선과 로렌츠 곡선 사이에 형성되는 반달 모양의 면적(색칠된 Z)이 차지하는 비중으로 구한다.

〈그림 37〉 우리나라의 지니계수

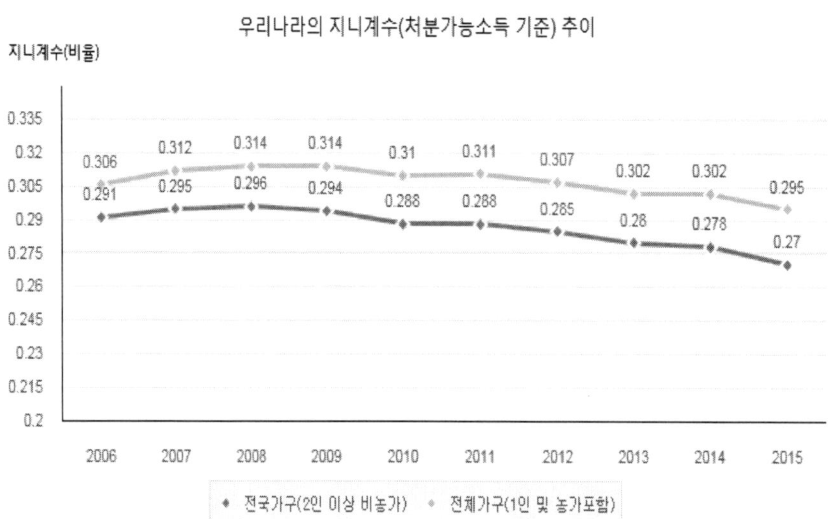

출처 : 통계청「가계동향조사」

만일 완전균등분배의 경우라면 대각선이 곧 로렌츠 곡선이 될 것이기 때문에 두 선 사이에 면적이 존재하지 않게 되어 지니계수는 0이 될 것이다. 반면 완전불균등분배의 경우는 대각선 아래의 가로축과 세로축이 로렌츠 곡선이 되어 직각삼각형 모양의 면적이 곧 대각선과 로렌츠 곡선 사이의 면적이 된다. 즉, 지니계수를 구하는 식에서 분모와 분자가 같게 되어 값은 1이 된다. 지니계수는 0과 1 사이의 값을 갖고 0에 가까울수록 균등분배가 이루어졌음을 뜻하고 1에 가까울수록 불균등분배가 되었음을 의미한다.

경제발전과 소득분배

많은 연구 및 통계자료를 보면 경기상황과 소득분배와는 연관이 있는 것으로 나타난다. 일반적으로 경기가 나빠지면 소득분배 상태도 악화하는 것으로 알려져 있다. 경기가 침체에 빠지면 생산자는 노동 고용을 줄이게 될 것이고 이때 숙련노동자와 단순노동자 중에서 더 쉽게 찾을 수 있는 단순노동자 먼저 고용을 줄일 가능성이 크다. 또한, 소득은 근로소득뿐만 아니라 소유하고 있는 재산에 따른 소득도 있는데 경기가 좋지 않을 때 노동에만 의존하는 노동자와 달리 자산가는 다른 소득원으로부터 소득을 기대할 수 있다. 이런 상황은 경기가 좋지 않으면 소득분배도 더욱 악화되어 빈익빈 부익부 현상이 심화될 수 있음을 보여준다.

그 외에 국가경제발전단계와 소득분배 상태 간에도 연관성이 있다고 알려져 있는데 대표적인 것이 쿠츠네츠(Simon Kuznets)의 U자 가설이다. <그림 38>에서 가로축은 경제발전단계를 나타내고 세로축은 소득분배균등도를 나타내고 있어 국가의 경제발전단계에 따라 소득분배 상황이 어떻게 변화하는지를 보여주고 있다. 이를 보면 낮은 소득 수준에서는 똑같이 못사는 상태로 소득 불평등은 개발 초기에 비해 크지 않으며, 성장 위주의 개발정책으로 산업화 초기에는 경제발전에 따라 오히려 소득 불평등이 심화한다. 이후 경제규모가 커지고 선진국이 되면 사회보장정책을 비롯한 전산업의 성장으로 소득분배 구조가 개선되는 형태를 보여주는데 알파벳 U자 형태를 닮았다고 하여 붙여진 이름이다.[36)]

36) '선성장-후분배' 정책의 이론적 근거로 많이 제시되었으나 최근에는 정형화된 관계가 아니라는 반

〈그림 38〉 쿠츠네츠 U자 가설

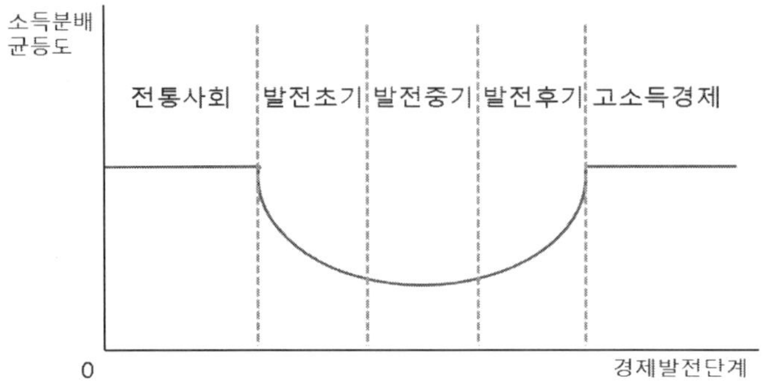

소득분배의 원칙

소득분배와 관련된 '형평성'과 성장과 관계된 '효율성'의 선택문제는 가치판단의 문제로 어느 한 가지가 옳다고 주장하기는 어렵다. 노동자의 능력에 대한 조건으로 대학 졸업장이나 자격증 또는 시험점수를 요구하는 것은 타당한 듯 보이지만, 외모를 보고 선발하는 것은 차별처럼 보인다. 그러나 업무가 사람을 접하는 업무이고 많은 경험에서 외모에 따라 업무성과가 차이가 난다면 외모를 조건으로 선발하는 고용자의 행동이 잘못되었다고 할 수 있을까?

소득 불평등으로 인해 많은 문제점이 유발되는 것을 살펴보았다. 그러나 역으로 모든 사람에게 동등한 소득분배를 하는 것이 최선인가 하는 물음에도 그렇다고 말할 수 없을 것이다. 본인의 업무성과와 관계없이 보상이 책정된다면 그 누구도 열심히 일하려고 하지 않을 것이며 과학기술 및 경제발전은 크게 더뎌질 것이 자명하기 때문이다. 이렇듯 소득분배는 어려운 과제이기는 하지만 모두가 공감하는 몇 가지 원칙은 생각해 볼 수 있다.

첫째, 가장 시장경제와 경제이론에 부합되는 것으로 '생산성의 원칙'을 들 수 있다. 일 더 잘하는 사람에게 더 많은 임금을 준다는 단순한 원리인데 앞에서 살펴본 대로 형평성

대적 관점의 연구결과도 적지 않다.

의 문제를 초래할 수 있다. 최근 노동시장에서 성과 중심의 보수체계가 중시되면서 연봉제, 보너스 및 각종 인센티브 형식으로 많이 도입되어 시행되고 있다.

둘째, '필요의 원칙'으로 소득이 더 필요한 사람에게 더 많은 임금을 지급한다는 원칙이다. 소득의 역할 및 복지 차원에서 타당성 있는 정책이나 필요성에 대한 객관적 기준이 문제 될 수 있다. 예로 부양해야 하는 사람이 많을수록 소득이 더 필요하다면 가족 숫자로 해야 하는지, 환자나 노인과 건강한 청년을 동일하게 취급해야 하는지 등의 문제가 야기될 수 있다. 그러나 이 원칙도 실제 보수체계에 적용되고 있는데 '가족수당', '자녀 학비 보조금' 등이 그것이다. 즉, 가족이 많을수록, 또 학생이 있으면 그만큼 비용이 많이 수반된다고 보고 급여에 보조를 해주고 있다.

세 번째로 '균등의 원칙'을 생각해 볼 수 있다. 이것은 소득분배의 형평성에 가장 중점을 둔 원칙으로 모든 노동자에게 동일한 임금을 지급한다는 취지이다. 예상되는 문제는 앞에서 살펴본 생산성 즉, 효율성의 문제를 가져와 절대적인 빈곤을 초래할 가능성이 있다. 실제로 이 원칙을 시장경제에서 적용하는 것은 한계가 있지만, 취지의 중요성을 인식하여 부분적으로 시행되고 있다. 최소한의 생계를 위한 지급 기준이 되는 최저임금, 성과급을 제외한 기본급, 동일한 경력을 가진 사람에게 적용되는 호봉 등은 균등의 원칙에 입각한 소득배분의 예라고 볼 수 있다.

네 번째로 '수고의 원칙'을 들 수 있는데 이는 더 수고스럽고 힘든 일에 더 높은 임금을 지급함을 의미한다. 임금을 노동에 대한 보상적 성격이라는 측면에서 접근한 원칙으로 여기서도 수고스러움에 대한 객관적 기준의 문제가 발생할 수 있다. 즉, 힘든 것은 주관적이라 동일한 일도 사람마다 느끼는 수고스러움이 달라 이의 측정이 어렵다는 것이다. 그러나 위험한 일에 대한 위험수당이나 밤에 일하는 야근수당, 해외나 산간오지 등에서 근무할 때 가산금을 지급하는 것은 이 원칙을 적용한 예로 볼 수 있다.

• 제 15 장 •

석윳값의 절반이 세금인 이유는?

외부효과

석유에 부과되는 유류세는 국제유가가 인상될 때는 더욱 비싸게 만들어 논쟁거리가 될 뿐만 아니라, 국제유가가 하락하는 경우도 떨어지지 않는 국내 석유가격 때문에 쟁점이 되곤 한다. 우리나라의 석윳값은 세계에서 가장 비싼 나라 중의 하나로 고액의 세금이 부과되고 있는 것은 이미 널리 알려진 사실이다. 이는 단순한 세입증대를 위해 세금부과를 하는 것일까? 반대로 버스, 택시 같은 대중교통과 화물차와 같은 물류 수송 차량에 대해서는 보조금을 지급하여 세금을 깎아주고 있다.[37] 교통수단 간에 이러한 정책적 차이가 발생하는 이유는 무엇일까?

37) 버스에 대한 유가보조금은 주체가 지방자치단체로 지역마다 차이가 있다.

외부효과

우리는 지금까지 경제주체의 경제행위가 본인 자신에게만 영향을 미치는 것을 상정하고 논의를 해왔다. 소비자는 본인의 효용 극대를 위해, 생산자는 자신의 이윤 극대를 달성하기 위해 노력하며 이 과정에서 타인의 효용이나 이윤을 고려하지는 않는다. 그러나 서로 유기체적인 관계를 맺고 함께 생활하는 경제주체들은 서로 간에 영향을 주고받을 수 있다. 이렇게 '어떤 경제주체의 행위가 아무런 대가 없이 타인에게 이득이나 손해를 미치게 되는 현상'을 가리켜 '외부효과(external effect)'라고 한다. 외부효과는 다른 사람에게 이득을 주는 '외부경제(external economy)'와 손해를 미치는 '외부불경제(external diseconomy)'가 있다.

외부경제의 예로 경제학에서 자주 인용하는 것으로 양봉업자와 과수농가가 있다. 양봉업자와 과수원이 인접해 있어 서로에게 도움을 주고받고 있다고 하자. 양봉업자는 옆 과수나무로부터 꿀을 얻을 수 있고, 과수농가는 양봉장의 벌이 꽃의 수정을 도와 열매를 맺을 수 있도록 도와준다. 그러나 현실에서 이러한 도움을 주고받았다 해도 어떤 대가를 요구하거나 지불하지 않는 것이 일반적이다.

외부불경제의 대표적인 예는 공해문제를 들 수 있다. 공장의 공장주는 본인의 생산 활동을 할 뿐이지만 그로 인해 수질이 오염되고, 소음과 악취를 유발한다면 타인에게 손해를 미치게 된다. 이때에도 피해가 클 경우에 보상이 이루어지는 경우도 있으나 대가가 따르지 않는 경우도 많다.

외부효과가 경제에는 어떤 영향을 미치는지 외부불경제의 경우를 갖고 살펴보자. 강 상류에 섬유공장이 있는데 염색에 사용되는 염료의 배출로 수질이 오염된다고 한다. 이 섬유공장 사장은 당연히 본인의 이윤이 극대가 되는 수준에서 생산량을 결정하려고 할 것이고 그 기준은 이미 알고 있는 한계수입과 한계비용이 같게 되는 $MR=MC$이다. 그런데 여기서 공장 사장이 생산 여부의 기준으로 삼고 있는 비용은 인건비, 섬유 원단, 염료, 각종 공과금 등 섬유를 생산하는데 있어 본인의 회계장부에 기록되는 비용일 것이다. 그러나 이 공장의 가동으로 강으로 폐수가 흘러나오고 이를 식수원으로 사용하고 있는 하류의 주민들이 고통을 받게 된다면 이는 추가적인 비용을 유발하는 것이다. 이 비용은 섬유공장 사장의 개인적인 회계장부상에는 기록되지 않겠지만, 오염된 물을 정화하는 데 필요한 비용은 그 사회가 부담해야 할 사회적 비용인 것이다. 이렇게 외부불경제가 존재할 때 경제주체 개인이 부담해야 할 비용과 사회 구성원이 부담해야 할 비용이 다르게 된다. 이를 구분하기 위해 비용을 사적비용(private cost)과 사회적비용(social cost)으로 나누면 한계비용도 사적한계비용(PMC)과 사회적한계비용(SMC)으로 나눌 수 있다. 외부불경제의 경우 섬유공장 개인이 부담하는 사적비용은 생산에 소요되는 비용뿐이지만, 사회적으로 부담해야 하는 사회적비용은 사적비용에 생산과정에서 유발된 공해로 인해 사회가 부담해야 하는 비용까지 더해진 비용이다. 따라서 외부불경제의 경우 공장 사장이 부담하는 사적한계비용보다 사회가 부담하는 사회적한계비용이 클 수밖에 없다. 즉, $PMC < SMC$가 된다.

이때 그냥 섬유생산량을 섬유공장 사장의 판단에 자율적으로 맡겨 놓았다고 하면 섬유공장 사장은 사회운동가가 아니기 때문에 본인 개인의 이윤이 극대가 되는 $MR = PMC$가 되는 수준에서 생산량을 결정할 것이다. 그러나 이는 공장 사장 개인을 위해서는 이윤극대를 가져다주는 바람직한 생산량일지 모르나 사회적으로 보면 그렇지 못하다. 외부불경제를 유발하고 있기 때문에 $MR = PMC < SMC$가 되어 사회적으로 보면 한계수입보다 사회적한계비용이 더 큰 상태이다. 즉, 현재 수준의 생산량에서는 추가 생산이 가져다주는 수입보다 사회적으로 부담해야 하는 비용이 더 커서 생산량을 줄임으로 사회적 편익[38]이 증가할 수 있다. 현 생산량 수준은 사회적으로 바람직한 양에 비해 과대생산이 되고 있다고 할 수 있다.

외부경제의 경우는 외부불경제의 경우와 반대로 생각하면 이해하기 수월할 것이다. 어떤 한 사람의 경제행위가 다른 사람이나 사회에 편익을 주는 경우, 예를 들어 생산자가 친환경적이거나 에너지 효율이 높은 상품을 개발했다고 하자. 상품 생산자는 이윤획득을 위한 본인의 경제행위를 할 뿐이지만 사회적으로는 이런 상품들이 널리 쓰이면서 쾌적한 환경이 조성되고 에너지가 절약되는 등의 긍정적인 효과를 유발할 것이다. 이는 사회적으로 투입되어야 할 비용을 절감시키는 효과를 가지며 사적한계비용보다 사회적한계비용이 더 적은 결과를 가져와 $MR = PMC > SMC$가 된다.[39] 생산을 생산자의 자율적인 판단에 맡기면

38) 금전적인 이윤만이 아닌 보다 포괄적인 이익의 개념으로 편익이란 표현을 사용하였다.

$MR = PMC$가 되는 수준에서 생산량이 결정되는데 이 수준에서는 사회적 한계비용보다 한계수입이 더 크게 된다. 즉, 개인의 이윤극대는 달성될지언정 사회적으로는 추가적인 생산에 따른 비용보다 편익이 커 생산량을 늘림으로써 사회적 편익을 증가시킬 수 있다. 따라서 현 생산량은 사회적 최적생산량에 비해 과소생산 되고 있다고 할 수 있다.

외부효과의 해결

외부효과가 존재할 때 시장원리에 의해 생산자의 자율적인 판단에 맡긴다면 최적배분이 이루어지지 못함을 살펴보았다. 즉, 외부불경제가 존재하면 과대생산이 유발되며 반대로 외부경제가 있다면 과소생산이 이루어진다. 이는 시장의 기능이 제대로 수행되지 못함을 의미한다. 따라서 이때는 다른 방법을 통해 자원의 최적배분이 일어나도록 유도하여야 한다.

'외부효과가 존재하더라도 소유권이 적절하게 설정되면 자발적으로 해결이 가능할 수 있다'라고 미국의 경제학자 코즈(Ronald Coase)가 주장했는데 이를 '코즈의 정리(Coase theorem)'라고 한다. 앞에서 살펴본 섬유공장의 예에서 강에 대한 소유권을 지역주민이 갖고 있다고 하면 섬유공장과 주민과의 협상에 의해 적정 생산량이 결정될 수 있다는 것이다.[40] 섬유공장으로 강이 오염되면 당연히 하류의 지역주민은 피해 본 만큼 금전적인 보상을 요구하거나 이를 조건으로 공장가동을 허용할 것이다. 공장주 입장에서는 당연히 지역주민에게 지급한 비용을 사적비용에 포함해 이윤극대 생산량을 결정할 것이다. 즉, 외부효과 당사자 간의 협상으로 외부효과가 내부화되면서 $MR < PMC = SMC$이 될 것이며 생산자는 이윤극대를 위해 생산량을 감소시킬 것이다. '코즈의 정리'는 시장의 기능이 제대로 작동하지 못하는 외부효과도 시장의 원리를 이용하여 해결할 수 있음을 보여주

---

39) 편익을 사적편익과 사회적편익으로 구분하여 외부경제의 경우 사회적편익이 더 크다고 보아 $SMR > PMR = MC$ 로 표현할 수도 있으나 이로 인한 문제와 해결, 관계된 원리나 결과는 동일하다.

40) 소유권을 반대로 기업이 갖고 있다고 하더라도 대가성 돈의 흐름만 바뀌며 사회적 적정량이 결정되는 원리나 과정은 동일하다.

었다는 점에서 의의가 있으나 많은 경우 이해당사자 간 소유권이 불분명하고, 비용이 막대하게 소요되어 실현 가능성이 낮다는 단점이 있다.

우리나라의 경우 수질 개선을 위해 상류 지역의 개발을 규제하고 있으며 이로 인해 공장이나 상점의 설립 및 운영 등 많은 경제행위에 제한을 받는다. 위의 예에서는 경제활동으로 인한 수질오염으로 하류 주민이 고통 받았으나 여기서는 수질 개선을 위해 상류 주민이 경제활동의 제약을 받는다는 것이 다르다. 이때 우리나라는 고통받는 상류 지역 주민을 위해, 혜택을 받는 하류 지역민에게 '물 이용 부담금'을 징수하여 지원하고 있는데 자율적인 협상이 아닌 공공기관을 통해 징수한다는 점에서 완전한 '코즈의 정리'의 예로 볼 수는 없다.

경제주체 간에 자발적인 해결이 아니라 국가나 지방자치단체 등 공공기관에서 개입하여 해결하는 방법이 있다. 자발적인 거래인가 공공기관 주도의 행위인가가 다를 뿐 외부효과를 내부화한다는 기본적인 원리는 '코즈의 정리'와 큰 차이가 없다. 환경오염물질을 배출하는 외부불경제의 예에서 정부가 기준을 정해놓고 이를 위반할 시에 벌과금을 부과하거나 배출량에 대해 일정한 세금을 부과할 수 있다.[41] 이것은 생산자 입장에서는 회계상 지출되는 항목으로 여타 비용과 큰 차이가 없으므로 사적한계비용을 증가시키는 결과를 가져올 것이고, 따라서 이윤극대를 위해서는 자발적으로 생산량을 줄일 것이다. 사회적으로 바람직한 생산량수준에서의 사회적 비용을 정확히 예측하여 조세나 공적요금 형태로 기업에 부과하여 내부화한다면 자원의 최적배분을 달성할 수 있다는 취지의 정책이다.

외부경제의 경우에는 과소생산이 되고 있으므로 반대로 비용 절감 정책을 행한다. 즉 보조금을 지급함으로써 사적비용의 절감효과를 가져와 자발적으로 생산량을 증대시키도록 유도한다는 것이다. 보조금 지급은 다양한 형태가 가능한데 장기저리의 정책자금 융자 등 직접적인 금전적 지원뿐만 아니라, 조세감면 및 유예, 전기료와 수도료 등의 공공요금 인하 등도 기업의 사적비용을 절감시키는 효과를 가져다줄 수 있다.

정부 및 공공기관에서 경제적인 수단이 아닌 행정적인 수단으로 규제 및 지원을 하는 사례도 있다. 주로 외부불경제를 유발하는 경제행위에 대한 규제수단으로 행해지는 경우

41) 환경오염에 대한 사회적 비용을 세금이라는 형태로 가격에 포함시켜 경제주체들의 자발적인 거래에 의해 환경문제를 해결하자는 이 안은 영국 경제학자 피구(Pigou)에 의해 처음 제시되었다. 따라서 환경오염 배출 부과금 형태의 세금은 일명 피구세(Pigouvian tax)로 많이 일컬어진다.

가 많은데 '피구세' 등의 정책이 외부효과의 내부화인 것에 비해 이는 예방을 목적으로 더욱 강력하게 경제활동 자체를 금지하는 경우에 이루어진다.

예를 들어 심각한 환경오염을 유발할 수 있는 독극물, 핵폐기물, 수은 등은 법으로 규제하여 배출을 금지하고 있으며 심지어 원인을 제공하는 시설의 설치 자체를 규제하기도 한다. 대표적인 것으로 상수도보호지역, 농림지역, 그린벨트 등으로 토지의 용도를 지정하여 건축이나 경제활동을 규제하기도 한다. 반대로 외부경제가 유발되는 산업은 신고 및 검사 등의 행정절차를 면제 및 간소화해 주거나, 도로, 상하수도, 통신 등 사회간접자본의 기반을 구축하는 등의 지원을 하고 있다.

다음으로는 정부의 규제와 시장원리가 혼합된 형태인 '오염배출권 거래제도'가 있다. '피구세'로 인한 규제가 상품가격을 통한 적정량의 달성이 목적이라면 '오염배출권 제도'는 직접적으로 양을 규제하는 정책이다. 또한 소유권이 명확할 경우 이해 당사자 간의 자발적인 거래로 자원의 최적배분을 달성할 수 있다는 '코즈의 정리'의 원리를 도입한 정책이다.

먼저 경제발전에 따른 소득의 증가뿐만 아니라 부산물인 환경오염으로 인한 사회적 비용까지를 고려하여 사회적 편익을 극대화하는 오염배출량을 측정한다. 이렇게 측정된 총 오염배출량은 지역별로 할당되고 이어 기업에 할당된다. 기업에 할당된 오염배출권은 할당된 양만큼 오염을 배출할 수 있는 권리가 되며 기업끼리 이 권한을 사고팔 수 있다. 이 제도에서 오염물질의 배출 절감 비용이 덜 드는 기업은 배출권이 비싸게 거래된다면 배출권을 팔고 스스로 오염배출을 줄이는 선택을 할 것이다. 반대로 오염배출 절감 비용이 배출권보다 많이 소요되는 기업은 오염을 줄이기보다는 배출권을 사서 해당량만큼 오염배출을 할 것이다. 이렇듯 적정 오염배출량을 정해 놓고 양적 규제를 하는 방식으로 시장원리에 의해 오염배출권이 거래되어 사회적으로 바람직한 적정생산량이 달성되도록 하는 정책이다.

'오염배출권 거래제도'는 한 국가 안에서만 시행되는 것이 아니라 국제적으로 국가 간에 거래가 가능하다. 즉, 온실가스 감축 의무가 있는 국가 간 거래가 가능한데 지구 전체에서 배출되는 오염물질의 총량을 정한 다음 국가마다 일정한 양의 오염물질을 배출할 수 있는 권리를 부여한다. 이후 할당된 오염 배출량이 부족한 나라와 남는 나라 간에 거래를 통해 외부효과가 내부화되어 바람직한 생산량이 달성될 수 있다.

생활 속의 외부효과

외부효과로 인해 야기되는 문제점과 그 해결방안에 대해 알아보기 위해 이미 몇 가지 예로 주변에서 볼 수 있는 현상을 살펴보았다. 이해를 돕기 위해 약간의 부연설명과 제목에서 던졌던 질문에 대해 정리해보고자 한다.

위에서 예를 든 외부효과는 주로 금전적인 비용과 편익을 유발하는 경우를 언급하였으나 일상생활에서 다양한 형태의 외부효과가 있을 수 있다. 취미가 원예인 사람이 있어 집 마당에 꽃을 가꾸었는데 집 앞을 지나가는 행인이 그 꽃을 보고 기분이 밝아진다면 이것도 외부경제의 한 예로 볼 수 있다. 반대로 동물을 좋아하는 사람이 있어 애완견을 키우고 있는데 옆집에 사는 사람은 매일 개 짖는 소리와 냄새 등으로 고통 받고 있다면 이는 외부불경제의 예로 볼 수 있을 것이다.

빌딩에 사무실이 입주하여 영업하고 있는데 공교롭게 '북 카페'와 '노래연습장'이 인접해 있다고 하자. 이때 '노래연습장'의 외부불경제 때문에 '북 카페'에서 고통을 호소한다면 주인 입장에서 해결방안은 무엇이겠는가? '코즈의 정리'에 의하면 일단 둘의 자발적인 협상에 의해 해결할 수 있다. '노래연습장'이 외부불경제를 유발하지만, 장소가 좋아 그곳에서 영업을 계속하기를 원한다면 더 높은 임대료도 수용할 것이고, 반대로 '북 카페'도 불편하지만, 임대료를 깎아주면 이를 감내하고 영업을 계속할 수도 있을 것이다. 다른 방법으로 영업시간에 대한 협상을 할 수도 있다. '북 카페'는 점심 이후 오후 시간에 손님이 많은 반면, '노래연습장'은 친목단체 손님이 많아 늦은 밤에 손님이 많다면 서로 영업시간을 조절할 수도 있을 것이다. 그리고 주인 입장에서 임대를 할 때 외부불경제를 유발하는 업체는 이를 최소화하도록 지하나 맨 위층 같은 외진 곳으로 임대를 유도할 것이다. 실제로 주변에 외부불경제를 유발하는 업종과 이에 영향을 크게 받는 업종이 함께 인접해 있는 경우보다는 오히려 서로 도움을 줄 수 있는 외부경제를 시현하는 형태가 많다. 예로 건물 전체가 학원으로 구성되었거나 병원인 경우도 많고, 주점이나 노래방이 같은 건물에 있는 경우도 많다. 또한 외부불경제를 유발하는 업종은 지하 등에 입주해 있는 경우가 많으며 임대료도 상대적으로 더 부담하는 경향이 있는 것으로 보인다.

제목에서 언급한 유류세는 외부불경제가 존재할 때 이를 해결하는 공적인 해결방안의 대표적인 예로 볼 수 있다. 국토면적이 좁고 기름 한 방울 나지 않는 우리나라에서 자동차 운행은 석유 수입으로 인한 외화유출 이외에 배기가스로 인한 환경오염, 운행차량 증대로 인한 교통 혼잡 등 많은 외부불경제를 유발한다. 이에 정부에서는 일종의 '피구세' 성격으로 세금을 부과하고 있는데 교통세, 개별소비세, 교육세, 주행세, 부가세 등 이름을 달리하여 부과되는 세금이 전체 가격의 절반이 넘는다.[42)]

이렇게 유례를 찾기 힘들 정도의 많은 세금을 부과하고 있음에도 불구하고 자동차 사용은 크게 줄지 않고 있다. 따라서 이에 대한 보완책으로 대중교통은 그 자체가 외부경제를 유발하지는 않지만, 외부불경제를 유발하는 자가용과는 대체관계에 있어 소기의 목적 달성을 위한 긍정적인 효과를 기대할 수 있다. 따라서 대중교통을 장려하기 위해서는 역으로 보조금 등으로 사적한계비용을 낮추기 위한 지원이 필요한데, 그 일환으로 '유가보조금'을 지급하고 있다.

이 외에도 외부효과의 개선을 위해 다양한 형태로 규제나 지원이 이루어지고 있다. 유류뿐만 아니라 일정 규모 이상의 건물, 시설 등 환경오염과 같은 외부불경제를 유발하는 원인이라고 생각되는 것에 '환경개선부담금', '교통유발금' 등 다양한 형태로 사회적비용을 징수하고 있다. 행정적 규제는 예방 차원에서 금지되는 것뿐만 아니라 허용기준을 정해 두고 위반 시 영업정지 등의 행정처분을 내리는 경우도 많다.

'오염배출권 거래제도'의 경우 우리나라는 완벽한 시장거래는 아니지만 전단계로 '오염총량제'를 시행하고 있다. 거래 이전의 단계로 지방자치단체별로 할당된 오염량의 준수 여부에 따라 규제 및 인센티브를 부여하고 있다.

외부경제의 사례로 영리를 목적으로 하지는 않지만 '학교'를 생각해 볼 수도 있다. 교육기관이 많이 설립됨으로써 국민의 교육수준이 향상되고 과학기술 발전 등 인적 자원이 계발되어 국가발전에 기여하는 외부경제가 발생할 것으로 기대할 수 있다. 따라서 학교의 설립 시 필요한 인허가 및 부동산 관련 세금과 전기사용료와 같은 공공요금의 할인 혜택 등이 제공되고 있다.

---

42) 정액세, 비례세 등 다양한 형태로 부과되고 있기 때문에 일률적으로 말할 수는 없으나 신문기사에 따르면 휘발유 값이 1리터에 1,400원대 후반일 경우 전체 금액에서 세금의 비율이 약 61%가 된다고 한다.

마지막으로 외부불경제에 따른 사회적 비용을 없애기 위해 정부가 직접 투자를 하는 경우가 있다. 이는 불확실성을 없앨 수 있다는 장점이 있으나 국가 재정이 수반되는 문제점이 있다. 즉, 오염처리를 위한 '하수 종말 처리장'이나 '쓰레기 소각장'처럼 시설 건설에 투자하거나 오염방지 및 처리와 관계된 서비스를 생산하기도 한다. 또한 코로나 팬더믹이 지속되자 정부는 범국민 예방접종을 실시했는데, 이는 개인 차원의 예방 효과뿐 아니라 백신 접종의 확대로 집단면역이 이뤄지면 전염병으로 인한 의료비 지출, 영업 제한에 따른 자영업자의 피해 등의 사회적 비용이 줄어드는 외부효과를 기대한 것이라고 볼 수 있다.

• 제 16 장 •

왜 공공시설은 항상 부족하다고 느낄까?

공공재

경제생활을 영위하면서 개인소유의 사적재화뿐만 아니라 사회구성원 공동의 것인 공공재도 소비를 하게 된다. 사적재화도 공급이 부족함을 느낄 때가 있지만 일상생활에서 도시의 부족한 녹지 및 휴식 공간, 혼잡한 도로, 어두운 밤거리, 신호등 없는 사거리, 늘어나는 범죄 및 안전사고 등에서 공공재의 부족함을 더욱 느끼는 경우가 많다. 국가 및 지방자치단체를 상대로 제기되는 민원이 대부분 공공재의 공급 및 관리와 관계된 것이라는 사실로부터도 공공재에 대한 공급이 욕구에 충족되지 못하는 것을 알 수 있다. 공공재 공급에 있어서의 문제점과 이의 해결방안에 대해 알아보자.

공공재

순수하게 공공재(public goods)라고 하면 '비배제성'과 '비경합성'이라는 두 가지 성격을 갖는 재화를 말한다. 반대의 개념인 사적재화와 비교하면 보다 쉽게 이해할 수 있을 것이다. 사적재화의 경우 내가 원한다고 해서 그 상품을 아무런 대가 없이 소비하는 것은 불가능하다. 그 상품의 가격을 지불한 사람만이 소비가 가능하며 그렇지 않은 사람은 소비에서 배제가 된다. 그러나 순수공공재는 특정인을 소비에서 배제시키는 것이 불가능하다. 물론 공공재도 공짜는 아니며 조세라는 형태로 국민이 국가에 비용을 지불하지만, 세금을 납부하지 않은 사람이라고 해서 공공재인 도로의 이용이나 국방, 치안서비스에서 배제할 수는 없다.

사적재화의 경우라도 가격만 지불하면 모두가 소비가 가능한 것은 아니다. 학교 구내식당도 늦은 시간에 가면 밥이 떨어져 배식이 끝났을 때도 있고 인기 있는 상품은 조기에 품절이 된다. 즉, 돈이 있다고 모두 소비가 가능한 것은 아니며 타인과 경쟁을 벌여야 하는 경우가 있다. 그러나 순수공공재의 경우 특별한 경우가 아니면 소비를 위해 경쟁을 하지는 않는다. 무슨 행사나 사고가 나지 않고 일상적인 생활에서는 큰 불편 없이 도로를 걷고 공원을 산책한다. 이런 의미에서 순수공공재는 비경합성을 갖는다.

배제성과 경합성을 기준으로 둘 모두를 갖는 상품을 사적재로, 둘 모두를 갖지 않는 상품을 순수공공재로 구분하였다. 그런데 두 가지 기준 중에 어느 한 가지만을 충족시키는 경우가 있다. 우선, 비배제성과 경합성을 갖는 상품은 공유재 또는 공유자산(common pool resources)이라고 한다. 배제성을 갖지 않기 때문에 소유권이 개인에게 있지 않고 무료로 이용할 수 있지만 공급이 충분치 않아 경쟁이 유발되는 경우이다. 천연자원이나 희귀 동식물, 녹지, 하천 등을 예로 들 수 있다.

반대로 배제성은 있지만 경합성은 갖지 않는 상품도 존재하는데 '규모의 경제'가 큰 산업에서 이러한 상품이 출현할 가능성이 크다. '규모의 경제'가 크다는 것은 생산량을 늘릴수록 단위당 생산비가 낮아짐을 의미하므로 이윤율을 높이기 위해 대량생산을 할 것이고 따라서 상품을 구하기 위한 경쟁은 필요 없을 것이다. 그러나 공짜가 아닌 이상 가격을 지불하지 않은 사람은 소비에서 배제가 될 것이다. 이에 대한 예로 TV 방송 등을 들 수 있는데 TV시청은 수상기를 보유한 사람만 가능하며 그렇지 못한 사람은 배제된다. 그러나 TV수상기를 갖고 있는 사람은 큰 어려움 없이 누구나 아무 때고 원하는 프로그램을 시청할 수 있다.

이렇듯 공공재를 구분 짓는 기준으로 비배제성과 비경합성을 들 수 있고, 둘 모두가 충족되어야만 순수공공재라 볼 수 있다. 그러나 편의상 본고에서는 이하에서 '공공재'라고 하면 '순수공공재'의 의미로 사용한다.

공공재 생산의 문제점

자원의 최적배분을 달성하는 바람직한 생산량은 수요와 공급이 일치하는 수준의 생산량임은 앞에서 지속적으로 논의되었다. 이러한 수요.공급이론의 연장선에서 공공재의 적정 생산량 역시 수요곡선과 공급곡선이 만나는 지점에서 결정된다. 따라서 공공재 생산의 특징을 이해하기 위해서는 공공재의 수요곡선과 공급곡선을 살펴볼 필요가 있다.

앞서 살펴 본 사적재화의 가격결정에 대한 논의에서 공급곡선은 생산비용과 밀접하게 연관되어 있음을 설명하였다. 이는 공공재의 경우도 마찬가지로 공급곡선은 공공재를 생산하는데 소요되는 각 양에 따른 한계비용의 의미를 함축하고 있다. 즉, 도로나 공원 등 공공시설을 건설하거나 국방, 치안 등 공공서비스를 제공하는데 소요되는 비용의 의미를 내포하고 있다.

'상품을 소비하는 대가로 기꺼이 지불하고자 하는 최대금액'의 의미를 담고 있는 수요곡선은, 소비자가 그 상품으로부터 얻는 효용, 특히 한계효용과 관련되어 있다는 것을 이미 앞서 설명하였다. 그런데 사적재화와는 달리 비배제성과 비경합성이라는 공공재의 특성상 수요자가 효용을 제대로 표출하지 않는 문제가 발생하게 된다. 사적재화는 단어 뜻 그대로 상품이 개인의 소유가 되며 타인은 소비에서 배제가 된다. 그러나 공공재는 비배제성으로 내가 가격을 지불해도 타인이 사용하는데 아무런 불편이 없으며 또한 타인이 가격을 지불해도 내가 사용이 가능하다. 더욱이 비경합성의 특징까지 갖고 있어 타인과 사용을 위해 경쟁할 필요도 없다. 이러한 사실을 경제주체가 모두 알고 있다고 할 때 공공재로부터 얻는 효용에 근거하여 본인이 지불할 수 있는 최대금액을 솔직히 표출할 소비자는 많지 않을 것이다. 즉, 본인이 가격을 지불하지 않고 타인이 지불해도 공공재를 사용하는데 아무 문제가 없기 때문에 대부분의 소비자는 공짜로 공공재를 소비하려고 할 것이다. 이러한 현상을 가리켜 '무임 승차자의 문제(free-rider problem)'라고 한다. 따라서 공공재의 수요곡선은 표출이 안 되어 그릴 수 없거나 그릴 수 있다고 하여도 과소평가될 수밖에 없다.

요약하면 경제 원리에 따라 공공재도 수요곡선과 공급곡선이 만나는 지점에서 결정되는 생산량이 바람직한 생산량이라 할 수 있다. 그러나 공공재의 특성상 수요곡선은 그릴 수 없거나 과소평가되어 정확한 수요곡선 보다 아래에 위치하게 된다. 따라서 시장의 기능에 의해 자원의 최적배분이 달성되는 것이 아니라 공공재는 생산이 불가능하거나 생산이 되더라도 적정량에 비해 부족하게 될 것이다.

공공재 생산의 방법

적절한 공공재 생산은 시장 기구에서는 해결하지 못하기 때문에 국가 및 공공기관에서 일정한 역할을 할 수밖에 없다. 그러나 공공재가 시장에서 적정량이 생산되지 못하고 과소생산이 되는 가장 주된 이유는 '무임승차자의 문제'에 있다고 할 수 있는데 이의 근본적인 해결은 매우 어렵다. 이를 해결하기 위해서는 공공재로 인해 얻게 되는 효용에 근거하여 기꺼이 지불하고자 하는 금액이 추정되어야 하나 비배제성, 비경합성의 특징으로 인해 개인에게 이를 강제하기는 사실상 불가능하기 때문이다. 따라서 부분적으로 이를 보완해 주는 정책이 사용되고 있다.

일단, 공공재의 특징 중에서 비배제성을 유료화함으로써 배제가 가능하도록 전환할 수 있다. 예로 공공재인 공원이 있는데 이용객이 너무 많아 환경훼손이 심하거나 이용자 간에 경쟁이 치열하여 부작용이 발생한다면 입장료를 징수하여 이용을 제한 할 수 있을 것이다.[43] 실제로 무료였던 시설이 수요자의 증가로 유료로 전환된 예는 주변에서 어렵지

43) 공공자원은 사적재화와 비교하여 구성원이 개인주의적 이익만을 추구하기 때문에 보다 쉽게 고갈

않게 찾아 볼 수 있다. 또 다른 방법으로 공공재를 개인이 영리추구를 목적으로 생산하는 것을 허용하여 부족한 공급을 보완하기도 한다. 예로 119구급차량 외에 사설 응급구조 서비스 업체도 있으며, 사설 우체국이나 사립학교도 큰 틀에서 보면 부족한 공공서비스를 민간이 공급하는 경우로 볼 수 있다.

공공재 생산 여부를 결정함에 있어 현실경제에서 보편적으로 많이 사용되고 있는 것 중의 하나가 '비용편익분석(cost-benefit analysis)'이다. 이는 공공재의 생산 전에 '공공재를 생산하는데 소요되는 비용'과, '공공재가 주민에게 주는 편익'을 평가하는 것인데, 평가 결과 편익이 비용보다 크면 생산을 하고 그렇지 못하면 생산을 유보한다. 공공재에도 개인기업의 이윤극대화 원리를 도입하여 사회적 수지의 흑자규모가 가장 큰 것부터 우선적으로 공급한다는 원칙이다. 경제 원리에 입각한 합리적인 기준으로 보이나 때로는 비용이나 편익이 화폐가치로 추정이 어려운 경우가 있다. 특히 편익의 추정에는 시장에서 거래되지 않는 추상적인 것들이 많아 '비용편익분석'의 적용이 제한적인 경우가 많다. 예로 교통이 혼잡한 사거리에서 매년 교통사고로 적지 않은 사람이 목숨을 잃는다고 하자. 이를 방지하는 방법으로 지하도 건설이 논의되고 '비용편익분석'을 한다고 하면 비용은 손쉽게 계산이 되나 편익은 그렇지 못하다. 교통사고가 줄어 다치거나 사망한 사람이 줄어든다고 하면 이를 시장가치화해야 하는 문제가 발생한다. 실제로 '비용편익분석'에서는 다양한 방법을 통하여 시장에서 거래되지 않는 추상적인 것들도 시장가치로 추정하여 분석이 이루어진다. 그러나 그 과정에서 연구자의 자의적인 방법이나 판단에 따라 분석결과가 영향 받을 수 있다는 문제가 있다.

이렇듯 공공재 생산 문제에 대해서 근본적인 해결은 어렵고 부분적으로 보완책이 사용된다. 그리고 현실적으로 많은 경우 공공재의 공급은 정치적인 과정을 통해 결정되며, 이때 사용되는 대표적인 의사결정 방법 중의 하나가 '투표제'이다.[44)]

투표제는 우리가 알고 있는 것처럼 크게 '만장일치제'와 '다수결' 두 가지가 있다. '만장일치제'는 사회구성원 모두가 찬성하는 상태로 달성된다면 어느 한 사람도 후생의 손실이 없는, 사회후생이 극대화 되는 상태가 된다. 그러나 이 제도 아래에서는 반대자가 한

되거나 파괴되는 특징이 있는데 이를 '공유지의 비극(tragedy of commons)'이라고 한다.

44) 이러한 비시장적 의사결정 메커니즘을 연구하는 학문분야로 '공공선택이론(public choice theorem)'이 있다.

사람이라도 있으면 그 안은 선택되지 못함으로 소수의 반대자가 독재적인 힘을 갖게 되는 문제가 있다. 또한 '만장일치제'는 새로운 안이 선택되어 변화를 이루기보다는 현행 안이 유지될 가능성이 크다.

보편적으로 가장 많이 행해지는 투표제도는 '다수결'로서 구성원 중에서 다수가 원하는 안을 선택하는 방식이다. 선택된 안에 반대한 구성원의 후생은 감소하게 됨으로써 '만장일치제'의 경우보다 사회총후생은 적지만 현실적으로 '만장일치'의 달성이 어려운 점을 감안할 때 가장 합리적인 방법으로 생각할 수 있다. 대통령선거에서부터 친구끼리 여행할 목적지를 정하는 것까지 우리는 일상생활에서 아주 많은 것을 '다수결'의 방법으로 의사결정을 하고 있으며 또한 그 방법이 타당하다고 믿고 있다. 실제로 주어진 여건 하에서 가장 효율적이고 합리적인 의사방법이라고 할 수 있다. 그러나 우리가 맹목적으로 믿고 따라온 '다수결'의 문제점은 없는지 한 번 생각해보자.

투표에 부쳐지는 어떤 안이 있는데 이에 대해 찬성하는 정도가 심한 사람부터 반대의 정도가 심한 사람 순으로 줄지어있다고 할 때, 이 안의 선택여부에 누가 가장 큰 영향을 미치는 가를 생각해보자. 앞에서 살펴본 '만장일치제'의 경우에는 가장 반대의사가 심한 1인이 나머지 전체 의견을 압도하여 정책안을 부결시킬 수 있어 정책결정에 중요한 역할을 한다. 다음으로 '다수결'로 정책결정을 내리는 사회에 구성원이 2n+1명 있다고 하자. 이 사회에 어떤 정책을 표결에 부친다면 찬반 의견의 정도에 따라 각 n명씩 찬성과 반대표가 나올 것이며, 나머지 한 명의 의견에 따라 정책 채택의 가부가 결정될 것이다. 이때 결정권을 가진 1인은 찬반의견의 순서대로 정렬된 구성원 중에서 가장 가운에 있는 1인이 될 것이다. 즉, 다수결제도에서는 정책안에 대해 적극 찬성자나 적극 반대자 보다 의견이 뚜렷하지 않은 '중간 선호자'에 의해 채택여부가 결정되게 된다. 이러한 이유 때문에 투표에 있어 주민의 선호가 다른 다수의 정책이 있을 때 정당은 많은 수의 득표를 위해 극단적인 사업보다는 주민의 중간 선호자에 맞춘 정책을 제시하는 경우가 많은데 이를 가리켜 '중위투표자 정리(median voter theorem)'라고 한다.

이렇듯 '다수결'투표제는 구성원 중에서 가장 많은 사람이 지지하는 정책을 선택한다는 점에서 타당한 듯 보이나 뚜렷한 소신 및 의견이 있는 사람보다는 오히려 외부적 요인에 영향 받을 수 있는 중간 선호자에 의해 정책결정이 이루어지는 문제점이 있다. 즉, 중위투표자의 선호가 사회적 최적을 보장할 수는 없다. 그 외에도 '다수결'투표의 모순을 살펴볼 수 있는데 구성원이 김씨, 이씨, 박씨 3인으로 구성된 사회가 있다고 가정하자. 지역 현안에 대해 A, B, C 세 가지 안이 있고 이 안에 대한 구성원의 선호는 다음의 표와 같다고 한다.

〈표 3〉 다수결 투표의 모순

	1순위	2순위	3순위
김씨	A	B	C
이씨	B	C	A
박씨	C	A	B

만일 세 가지 대안을 모두 표결에 부친다면 각 안이 한 표씩 동일하게 획득하여 정책이 결정되지 못하는 문제가 발생한다. 이를 해결하기 위해 두 개의 안을 놓고 투표하여 최종안을 선택하는 방법을 택했다고 하자. 먼저 A와 B안을 대상으로 투표하면 김씨와 박씨는 A, 이씨는 B에 투표하여 A가 선택될 것이다. 선택된 A를 다시 C와 투표하면 C안이 선택될 것이다. 이번에는 B와 C안을 먼저 투표에 부쳤다고 하자. 이 경우에는 B안이 선택되고 이를 다시 A안과 표결에 부치면 A안이 최종 선택되는데 이는 앞의 경우와 다른 결과다. 즉, 어떤 안을 먼저 표결에 부치는가 하는 투표의 순서에 의해 선택되는 정책이 달라질 수 있음을 보여준다. 이것은 정치권에서 특정 정책이 선택되도록 의사진행을 조작할 수 있는 가능성도 보여주고 있다.

이 외에 다수결은 선택의 일관성에도 문제가 발생할 수 있다. A와 B안을 대상으로 투표하면 A가 선택되고, B와 C안을 대상으로 하면 B선택된다. 그런데 A와 C안을 투표하면 C안이 선택되는데, 이는 개인선호의 관점에서 보면 이해하기 어려운 결과이다. 즉, A, B, C 중에서 B보다 A가 좋아 A가 선택되고, 탈락한 B가 C보다는 더 선호된다면 당연히 일관된 선호체계에서는 C보다는 A가 선호되어야 할 것이다. 그러나 '다수결'투표에서는 이러한 선호의 일관성을 보장할 수 없는 결과가 나올 수 있다. 이러한 다수결의 문제점을 일컬어 '투표의 역설(voting paradox)'이라고 한다.

일상생활에서 별다른 문제의식 없이 사용하고 당연한 결과로 받아들이던 '다수결'투표도 많은 문제점을 갖고 있으며 잘못된 선택을 가져올 수 있음을 살펴보았다. 그러나 현실적으로 이를 대체할만한 획기적인 공공선택방법이 고안되지 못했으며 가능성도 크지 않은 것이 사실이다. 다만 '다수결'투표결과를 받아들임에 있어 문제점의 가능성을 인지하고 올바른 이해와 소수자에 대한 배려가 필요하다.

'중위투표자 정리'나 소수의 의견이 간과되는 '다수결'투표에 대한 문제점을 해결하기 위한 시도로 과반수가 아닌 2/3 또는 3/4 이상의 찬성을 요구하기도 한다. 또 다른 방법으로 '점수투표제'가 있는데 이는 단순히 찬성과 반대가 아닌 선호 강도에 따라 점수를 배분하여 투표하는 방법이다. 즉, 다수의 대안 중에서 가장 선호하는 정책에 가장 높은 점수를 부여하여 가장 많은 점수를 획득한 정책이 선택되도록 하는 방법이다. 이는 사회구성원의 선호를 잘 반영하여 '투표의 역설'이 발생하지 않는 장점이 있다. 그러나 이는 구성원이 양심적으로 선호도를 점수에 반영한다는 것이 전제가 되어야 한다. 만일 특정 안이 선택되거나 선택되지 않기 위해 고의로 전략적 점수배분을 한다면 잘못된 투표결과를 가져올 것이다. 그 외에 단순 찬반 투표에 비해 투표관리 비용이 많이 필요한 것도 단점이다.

• 제 17 장 •

보험료가 가입자에 따라 다른 이유는?

정보의 불완전성

살아가면서 자의이건 타의이건 보험 몇 개는 가입하게 된다. 일반상품은 정해진 가격을 보고 소비자가 선택하지만, 보험은 생산자가 소비자를 만난 후에 보험료가 결정된다. 이는 보험료가 소비자의 특성에 따라 워낙 다양하게 산정되기 때문이다. 예로 자동차보험과 생명보험 등도 보장범위나 한도가 동일하다고 하더라도 개인에 따라 보험료가 상이하다. 자동차보험의 경우에는 자동차 가격을 제외하더라도 자동차의 부품, 운전자 나이, 사고경력, 직업 등에 따라 보험료가 달리 책정되고 생명보험도 개인의 생물학적, 사회적 특징이 반영되어 보험료가 제각각 산정된다. 동일한 상품에 대해 다른 가격이 책정되는 이유는 무엇일까?

정보의 비대칭성

10장과 11장에서 완전경쟁시장이 자원의 최적배분을 달성시켜주는 바람직한 시장형태이며 완전경쟁시장의 특징 중의 하나로 '완전한 정보'를 들었다. 이때 '완전한 정보'는 정보획득 비용이 저렴하여 누구나 정보를 알고 있는 '정보의 대칭성'을 의미함을 배웠다. 그렇다면 가진 정보 수준에 차이가 존재하면 경제적으로 어떤 현상이 발생할까?

정보 수준에 차이가 난다는 것은 특정인이 다른 사람에 비해 더 많이 알고 있으며, 반대편에서는 정보가 감추어져 다른 사람에 비해 모르는 것이 많다는 의미이다. 감추어진 정보는 정보의 성격에 따라 다시 둘로 구분할 수 있는데 '감추어진 특성'과 '감추어진 행동'이 그것이다. '감추어진 특성'은 상대방에 대한 행동이나 품질 등의 특성에 대한 정보가 부족한 경우를 말한다. 위에서 화두로 꺼낸 자동차보험을 예로 보면 보험가입자의 운전습관이 얼마나 조심스럽거나 난폭한지에 대한 정보는 보험가입자 본인이 가장 잘 알고 있으며 보험회사는 충분한 정보를 갖고 있지 못하다. 이는 금융시장에서 대출이나 노동시장에서 고용의 경우에도 동일하게 나타난다. 즉, 대출하고자 하는 사람이 얼마나 성실하게 대출금은 상환할는지, 고용한 노동자가 얼마나 높은 생산성을 보여줄지는 당사자가 더 많은 정보를 알고 있으며 상대방에게는 특성이 감추어져 있다.

'감추어진 행동'은 내재해 있는 특성이 아니라 부여된 경제주체로서의 행동을 알 수 없다는 것을 말한다. 단어 상으로는 '감추어진 특성'과 쉽게 구별이 되지 않을 수 있으나, 두 경제주체가 서로의 경제적 거래를 위해 체결한 계약 전.후 중에 언제 발생하는 것인가를 기준으로 구별하면 더 쉽게 이해할 수 있다. '감추어진 특성'은 계약 이전에 발생하며 '감추어진 행동'은 계약 이후에 발생하게 된다. 이해를 돕기 위해 위에서 설명한 '감추어진 특성'과 연계하여 살펴보면 자동차보험에서 보험계약을 맺기 전에 가입 대상자의 운전습관 등과 관계된 개인적 특성은 '감추어진 특성'이다. 이와 비교하여 보험계약을 체결한 후에 사고 예방과 안전에 얼마나 힘쓰는지에 대한 정보 역시 보험계약자 본인이 더 많이 알 수밖에 없는데 이는 '감추어진 행동'이다. 대출 시장에서도 대출받기 전에 계약자의 신용도 등 관계된 개인적 특성은 '감추어진 특성'인데 비해 대출을 받은 이후에 계약 시에 약속된 상환을 위해 얼마나 노력하고 있는지 대여자는 알 수 없다. 또한, 노동시장에서도 노동자를 고용하기 전에 그 노동자에 대해 모르지만, 고용 이후에도 회사를 위해 열심히 일하겠다는 면접 때의 약속이 제대로 이행되는지 회사 사장은 노동자의 행동에 대해 알 수 없는데 이것이 '감추어진 행동'이다.

〈표 4〉 시장별 감추어진 특성과 행동

시 장	특 성	행 동
보 험	가족력, 질병 보유 운전습관, 운전능력	건강을 위한 습관 및 노력 조심성, 무사고 위한 노력
금 융	소비 습관, 이윤생성능력	대출 상환 노력, 적극성
노 동	생산력, 업무태도, 대인관계, 신체적 특징	취업 후 생산성 향상 노력 근면 성실한 행동

역선택

정보의 비대칭성이 존재할 때 경제적으로 어떤 영향을 미치는지 '감추어진 특성'의 경우를 먼저 간단한 예로 살펴보자. 앞에서 언급된 자동차보험에서 사고가 나지 않으면 당연히 수리비는 지출되지 않아 보험회사가 지급하는 보험금은 없으며, 사고가 나면 수리비로 500만 원이 지출되고 보험회사는 이를 전액 보상한다고 하자. 보험회사는 보험가입자 중에 누가 사고확률이 높고 낮은지를 알 수 없어 평균액으로 보험료를 책정할 수밖에 없고, 실제 사고확률이 높은 사람과 낮은 사람이 반반이라고 하자. 이때 보험회사는 손해를 보지 않기 위해서는 보험료를 평균 보상금인 250만 원보다는 많이 받으려 할 것이나 편의상 초과이윤이 없는 250만 원을 보험료로 책정했다고 하자. 이 경우에 사고확률이 높아 사고가 발생한 가입자는 250만 원의 보험료를 지불하고 500만 원의 보상을 받아 얻는 것이 더 많지만, 조심스럽게 운전하여 사고가 발생하지 않은 운전자는 지출된 250만 원의 보험료가 손실이다. 이러한 사실을 알게 된 후에 두 부류의 운전자의 행동은 바뀌게 될 텐데 사고확률이 높은 운전자는 당연히 계속 자동차보험에 가입하려 할 것이고, 반대로 보험료만 지출되고 보상을 받지 못하는 사고를 내지 않는 운전자는 보험 가입을 하지 않으려 할 것이다. 이러한 행동의 변화가 지속해서 발생하면 결국에는 사고를 많이 내는 고위험자만 보험에 가입하게 될 것이다. 이렇듯 '감추어진 특성'에 따른 정보의 비대칭으로 인해 정보부족자가 불리한 의사결정을 하게 되는 상황을 '역선택(adverse selection)'이라고 한다. 위의 예에서 보험회사 입장에서는 사고확률이 높은 사람의 가입자가 늘어남으로 보상금지출이 많아져 수지가 악화되고 이를 만회하기 위해 보험료를 인상한다면 이러한 역선택 현상은 더욱 가속화될 것이다.

또 다른 예로 들었던 대출 시장도 동일한 현상을 야기하는데 은행에서는 누가 채무불이행 가능성이 큰지 알 수 없어 평균치를 적용하여 이자율을 책정하였다고 하자. 그러나 대출 시장의 특성상 재정적으로 안정된 사람보다는 자금난을 겪고 있는 사람이 대출을 받으려 할 것이기 때문에 위험도가 높은 사람이 보다 많이 시장에 참여할 것이다. 이런 이유로 은행이 적자를 보아 이를 만회하고자 이자율을 올린다면 역선택은 역시 더욱 심화될 가능성이 크다. 왜냐하면, 일반적으로 안정성과 수익성은 서로 역의 관계가 있어 상승한 이자를 감수하고 대출한 자금은 그만큼 위험성이 높은 사업에 투자될 가능성이 크고, 재정적 안정성이 낮고 자금이 절박한 사람이 대출받으려 할 것이기 때문이다.

이런 역선택이 경제에 미치는 영향을 위의 예를 바탕으로 살펴보면 우선 적정가격이 설정될 수 없을 것이다. 보험회사나 은행이 고객에 대한 특성을 알 수 없어 평균적인 특성을 기준으로 가격을 설정할 수밖에 없고 이는 특정 집단에게는 이익을 주고 다른 집단에게는 손해를 끼치게 된다. 즉, 필요한 사람에게 적정한 가격과 양이 분배되는 자원의 최적 배분이 불가능하게 되어 시장의 기능이 제대로 수행되지 못한다. 더 나아가 보험회사나 은행이 적자를 보아 이를 만회하고자 가격을 올린다면 역선택 현상은 더욱 심화할 것이고 궁극적으로는 보험회사나 은행이 영업을 지속하는 것이 불가능해져 시장에서 사라지게 될 것이다. 즉, 역선택이 존재하는 시장은 시장 자체가 형성되지 못할 가능성이 있다.

도덕적 해이

'감추어진 행동'에 따른 정보의 비대칭성으로 인해 야기되는 문제점을 이해를 돕기 위해 위에서 언급한 보험시장을 예로 살펴보자. '감추어진 행동'이라는 것은 역선택 문제는 논외로 하더라도 자동차보험 가입 전과 후에 운전자의 행동이 달라질 가능성이 있는데 이 행동이 감추어져 알 수 없다는 것이다. 위의 예처럼 자동차 보험시장에서 사고를 일으킬 고위험의 가입자와 그렇지 않은 가입자가 각각 반반이고 이를 바탕으로 적정보험료가 산정되었다고 하자. 그런데 원래 조심스럽게 안전운전을 하여 사고확률이 낮은 운전자가 보험에 가입하여 금전적 피해에 대한 불확실성이 사라졌다고 하면 운전 태도에 영향을 줄 수 있을 것이다. 즉, 전에는 사고가 발생했을 때의 금전적 피해를 방지하기 위하여 조심스럽게 운전하였으나 보험 가입으로 사고가 나더라도 금전적 피해 보상이 이루어져 미래의 걱정을 덜게 된 것이다. 이는 운전자의 안전운전에 대한 경각심과 조심성을 해이하게 만들어 사고확률을 높이게 되는데 이러한 행동의 변화는 운전자 본인이 가장 잘 알며 보험회사는 알 수가 없어 손해를 입게 된다. 이렇게 두 경제주체가 경제적 행위에 대한 계약 체결 후에 정보 보유자가 비합리적인 행동[45]을 하여 정보부족자가 경제적 손실을 보게 되는 현상을 가리켜 '도덕적 해이(moral hazard)'라고 한다.

다른 예에서도 '도덕적 해이' 현상은 살펴볼 수 있는데 대출 시장에서 차입자는 대출받기 전에는 성실하게 대출금을 상환하겠다고 굳게 약속하겠지만 대출이 이루어진 후에는 차입자의 행동을 일일이 감시하는 것은 불가능하다. 따라서 대출금으로 무슨 일을 하고, 상환을 위한 검소한 생활 여부 등을 은행은 알 수 없고 차입자도 이를 알고 있어 계약 전에 은행과 했던 약속을 불이행하고자 하는 유인이 존재한다. 노동시장에서도 고용주가 회사 일을 열심히 하는 대가로 임금계약을 맺고 노동자를 고용했지만, 그 노동자가 얼마나 일을 열심히 하는지 모든 것을 회사가 알 수는 없다. 따라서 노동자는 회사를 위해 힘들게 일하기보다는 본인을 위해 적당히 일하며 휴식을 즐기려 할 것이다. 그런데 열거된 예에서 '보험 상품 공급자와 수요자', '자금 대여자와 차입자'는 동등한 경제주체로서 계약

45) '비합리적'이라고 표현하였으나 개인의 이익을 추구하는 견해에선 '합리적인 행동'일 수 있다. 따라서 여기서 '비합리적'이라는 의미는 도의적으로 바람직하지 못한 행동의 의미이다.

으로 서로 반대 입장에 놓인 관계임에 비해 '회사와 노동자'의 관계는 흔히 노사관계로 표현되는 주인과 고용인이라는 점에서 차이가 있다. 이때 '회사와 노동자'의 관계처럼 계약에서 권한을 위임하는 사람을 주인(principal)이라고 한다면 권한을 위임받아 대신 하는 사람을 대리인(agent)이라고 칭한다. 크게 '도덕적 해이'에 포함되기는 하지만 이렇게 대리인이 주인의 목적에 부합되게 행동해야 함에도 불구하고 행동이 감추어져 있어 정보부족자인 주인이 손해를 보게 되는 것을 따로 지칭하여 '주인-대리인 문제(principal-agent problem)'라고 한다.

'도덕적 해이'도 경제에 영향을 미치게 되는데 한마디로 표현하면 시장이 제 기능을 하지 못하도록 한다. 시장의 기능에서 중요한 점은 '보이지 않는 손'으로 표현되는 '자원의 최적배분' 달성을 위한 균형가격과 균형량이 결정되는 것이다. 그런데 '도덕적 해이'는 이렇게 결정된 균형을 왜곡시켜 자원의 최적배분이 달성되지 못하도록 한다. 정확한 사고확률을 계산하여 추정된 적정 보험료에서 '도덕적 해이'로 보험사는 손해를 보게 되며, 노동자의 한계생산물가치를 고려하여 결정된 임금에서도 '도덕적 해이'로 회사는 손해를 보게 된다.

역선택의 해결방안

정보의 비대칭성으로 인해 야기되는 문제는 그 원인을 해결하여 정보의 대칭성을 달성하면 해결될 것이다. '감추어진 특성'으로 인해 유발되는 '역선택'도 정보부족자가 정보를 획득하여 양쪽이 동등하게 정보를 알게 된다면 문제가 해결될 것이다.

정보부족자가 정보를 얻는 방법으로 첫째, '선별'이 있다. 이는 정보부족자가 상대방 특성에 대한 정보를 얻기 위해 사용하는 방법으로 특정 조건을 제시하여 이에 부합되지 않는 사람은 제외하는 방법이다. 보험회사에서 병력이 있는 사람은 가입에서 제외하거나 운전자의 나이나 자동차 사용범위에 제한을 두는 행위, 회사에서 사원을 모집할 때 졸업장이나 학점, 자격증을 요구하는 행위 등을 예로 들 수 있다. 보험회사에서 누가 사고나 질병으로 보상금을 지급하게 될지 모르기 때문에 사고를 일으킬 확률이 높은 사람을 가입에서 제외하거나 높은 가격을 책정하려 함이 목적이다. 또한, 고용에서도 노동자의 업무능력을 사전에 알 수는 없으나 대졸자에 평균 B학점 이상이고 업무 관련 자격증을 갖고 있다면 큰 무리가 없다고 보고 이런 자격을 갖춘 사람을 거르는 방법이 '선별'이다.

둘째, '신호전달'이 있는데 이는 '선별'이 정보부족자가 정보를 얻기 위해 실시하는 것인데 반해 정보 보유자가 스스로 정보부족자에게 정보를 알려준다는 점에서 차별된다. 상품에 수상경력을 표시하거나, 무상 수리 서비스, 품질보증서 등을 제시하는 것을 예로 들 수 있다. 상품이 성능이 얼마나 좋은지는 사용해 보지 않고는 알 수 없으므로 이에 대한 정보를 제공하는 것이다. 테스트 합격증이나 수상경력 등은 제품의 질에 정보를 제공하고 품질보증서나 무상 수리는 상품의 질에 대한 불확실성을 없앨 수 있다.

셋째, 역선택으로 시장 자체가 형성되지 못할 수 있는 문제점을 해결하기 위해 정부가 직접 나서기도 한다. 자동차보험이나 의료보험 등은 역선택으로 시장에 맡겨두면 사고확률이 높거나 아픈 사람만 가입하게 되어 영업활동이 불가능하게 된다. 이를 해결하기 위해 정부가 '강제집행'을 하여 의무적으로 보험에 가입하도록 한다. 우리나라도 현재 자동차의 책임보험, 의료보험, 국민연금 등이 의무가입으로 되어있다. 그 외에 '정보공시제도'를 통해 올바른 정보를 일반에게 알리도록 의무화하고 있다. 각 기업의 경영과 관계된 내용, 공공기관이나 학교 등의 경영과 관련된 사항은 일반인에게 알리도록 의무화하고 있다.[46] 또한, 잘못된 정보가 아닌 올바른 정보전달을 위해 허위.과장 광고를 규제하거나 상품의 성능표시를 의무화하는 정책 등을 편다.

넷째, '표준화'로 통일을 기해 정보에 대한 불확실성을 해소할 수 있다. 표준화는 정부가 정보의 비대칭성으로 인한 피해를 방지하기 위해 주도하기도 하지만, 기업 스스로 표준화를 추진하기도 한다. 우리나라에서 자동차를 판매하기 위해서는 표준화된 기술 및 기준에 따라 연료 효율이나 환경오염, 안정성 등에 관계된 성능이 충족되어야만 한다. 개인기업의 표준화에 대한 대표적인 예는 '가맹점'에서 찾아볼 수 있다. 음식점의 가격과 맛과 서비스는 경험해 보지 않고서는 알 수 없지만 가맹점 형태로 운영되는 음식점은 가보지 않은 점포라고 하더라도 표준화된 상품으로 인해 정보를 알고 행동할 수 있다.

다섯째, '감추어진 특성'을 알기 위해 인위적으로 어떤 행동을 하기보다는 그 상품에

---

46) 기업공시는 개인 영업행위와 관련되는 사항으로 어느 정도의 기밀 유지는 인정하며 기업의 규모에 따라 공시 범위가 상이하고 주주에게 공개하는 것과 일반에게 공개하는 범위가 상이하다.

대한 인식, 즉 '평판'에 근거하여 정보를 얻을 수 있다. 어떤 목적을 위한 인위적인 행동이 아니고 경험자에 의해 자연스럽게 형성되었다는 점에서 질 좋은 정확한 정보를 얻을 수 있는 유용한 방법으로 볼 수 있다. 인터넷이 발달한 최근에는 이러한 평판을 공유하여 정보의 비대칭성을 완화하는 순기능도 있으나 의도적 또는 실수로 잘못된 정보가 알려져 시장을 왜곡시키는 역기능도 존재한다.

도덕적 해이의 해결방안

'도덕적 해이'가 발생하는 원인은 크게 두 가지로 볼 수 있다. 하나는 '감추어진 행동'이 뜻하는 것처럼 계약 이후 정보부족자가 상대방의 행동을 알 수 없다는 것이고, 또 다른 하나는 이런 행동의 원인이 두 경제주체의 이해관계가 서로 상충하기 때문이다. 따라서 해결방안도 문제의 원인인 이 둘을 해결하는 방향으로 이루어지면 될 것이다.

첫째, '감추어진 행동'을 알기 위해 각 시장에 맞는 다양한 유인책을 편다. 예로 자동차보험은 자동차 운행상태를 알 수 있는 '블랙박스' 장착 차량은 보험료를 할인해 주며, 의료보험은 격년으로 의무적으로 건강검진을 받게 하여 가입자의 건강상태를 점검한다. 또한, 대출 시장에서도 큰 규모의 자금이 오가는 기업대출의 경우 기업에 주거래 은행에서 이사나 감사를 파견하여 운영 실태를 점검한다. 기업도 노동자에게 출퇴근 카드 등록을 하도록 하거나 구성원 간에 내부평가 시스템 등으로 정보를 얻으려고 노력한다.

둘째, 또 다른 원인인 상충하는 경제주체 간의 이해관계가 같도록 유인한다. 즉, 자동차 사고가 발생하면 나는 보상받고 보험회사만 손해를 보는 것이 아니라 둘 다 손해를 보고 반대로 사고가 나지 않으면 모두 이익을 보도록 한다. 자동차보험에 있는 각종 할인 할증제도가 여기에 속하는데 사고가 발생하면 보험료가 올라 가입자도 손해가 되며, 무사고면 보험료가 할인되어 가입자도 득이 된다. 그 외에 취지는 갖지만 다른 형태로 피해액의 일정액이나 일정비율을 가입자가 부담토록 하는 형태도 있다. 대출 시장에서는 대출 시에 담보를 설정하여 파산한다면 은행만 손해가 아니라 차입자도 손해가 되도록 보완장치를 한다. 노동시장에서도 각종 포상과 징계제도로 회사의 이익과 노동자의 이익이 함께 공유되도록 유도한다.

• 제 18 장 •

시장의 실패? 정부의 실패?

시장의 실패, 정부의 실패

경제의 기본원리를 살펴보면서 시장경제는 시장이라는 기구를 통해 경제문제를 해결하고 있으며 자율적으로 자원의 최적 배분이 달성됨을 살펴보았다. 그러나 앞선 15-17장까지의 내용은 시장경제에서 발생할 수 있는 많은 문제점을 보여주었다. 아담 스미스가 말한 '보이지 않는 손'은 과연 제 역할을 하고 있는 것인가? 만일 그렇지 못하다면 시장의 역할은 누가 해야 하는가? 정부가 시장의 역할을 대신한다면 그것은 믿을 수 있을까?

시장의 실패

인류가 태어난 이후에 삶을 영위하는 과정에서 경제생활을 하게 되었고 이 과정에서 많은 경제문제가 발생하였다. 이 경제문제의 근본적인 원인은 인간의 욕망은 무한한데 이를 충족시켜 줄 자원은 희소하다는 것에 있으며 인류는 이 문제를 해결하기 위해 노력해 왔다. 이를 해결하는 방법에 따라 새로운 경제체제가 형성되었는데, 현재 우리가 살고 있는 사회는 '시장'이라는 시스템을 통해 경제문제를 해결하고 있어 '시장경제'라고 한다. 시장경제는 사회구성원이 자발적으로 합리적인 행동을 한다면 자연스럽게 희소한 자원이 인간의 욕망이 최대한 충족되도록 배분될 수 있음을 보여준다.

인류의 경제생활이 발전되면서 경제체제도 변화해 왔고 삶은 더 풍요로워졌다. 인간이 만든 여러 제도 중에서 현재까지 '시장'은 매우 훌륭한 것이며 아직 이를 대체할 만큼 새로운 제도가 마련되지는 못했다. 그러나 그럼에도 불구하고 우리 주변에서는 여러 가지 경제문제로 고통 받는 사람과, 자원이 필요한 사람에게 적절히 배분되지 못하는 현상을 어렵지 않게 볼 수 있다. 역사적으로도 시장이 제 기능을 발휘하지 못한 예는 많이 찾아볼 수 있는데 대표적인 것이 1930년대 세계 경제 대공황이다. 당초 시장경제는 작은 정부의 구현을 외치며 정부의 간섭 없이 자발적으로 자원의 최적 배분이 달성 가능하다고 여겼다. 그러나 1차 세계대전 후 미국에서는 만성적인 과잉생산과 실업자가 크게 증가하였고, 결국 1929년 주식이 대 폭락하며 공황의 시작을 알렸다. 이후 전 세계적으로 그 영향력이 번져 근 10년 가까이 경기가 극심한 침체에 빠지게 되었다. 이러한 역사적 사실은 시장의 기능에 대해 회의감을 갖게 하였다.

이렇듯 시장은 시장 내부의 여러 가지 제약으로 인해 '자원의 최적 배분'이라는 시장의 기능이 제대로 수행되지 못하는데 이를 가리켜 '시장실패(market failure)'라고 한다. 시장이 제 기능을 못하는 것을 치유하기 위해서는 원인을 알아야 그것에 적합한 처방을 내릴 수 있을 것이다. 시장실패에 대한 원인과 처방은 이미 15-17장에서 살펴보았다. 이를 다시금 간단히 정리하고 언급되지 않은 사항에 관해 부연설명을 하고자 한다.

시장실패 원인으로 첫째, 제15장에서 외부효과가 존재할 경우 시장 기구에 맡겨두면 생산자는 사적인 이윤만을 추구하여 사회적으로 바람직한 양이 생산되지 못함을 보았다. 외부불경제가 있을 때는 과대생산이, 외부경제가 존재할 때는 과소생산이 발생한다. 이를 해결하는 방법으로는 '코즈의 정리'로 얘기되는 자발적인 거래가 있으며, 외부효과를 내부화하는 방법으로는 외부불경제의 경우, 벌과금, 조세 등을 부과하여 사적비용을 높이는 방법, 외부경제의 경우, 금전적 지원으로 비용 절감을 해주는 방법이 있다. 이 외에도 행정적 규제나 정부의 직접투자, 그리고 최근 쟁점이 되고 있는 '오염배출권 거래제' 등의 해결방법도 고민해 볼 수 있다.

두 번째로 제16장에서 공공재의 경우 '무임승차자의 문제' 때문에 시장 기구에서는 생산되지 못하거나 과소생산 됨을 보았다. 이를 해결하기 위해서는 공공재를 유료화하여 배제성을 부여하거나 비용-편익분석을 활용하기도 한다. 그러나 정치적인 선택과정을 따르는 경우가 많고, 대표적인 방법이 투표제이다. 그중 가장 보편적인 방법의 하나가 '다수결'인데 현실적인 면에서 장점뿐만 아니라 '투표의 역설'과 같은 문제점도 함께 가지고 있다.

셋째, 제17장에서 살펴본 '정보의 비대칭성'도 시장실패의 원인이 된다. '감추어진 특성'과 '감추어진 행동'은 각각 '역선택'과 '도덕적 해이'를 유발하여 시장 균형을 왜곡시키게 된다. 역선택을 방지하기 위해서 '선별'이나 '신호전달' 등을 통해 정보의 균형을 맞추려고 하고, 정부가 직접 나서서 강제집행을 하거나 다양한 정보정책을 시행하기도 한다. '도덕적 해이'를 방지하기 위해서는 숨겨진 행동을 알 수 있는 시스템을 구축하거나 여러 유인책을 통해 양쪽의 이해관계가 동일시되도록 유도한다.

이상은 앞장에서 구체적으로 살펴본 내용이다. 이외에도 시장실패의 원인으로 넷째, '불완전경쟁'을 들 수 있다. 부족한 자원이 필요한 적재적소에 적당량 배분되어 있다는 것은 다른 표현으로 어느 한쪽에게 초과하는 이득이 존재하지 않는 것으로 이해할 수 있다. 이런 측면에서 완전경쟁시장의 균형은 한계비용과 한계수입이 일치하는 점으로 공급자의 초과이윤이 존재하지 않고, 사회총후생이 극대가 되어 자원의 최적 배분이 달성됨을 앞에서도 살펴본 바 있다. 또한 독점시장의 균형과 비교하여 사회총후생의 크기가 불완전경쟁시장 보다 크게 되는 것도 확인하였다. 그런데 경쟁도가 가장 높은 완전경쟁시장도 경쟁과정에서 퇴출되지 않고 살아남은 기업은 초과이윤을 획득하게 되고 이를 기반으로 제품차별 및 다양한 진입장벽을 쌓아 점차 시장에서 영향력을 키우게 될 것이다. 이는 기업이 가격결정자의 지위를 얻게 되는 것을 의미하며 시장 기구의 자율적인 의사결정에 맡기면 이런 현상은 더욱 심화되어 독과점화가 진행될 수 있음을 보여준다. 즉, 완전경쟁시장이 불완전경쟁시장보다 자원배분에 효율적임에도 불구하고 시장경제의 기본원칙인 자유로운 경쟁은 불완전경쟁을 심화시킬 수 있는 개연성을 함께 가지고 있다.

이를 해결하는 방법으로 법적인 규제를 통해 경쟁도를 높이는 정책이 있다. 법적인 규제는 크게 두 가지 방향으로 나뉘는데 하나는 불공정한 경쟁을 방지하기 위해 공정한 경쟁의 규칙을 만들고 이를 감독 하는 것이며, 또 다른 하나는 그럼에도 불구하고 특정 기업이 과도하게 영향력을 행사하게 되는 것을 방지하기 위해 직접 기업의 경영에 규제를 가하는 것이다. 이와 관계된 법으로는 '부정경쟁방지 및 영업비밀보호에 관한 법률', '독점규제 및 공정거래에 관한 법률' 등이 있으며, 동법 시행령에서는 '시장지배적 지위의 남용금지', '기업결합의 제한 및 경제력집중의 억제' 등을 규정하고 있다. 세부적인 조항의 사례로는 '부정경쟁방지법'상 타인의 상호 모방이나 영업 비밀을 훔치는 행위에 대한 규제 등이 있으며, 기업 경영에 대한 규제로 '상호출자 제한'이나 '대기업의 금융권 주식보유 제한' 등이 있다. 이러한 법적 근거를 바탕으로 '공정거래위원회'는 기업 행위를 관리 감독하여 공정한 경쟁을 도모하기 위한 역할을 담당하고 있다.

다섯째로 '불평등 소득분배'도 시장실패의 원인이 되면서 그 자체가 시장실패를 의미한다. 반복되는 얘기지만 시장의 기능이 자원의 최적 배분에 있다고 한다면 소득분배가 불평등하게 이루어져 빈곤층이 있다는 것은 곧 자원이 필요한 곳에 배분되지 못함을 의미한다. 순수하게 경제학적 측면에서는 생산요소시장이 완전경쟁시장일 때 노동자의 한계생산력을 고려한 소득 편차는 타당한 측면이 있지만, 생산요소시장의 불완전요소가 존재하는 것이 현실이며 어떤 경우에서든 복지 차원에서의 소득불평등 문제는 존재한다. 소득은 소비의 원천이 되고 소비는 생산의 전제가 된다는 점에서 소득불평등은 경제 전반에 걸쳐 영향을 미치고 시장의 기능을 떨어뜨릴 수 있다.

소득불평등 문제도 법적 규제와 사회복지제도를 통해 해결을 도모하고 있다. 법적 규제로는 최저임금제나 장애인 고용 등 법으로 사회적 약자를 고려하는 것, 누진소득세율을 통해 소득재분배를 꾀하는 등의 사례를 들 수 있다. 사회복지 차원에서는 극빈자의 최저생계비 지원이나 기초연금 등 직접적인 공적 부조 및 의료보험, 국민연금 등의 사회보장 정책을 실시하여 소득불평등을 완화하려고 노력한다.

정부의 경제적 역할

살펴본 시장의 실패는 시장 스스로 '보이지 않는 손'이 작동하지 않음을 의미한다. 시장이 제 역할을 못하고 있다면 이를 바로잡아줘야 할 무언가가 필요하다. '보이지 않는 손'이 제 역할을 못한다면 '보이는 손'이라도 대신 그 역할을 해 주어야 한다. 이는 개인이 할 수 없고 공권력을 가진 '정부(government)'가 그 역할을 할 수밖에 없다. 정부가 하는 일은 여러 가지가 있지만 그 중에서 경제생활과 관련된 것을 살펴보자.

첫째, 법과 제도를 제정하고 집행한다. 생산자인 기업과 관계된 것뿐만 아니라 개인 소비자와 해외 등 경제주체 간 거래에 대한 법을 제정하고 이를 운용, 관리한다. 목적은 공정한 규칙을 정하여 자율적인 경쟁을 통해 시장경제가 원활히 작동하여 제 기능을 수행할 수 있게끔 하는 것이다.

둘째, 앞 절에서 살펴본 시장실패를 바로잡는 역할을 한다. 외부효과, 공공재, 정보의 비대칭성, 불완전경쟁, 불평등 소득분배 등 여러 가지 요인으로 인해 시장이 제 기능을 하지 못하는 시장실패를 살펴보았는데 이를 해결하는 방법은 그 원인에 따라 다양하나 해결 주체는 대부분 정부였다. 이렇듯 정부는 시장에 개입하여 시장 스스로 해결하지 못하는 여러 경제문제를 해결하고 원활한 경제생활이 이루어질 수 있도록 도와주는 역할을 한다.

셋째, 안정적인 경제성장이 이루어지도록 한다. 어려움 없이 경제가 호황만 누리며 성장하기를 누구나 바라지만 동서양과 동서고금을 막론하고 그런 경우는 없었다. 어느 나라 이건 경기가 좋을 때가 있으면 나쁠 때도 있고 때로는 매우 심각한 경기침체에 빠지기도 한다. 또 호황도 너무 지나치면 경기가 과열되어 물가가 상승하고 투기가 발생하는 등 부작용이 수반된다. 따라서 가장 좋은 것은 경기의 변동이 크지 않고 안정적이면서 지속적인 경제성장을 이루는 것이다. 이때 경제가 침체에 빠지면 부양시키고 반대로 너무 과열되면 진정시켜주는 역할을 정부가 하게 된다.[47] 큰 의미에서는 이러한 경기변동도 시장실패의 현상으로 볼 수 있으나 앞서 설명한 시장실패가 특정상품이나 경제주체에 주로 해당되는 것임에 비해 경기변동은 국가 경제 총체적 현상으로 차별되는 부분이 있어 따로 정

47) 이러한 목적의 정부정책은 수단으로 사용하는 정책도구에 따라 '재정정책'과 '금융정책'으로 나뉘는데 보다 자세한 것은 뒤에서 논의한다.

리하였다. 즉, 위에서 설명한 두 번째 기능은 미시적인 성격의 역할인 데 비해 세 번째 기능은 거시적인 역할이라 할 수 있다.

정부개입의 유형

그럼 정부는 시장개입을 어떤 형태로 하게 될까? 구체적인 사례는 매우 다양하게 있으나 이를 유형으로 정리하면 다음과 같이 구분할 수 있다.

첫 번째로 정부가 직접 행동에 나서는 경우이다. 외부효과의 경우에 직접 오염처리시설의 건설이나 행정규제 등이 그것이고 공공재의 경우에는 도로공원은 물론 국방 치안 등을 직접 정부가 생산하는 것이 대표적인 예이다. 그 외에 정보 비대칭성을 완화하기 위한 정보정책이나 소득재분배 정책 등도 여기에 해당한다고 할 수 있다. 그러나 한 가지 유념해야 할 것은 정부의 직접행동 대상이 따로 정해져 있는 것은 아니라는 것이다. 예로 초.중.고교 모두 학교에서 급식을 하나 초.중학교만 무상급식이며 고교의 경우는 사설 요식업체를 운영하는 경우가 많다.[48] 이렇듯 상품의 성격은 사적 재화이지만 국민의 이익을 위해 정부가 생산하는 것이 낫다고 판단될 때 직접 생산을 하기도 한다.[49]

두 번째는 정부가 직접 행동하는 것이 아니라 기업과 개인이 정부가 원하는 방향으로 움직이도록 유인(incentive)을 제공하는 형태이다. 외부효과에서 외부불경제의 경우 벌과금이나 시설설치 의무화 등이나 외부경제의 경우 보조금 등이 대표적인 예라 할 수 있다. 공공재도 각종 혜택을 주어 민간의 참여를 유도하기도 하고 조세 납부에 있어 정보 비대칭성으로 인한 시장실패를 방지하기 위해 성실납세자에 대한 감면과 조세포탈에 대한 중과세 등의 유인책을 시행한다. 그 외에 불평등소득분배를 완화하기 위해 기부금에 대한 소득공제 등의 혜택도 유인을 통한 정부개입의 예라 할 수 있다.

---

48) 완전 무상급식의 경우는 지역에 따라 상이하나 본고에서는 최근 추세를 반영하고 서술의 편리성을 고려하여 기술하였다.

49) 공익을 위해서는 소비가 더 증가하는 것이 바람직하나 개인의 소비수준이 바람직한 양에 미치지 못하여 정부가 상품소비를 권장하기 위해 공급하는 재화를 '가치재(merit goods)'라고 한다.

세 번째는 정부가 직접 경제활동에 참여하지 않는다는 점에서는 유인과 유사하지만 보다 직접적으로 통제한다는 점에서 차이가 나는 규제(regulation)가 있다. 예로 적정 기준 이상의 환경오염에 대해서 벌과금을 부과하면 이는 허용치 안에서 오염물질을 배출하도록 하는 유인책이 될 것이다. 그런데 소득재분배를 위해 누진소득세를 부과한다면 이것은 개인의 선택문제가 아닌 정해진 세율에 따라 세금을 납부해야 하는 의무이며 납세자에겐 일종의 규제라 할 수 있다. 시장실패를 야기하는 환경오염이나 소득불균등의 개선뿐만 아니라 국민건강, 소비자 보호 등 공익을 목적으로 기업이나 개인행동에 일정한 제약을 가하는 경우도 있다.

정부의 실패

인간생활의 경제문제를 해결해주는 제도로서 '시장경제'를 살펴보았고, 이 시스템이 제대로 작동하지 못할 때 정부가 문제해결에 중요한 역할을 할 수 있음을 보았다. 그런데 여기서 한 가지 의구심을 가질 수 있는데 그것은 '그럼 정부는 경제문제를 완벽하게 해결할 수 있는가?' 하는 것이다. 그러나 애석하게도 우리는 정부의 역할이 커진 현재에도 매일 뉴스에서 숱한 경제문제를 접하게 된다. 때로는 정부가 개입하여 오히려 문제가 더 악화된 경우도 있다. 최근의 예로 정부는 국민의 법률 서비스 접근도 향상과 법조인의 질적 향상 등, 해당 노동시장의 개선을 위해 로스쿨 제도를 도입하였다. 그러나 이런 정책이 사법시험 폐지와 연관되어 전국적으로 큰 혼란을 야기했던 예는 정부의 개입이 경제적으로 오히려 왜곡을 심화시킬 수 있음을 보여주며 이러한 현상을 가리켜 '정부의 실패(government failure)'라고 한다.

그러면 시장실패를 개선하고 공익에 일조하겠다는 목적으로 정부가 개입하였음에도 불구하고 오히려 좋지 않은 결과를 가져오는 원인은 무엇인가? 첫 번째로 생각해 볼 수 있는 것은 최종적으로 경제행위를 하는 당사자는 정부가 아니라는 것이다. 즉, 정부는 경제행위의 당사자인 기업이나 개인이 원하는 방향으로 행동하도록 유인.규제할 뿐이지 대신 행동해 줄 수는 없다. 문제는 민간이 정부의 의도대로 정책에 반응해 줄는지 알 수가 없다는 것이다. 정부가 민간행동 자체를 통제할 수는 없기 때문에 아무리 의도가 좋아도 따르지 않는다면 무용지물이 될 것이다. 단기적으로 등락이 있었지만 우리나라는 지난 수십 년 동안 부동산 투기문제가 끊임없이 이슈화되었으며 정부는 이를 안정시키기 위한 많은 정책을 시행했다. 그럼에도 불구하고 부동산 가격은 지속적으로 상승하였으며 전문가 중에는 정부 정책이 오히려 소비자들의 구매를 충동시켰다는 견해를 내놓기도 한다.

두 번째는 정부가 시장의 상황을 정확히 파악하기에 정보가 부족할 수 있다. 제대로 된 처방은 정확한 현실진단으로부터 나올 수 있다. 현실을 객관적으로 나타내 줄 수 있는 것은 통계자료인데 성격상 통계수집이 어려운 것도 있으며 추정방법이나 시기 등에 따라 오차의 가능성도 있어 잘못된 정보를 줄 수도 있다. 제한된 정보로 인해 현실 문제를 잘못 인식하고 잘못된 처방을 내렸다면 그 결과도 원하는 것과는 거리가 멀 것이다. 예로 최근 쟁점이 되고 있는 가계부채의 경우도 최우선으로 통계자료가 가계부채의 현실을 제대로 보여줄 수 있는가 하는 것이 문제가 된다.[50] 또 가계부채는 낮은 이자율이 원인이 될 수도 있으며, 줄어든 소득이나, 부동산 투기 등도 원인이 될 수 있다. 따라서 정확한 현실과 원인을 파악할 수 있는 충분한 정보가 제공되어야 한다.

세 번째는 '시차(time lag)'에 대한 문제로 정부의 실패가 야기될 수 있다. 몸이 아플 때 치료도 적절한 때를 놓치면 더욱 악화가 되듯이, 경제문제를 해결하기 위한 처방도 적절한 타이밍에 이루어져야 목적달성을 할 수 있다. 그러나 정책 시행의 결과를 얻기까지는 많은 시차가 존재하게 되는데, 우선 시장실패가 발생했을 때 이것을 인지하는 데까지 시간이 소요될 것이다. 또한, 이를 알았다 하더라도 정책화하는 것에 시간이 지체될 것이다. 때로는 이 과정에서 국회나 지방의회 등의 동의를 얻어야 하는 경우도 있으며 이런 정치과정이 필요한 경우는 더욱 시간이 지체될 수 있다. 정책이 시행되어도 이것에 민간이 반응하기까지는 추가로 시간이 필요한데 이러한 모든 시간을 고려하면 정부의 개입이 효과를 보기 위해서는 적지 않은 시간이 필요하다. 따라서 경제 상황이 처음과 다르게 변화하였다면 시행되는 정책은 현재에는 맞지 않는 잘못된 정책일 가능성도 있다.

---

50) 현재 가계부채 통계는 한국은행에서 작성하고 있으며 제도권 금융에서 이루어진 대출만을 대상으로 하고 있다. 비제도권 금융이나 전세금 같은 잠재적 부채의 포함 여부 등에 대한 논란이 있다.

네 번째는 정치적인 요인에 의해 경제가 영향받는 경우이다. 정당정치에서 정책은 선거에 영향을 미치는 중요한 요소이다. 따라서 경제적 요인이 아닌 정치적 요인에 의해 잘못된 정책이 처방될 수 있다. 만일 현재 우리나라의 재정적자가 심각하여 재정지출을 줄이거나 조세를 올려야 하는 상황이라고 해보자. 그런데 선거에서 당선을 목표로 하는 정치인에게 있어서 주민에게 부담 지우는 경제정책을 실시하기가 부담스러울 것이다. 이런 이유로 현실과 다른 정책을 시행한다면 경제문제 해결은커녕 상황을 더욱 악화시키게 될 것이다.

정부와 거시경제학

경제학은 세부적으로 경제의 구성 요인 중에서 무엇을 연구대상으로 삼는가에 따라 여러 가지로 구분된다. 그러나 가장 일반적으로 구분하는 방법 중의 하나가 '미시경제학(microeconomics)'과 '거시경제학(macroeconomics)'이다. 우리는 1장에서부터 지금까지 개별 경제주체를 대상으로 논의를 진행했다. 소비자, 기업, 각 시장에서의 기업, 생산요소시장 등을 각각 나누어 살펴보았다. 그러나 각 경제주체는 다른 시대와 장소에서 경제생활을 하는 것이 아니라 같은 공간 안에서 크게 '국가'라고 하는 집합체를 형성하여 생활하고 있다. 또한 위에서 개별 경제주체의 경제생활에서 발생하는 많은 문제점을 확인하고, 이를 해결해 주는 '정부'의 역할에 대해서도 살펴보았다. 따라서 경제의 중요한 주체 중의 하나로 정부를 들 수 있으며 정부는 특정 경제주체보다는 '국가 경제'를 대상으로 경제정책을 수행한다.

이런 배경에서 개별 경제주체만이 아닌 국가 단위의 경제 현상과 원리에 대해서도 공부할 필요성이 있음을 알 수 있다. 지금까지 봐왔던 개별 경제주체의 경제 행동 원리를 탐구하는 분야가 '미시경제학'이라면 국가 단위의 경제원리를 연구하는 분야가 '거시경제학'이다. 따라서 미시경제학에서 개발상품의 가격을 논했다면 거시경제에서는 국가 단위의 물가를 얘기하고, 개인소득은 국내총소득으로, 개별기업의 노동투입량은 국가 고용이나 실업률에 대한 것으로 연구대상이 바뀐다.

흔히 미시경제학과 거시경제학의 관계를 나무와 숲으로 비유를 많이 한다. 나무가 모여 숲을 이루지만 나무 한 그루가 건강하다고 숲 전체가 건강하다고 볼 수 없으며, 숲 전체가 건강하지만 작은 나무 한 그루에서 발생한 병충해가 전체 숲을 병들게 할 수 있다. 즉, 상호 보완적인 관계로 두 가지 측면 모두 고려되어야 인간답고 풍요로운 경제생활을 누릴 수 있을 것이다. 지금까지가 주로 미시경제적 논의였다면 이후부터는 거시경제적 측면에서 주변에서 접할 수 있는 경제 원리에 대해 알아보도록 한다.

• 제 19 장 •

세계에서 우리나라는 얼마나 잘살고 있는가?

GDP의 종류

개인도 마찬가지겠지만 국가경제운용의 최종목표는 국민이 잘 사는 것이다. 그런데 얼마나 잘 살고 있고 성장했는지를 말하려면 이를 나타낼 수 있는 지표가 필요하다. 거시경제의 대상인 국가경제를 운영하는데 필요한 정책의 올바른 시행을 위해서는 현 상황을 판단할 수 있는 지표가 필요하다. 국가 경제상황을 나타내는 여러 가지 지표 중에서 가장 많이 거론되고 사용되는 것 중의 하나가 '국내총생산(gross domestic product: GDP)'이다. 경제관련 뉴스에서 자주 거론되는 GDP에 대해 자세히 알아보자.

국내총생산의 정의

한 국가가 '얼마나 잘 사는가' 하는 것은 일상생활에서 흔히 쓰는 표현으로 '얼마나 잘 벌고 있는가'로 이해할 수 있을 것이다. 이렇게 '한 나라 안의 모든 경제주체가 일정기간 동안 새롭게 생산된 상품의 시장가치를 모두 합한 것'이 '국내총생산(gross domestic product: GDP)'이다.

여기서 '한 나라 안'이라는 것은 속지주의(屬地主義)적 입장을 따르는 의미로 경제주체의 국적에 상관없이 우리나라 영토 안에서 생산된 상품을 대상으로 한다는 의미이다. 반대로 속인주의(屬人主義)적 측면에서 장소에 관계없이 우리나라 국민이 생산한 상품을 대상으로 측정된 지표로는 '국민총소득(gross national income: GNI)'이 있다.[51)]

경제행위는 개인만 행하는 것이 아니다. 소비와 저축은 개인도 하고 기업도 하며 정부도 하고 있다. 따라서 '모든 경제주체'란 의미는 3대 경제주체인 민간, 기업, 정부가 생산한 것 모두가 '국내총생산' 추계에 포함됨을 의미한다.

'일정기간'이라는 것은 특정시점에서 측정된 저량(stock)이 아닌 유량(flow)의 성격을 가짐을 의미한다. 보통 1년을 대상으로 측정되는데 GDP는 연초부터 그해 연말까지 우리나라에서 새롭게 생산된 시장가치를 의미한다. 단기로는 현재 분기자료까지 한국은행에서 작성하여 제공하고 있다.

'새롭게 생산'되었다는 것은 '부가가치'를 의미한다. 상품을 생산하기 위해서는 원료의 투입이 불가피하다. 예를 들어 빵을 생산하기 위해서는 밀가루가 필요하며, 밀가루는 밀이 있어야 생산이 가능하다. 이때 빵을 재료로 하여 다른 상품이 생산되지 않고 최종적으로 소비하여 사라졌다는 의미에서 '최종재'라고 한다. 반면, 밀이나 밀가루는 이를 원료로 하여 다른 상품을 만들기 위해 중간에 투입된 상품의 성격을 갖고 있다고 하여 '중간재'라고 한다. 예로 농부가 밀을 600원만큼 생산하고 방앗간은 이를 가져다가 밀가루로 만들어 빵집에 900원에 팔고, 다시 빵집은 빵을 구워 1,200원에 소비자에게 판매하였다고 하

51) 과거에는 GDP와 관점에 따라 구분되는 개념으로 '국민총생산(gross national product: GNP)'을 사용하였으나 최근에는 생산지표의 성격을 벗어나 소득지표로서의 성격을 갖는 '국민총소득(GNI)'을 사용하고 있다.

자. 이때 생산된 모든 상품가치의 합이라고 하여 600+900+1,200원으로 국내총생산을 계산한다면 중복계산의 문제가 발생한다. 이 경우 새롭게 생산된 것이 없더라도 상품 간 거래가 많아지면 국내총생산은 증가하게 될 것이다. 이러한 문제점을 해결하기 위해 중복되는 것을 제외한 '새롭게 생산'된 가치만 국내총생산에 포함한다. 새롭게 생산 되었다는 것은 전 상품에 부가적으로 가치가 더해졌다는 의미로 '부가가치'라는 표현으로 널리 사용된다. 따라서 GDP는 부가가치의 합계로 계산되는데 예에서 밀은 아무것도 없는 상태에서 새롭게 생산된 것이므로 600원 전체가 부가가치가 되지만 밀가루는 900원 중에서 600원의 원료인 밀의 가치이며 새롭게 늘어난 부가가치는 300원이다. 따라서 부가가치의 합계는 600+300+300원으로 계산된 1,200원이 된다. 그런데 이 1200원은 최종재인 빵의 가치와 동일하다. 따라서 부가가치의 합계는 최종생산물의 가치와 같다.

생산GDP, 분배GDP, 지출GDP

'국내총생산'은 측정하는 방법에 따라 세 가지로 나뉜다. 이를 좀 더 자세히 살펴보기 위해 위에서 예를 든 밀에서 빵까지의 생산과정을 좀 더 구체적으로 묘사해보자. 농부는 밀을 600원어치 생산했는데, 이중에 100원 상당량은 정부가 연구 등의 목적으로 소비하였으며, 200원어치만큼은 민간이 씨종자용으로 소비하였다. 나머지 300원어치는 방앗간에서 밀가루로 빻아 팔기위해 구매하였다. 방앗간 주인은 300원주고 사온 밀을 빻아 600원어치의 밀가루를 생산하였다. 이중 300원은 밀 구매, 100원은 아르바이트생 임금, 100원은 세금을 납부하고 100원의 이윤을 남겼다. 이 600원에 해당하는 밀가루는 민간부문에서 요리하는데 300원어치 소비되었으며 베이커리에서 빵을 만드는 원료로 300원어치 구매하였다. 베이커리에서는 이 밀가루를 이용하여 빵을 만드는데 인건비로 100원, 세금으로 100원을 지출하고 이윤 100원을 얻어 600원어치를 생산하였다. 이렇게 만들어진 빵은 최종적으로 민간이 300원어치 소비하였으며, 기업에서도 노동자의 간식으로 300원어치 소비하였다고 하자. 이러한 과정이 <그림 39>에 정리되어 있다.

〈그림 39〉 국내총생산 과정의 예

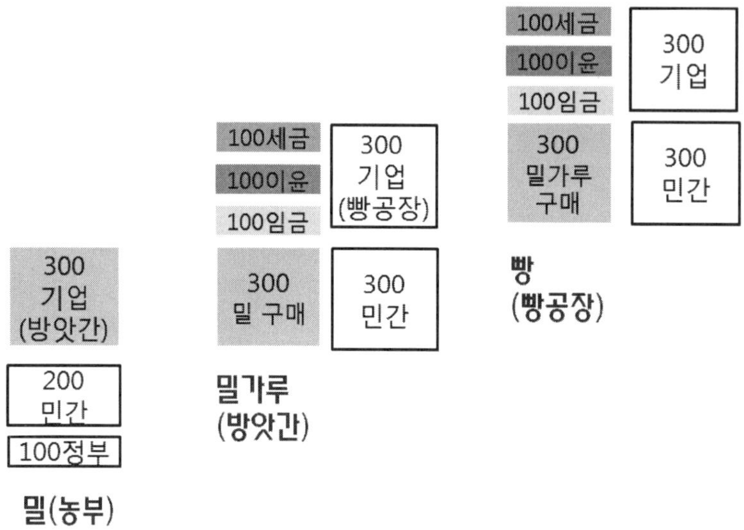

이러한 생산과정을 통해 창출되는 국내총생산을 어느 관점에서 바라보는가에 따라 세 가지로 구분된다. 우선 앞 절에서 간략히 소개된 것처럼 새롭게 어떤 상품이 만들어졌는가에 초점을 맞추어 추정할 수 있다. 위의 예에서 밀이 새롭게 600원어치 만들어지고, 여기에서 300원어치 밀을 사다가 밀가루로 600원에 팔았으니 300원어치를 새롭게 생산하였다. 마찬가지로 빵도 새롭게 창출된 생산액은 300원어치다. 세 가지 상품이 각각 새롭게 창출한 부가가치의 합은 600+300+300=1,200원으로 계산되는데 이것이 '생산 국내총생산'이다. '생산 국내총생산'은 이렇듯 산업별로 추계가 된다.

다음으로 국내총생산은 부가가치의 합계로 추계가 된다. 부가가치라 함은 쉽게 말해 더 늘어난 가치, 즉 이윤으로 볼 수 있는데 이것을 누가 소유하는가를 기준으로 살펴볼 수 있다. 위의 예에서 일단 생산자가 잉여 형태로 가져가는 부가가치를 보면, 농부가 600원을 소유하였으며, 방앗간집 주인 100원, 빵집주인 100원 하여 총 800원이 영업잉여의 형태로 생산자가 소유하였다.[52] 고용된 노동자도 임금의 형태로 소득을 얻게 되는데 이것도

52) 예에서는 농부가 가장 큰 소득을 창출하는 것으로 되어있으나 이는 어디까지나 이해를 돕기 위한 예일 뿐이고 밀을 생산하는 과정에서의 씨앗, 농약, 농기계, 인건비 등은 모두 계상되지 않아 현

부가가치 배분의 한 영역이 된다. 예에서는 방앗간과 베이커리에 고용된 노동자가 각각 100원씩의 임금을 받아 200원이 피용자 보수[53]로 지급되었다. 부가가치를 가져간 또 다른 주체는 국가로 세금의 형태로 징수하는데 방앗간과 빵집에서 각각 100원씩 납부하여 총 200원의 세금을 납부하였다. 종합하면 부가가치를 크게 생산자, 피고용자, 국가가 영업잉여, 피용자보수, 세금의 형태로 소유하였는데 예에서 이를 더하면 800+200+200=1,200원이 되는 것을 알 수 있다. 이렇게 추계된 국내총생산을 '분배 국내총생산'이라고 한다.

새롭게 무언가를 만들어냈고 이를 팔아서 소득을 얻었다면 당연히 누군가 구매한 사람이 있을 것이다. 생산물을 구매한 경제주체는 폐쇄경제에서 크게 민간, 기업, 정부로 구분할 수 있다.[54] 누가 소비한 것인가 하는 것은 품목이나 경제주체 개인에 의해 구분되기보다는 사용목적에 의해 구분된다. 즉, 개인이 식당을 운영한다고 할 때 집에서 식사하기 위해 수저를 구매했다고 하면 이는 민간소비지출이 될 것이지만 식당에서 영업을 하기위해 구매했다면 이는 생산 활동을 통한 이윤창출을 위한 생산자로서 투자를 한 것으로 볼 수 있다. 예에서 보면 최종생산물 중에서 민간이 지출한 것은 밀 200원, 밀가루 300원, 빵 300원 하여 800원이다. 기업은 빵 300원을 구매하였고, 정부는 밀 100원을 구매하였다. 이를 모두 더하면 800+300+100=1,200원이 되는 것을 알 수 있다. 이렇게 생산물을 누가 구매했는가에 초점을 맞추어 추계하는 국내총생산을 '지출 국내총생산'이라고 한다.

이상에서 생산, 분배, 지출 국내총생산을 살펴보았으며 예에서 모두 1,200원의 국내총생산이 되는 것을 확인하였다. 사실 세 가지 국내총생산은 동일한 경제활동과정에서 초점을 어디에 두는가에 따라 추계만 달리 한 것이다. 따라서 항상 동일한 값을 가질 수밖에 없으며 이렇게 생산, 분배, 지출 국내총생산이 같게 되는 것을 일컬어 '삼면등가의 법칙'이라고 한다.

실과는 괴리가 있다. 다만 농업이 타 산업에 비해 부가가치율은 높은 편이다.

53) 국민소득계정에 한 항목으로 사용되는 용어로 '남에게 고용되어 생산에 참여한 사람들이 노동을 제공한 대가로 받는 임금' 등을 가리킨다.

54) 개방경제에서는 우리나라 생산물을 해외사람이 구매한 경우, 즉 수출이 포함된다.

〈표 5〉 우리나라의 국내총생산(2020)

2020년 국내총생산 (십억원)					
생산국민소득		분배국민소득		지출국민소득	
농림어업	32,099.3	피용자보수	913,408.8	민간최종소비지출	935,933.8
광업	2,008.9	영업잉여	444,916.3	정부최종소비지출	328,663.2
제조업	485,401.2	고정자본소모	381,756.7	총고정자본형성	579,002.1
전기,가스,수도사업	36,644.3	생산및수입세	196,973.8	재고증감및귀중품순취득	27,117.3
건설업	104,855.2	(공제)보조금	12,557.5	재화와서비스의수출	755,863.2
서비스업	1,101,624.1			(공제)재화와서비스의수입	702,081.5
순생산물세	161,865.1			통계상불일치	0.0
국내총생산		1,924,498.1			
국외순수취요소소득		16,609.8			
국민총소득		1,941,107.9			

자료: 한국은행

명목 GDP, 실질 GDP

옷과 책만을 생산하는 나라가 있고 두 상품 모두 최종재로만 쓰인다고 가정하자. 2020년에 옷 3벌과 책 5권을 생산하였는데 옷은 1벌에 10만원이고 책은 1권에 2만원이라고 한다면 10만원×3벌 + 2만원×5권 = 40만원이 그 해의 GDP가 될 것이다. 이제 2021년에는 옷은 전년과 동일하게 3벌이 생산되었고 책은 8권이 생산되었다. 가격은 모두 올라 옷은 1벌에 12만원 책은 1권에 2만 5천원에 팔린다고 하면 GDP는 12만원×3벌 + 2만 5천원×8권 = 56만원이 될 것이다. 이렇게 매년도 그때의 생산량과 가격을 곱하여 추정된

GDP를 '명목(nominal)GDP' 또는 '경상가격(current price)GDP'라고 한다.

이제 2021년은 2020년에 비해 경제가 얼마나 성장했는가를 생각해보자. 성장률은 쉽게 생각해서 (56만원-40만원)/40만원으로 구할 수 있으며 40% 성장을 한 것을 알 수 있다. 그러나 여기서 이 나라가 정말로 40% 경제성장을 했는가를 생각해볼 필요가 있다. 경제가 성장하였다는 것은 생산액 보다는 생산량의 증가가 더욱 중요한 의미를 가질 것이다. 왜냐하면 생산액은 생산량의 변화 없이 생산물의 가격만 변화해도 증가하기 때문이다. 위의 예에서도 전년에 비해 생산량의 증가는 책만 3권 증가하였다. 그럼에도 불구하고 성장률이 매우 높게 나타난 것은 옷이나 책 모두 전년에 비해 가격이 상승하였기 때문이다. 그렇다면 그 해의 경기상황이나 경제성과를 평가하는데 있어서 당해 연도의 가격과 생산량을 이용하여 추정된 '경상GDP'를 사용하는 것은 잘못된 결과를 유도할 것이다. 즉, 가격과 생산량 변화 모두가 반영된 GDP가 계산되어 가격의 변화에 따라 GDP가 과대 또는 과소평가 될 수 있다.

그럼 보다 정확한 GDP를 추계하는 방법은 무엇일까? 문제의 원인이 생산물의 가격변화에 있으므로 이로 인한 영향을 없애준다면 문제해결이 가능할 것이다. 즉, 가격이 변화하지 않았다고 가정하고 국내총생산을 추정하는 것이다. 위의 예에서 2021년 GDP를 추정함에 있어 2020년에 비해 상승한 가격효과를 없애주기 위해 2021년 가격이 아닌 2020년 가격을 곱해준다. 즉, 10만원×3벌 + 2만원×8권 = 46만원이 되어 위에서 구한 '경상GDP'와는 차이가 많이 난다. 가격상승효과를 제외한 생산량의 증대효과만으로 추정한 2021년의 GDP는 46만원이며 이때 경제성장률은 (46만원-40만원)/40만원이 되어 15%성장하였다. 2020년에 비해 얼마나 성장하였는가를 추정하는 것이 목적이라 2020년 가격을 사용하였는데 이 해를 기준년도라 한다. 이렇게 당해연도의 생산량을 기준년도 가격과 곱하여 추계된 GDP를 '실질(real)GDP' 또는 '불변가격(constant price)GDP'라고 한다. 경제의 성장정도를 나타내는 경제성장률은 생산능력이 아닌 가격상승에 따른 외형적 성장은 큰 의미가 없다. 따라서 경제성장률은 일반적으로 실질GDP의 성장률을 의미한다.[55)]

55) 따로 '실질경제성장률'이라 지칭하기도 하나 매년 언론을 통해 발표되는 '경제성장률'은 전년도 가격으로 추정된 '실질GDP'의 성장률이 대부분이다.

기준년도에는 비교년도와 가격의 변화가 없어 '명목GDP'와 '실질GDP'가 동일하다. 원자재가격 폭락이나 세계경제 공황 같은 특별한 경우를 제외하고 매년 물가가 상승하는 것이 일반적인 경우라면 기준년도 이후의 연도는 '명목GDP' > '실질GDP'가 되고 이전 연도는 '명목GDP' < '실질GDP'가 된다. 또한 '명목GDP'와 '실질GDP'의 차이가 클수록 물가가 더 많이 상승하였음을 의미한다. 이를 숫자로 표현한 것이 'GDP디플레이터(deflator)'인데 '명목GDP' ÷ '실질GDP'로 계산한다.

잠재 GDP

GDP와 관련하여 주변에서 어렵지 않게 들을 수 있는 또 다른 개념 중의 하나가 '잠재성장률'이다. '실질경제성장률'이 '실질GDP'의 성장률을 의미한다면 '잠재성장률'은 '잠재GDP'의 성장률을 의미한다. '잠재(potential)GDP'는 부존자원을 적절하게 사용하여 달성 가능한 국내총생산을 의미한다. 표현이 매우 추상적인데 특히 '적절하게 사용'한다는 의미가 앞서 살펴본 다른 GDP처럼 구체적이고 계량적이지 못하다. 이를 이해하는데 유념해야할 것은 '잠재'라는 단어의 의미인데, 일상적으로는 '드러나지는 않았지만 숨어져 있는 힘'으로 달성 가능한 최대치의 의미로 사용되는 경우가 많다. 그러나 '잠재GDP'는 달성 가능한 최대한의 GDP를 의미하는 것이 아니라 '자원을 적절하게 사용했을 때의 GDP'를 의미한다.

개인의 노동을 예를 들어보면 하루에 최대한 일을 할 수 있는 시간은 물리적으로 24시간일 것이다. 그러나 하루 이틀은 가능할지 몰라도 잠도 자지 않고 하루 종일 일한다는 것은 불가능하며 집중력도 떨어지고 몸에 이상이 생겨 오히려 생산력이 떨어질 것이다. 충분한 휴식과 함께 집중력을 끌어올려 노동의 질을 가장 높게 할 수 있는 노동시간이 가장 생산력을 높게 할 수 있을 것이다. 이렇듯 생산요소를 적정량보다 많이 투입하면 생산량이 증가하기 보다는 오히려 과다사용으로 인한 물가상승, 투기, 자원낭비 등 부작용이 따르게 된다. 따라서 이러한 부작용을 수반하지 않을 정도로 그 나라가 갖고 있는 자원을 적절하게 활용하여 달성 가능한 GDP를 '잠재GDP'라고 한다. 이 잠재GDP는 단기적으로 달성 가능한 최대GDP보다 작을 수 있다. 이 잠재GDP는 부존자원 양과 생산성에 의해 영향 받는데, 부존자원이 많고 자원의 질이 좋을수록 잠재GDP는 커질 것이다.

이 잠재GDP는 추상적인 의미임으로 정확하게 액수를 표현할 수는 없으며 다양한 방법을 통하여 정부 및 학계에서 추정하여 사용한다. '잠재성장률'은 단어의미 그대로 '잠재GDP'로 달성 가능한 성장률을 의미하며, 국가경제의 기초체력 및 경쟁력을 나타내는 개념으로 자주 사용된다.

1인당 GDP

일상생활에서 우리가 곧잘 혼동하는 것 중의 하나가 'GDP'와 '1인당 GDP'이다. 일본은 대표적인 선진국 중의 하나이고 중국은 최근 빠르게 성장하고 있는 신흥국 중의 하나다. 그럼 두 나라 중에서 어느 나라의 GDP가 더 클까? 다음의 표에서 알 수 있듯이 중국이 일본에 비해 압도적으로 크다. GDP는 물론 한 나라의 생활수준과 밀접한 관련이 있지만 '경제규모'와 직접적인 연관이 있다. 중국의 인구가 세계에서 가장 많기 때문에 경제규모 또한 미국에 의해 세계에서 두 번째로 크다.

생활수준과 보다 밀접하게 관련되는 개념은 1인당 GDP로 GDP를 인구수로 나누어 구한다. GDP가 그 나라에서 생산한 부가가치의 총합이라고 하면 '1인당 GDP'는 국민 한 사람이 1년에 창출한 부가가치액을 의미한다. 우리나라의 경우 2020년 경제규모는 1조 6,382억 달러로 세계 9위이며, 1인당 GDP는 3만 1,637달러로 세계 23위 수준이다.

〈표 6〉 주요 국가의 국내총생산

○ 2019년 세계 GDP(명목)와 1인당 GDP(명목)

(자료: 세계은행, 국제통화기금)

GDP			1인당 GDP		
순위	국가	금액(달러)	순위	국가	금액(달러)
1	미국	21조 4,277억	1	룩셈부르크	113,196
2	중국	14조 3,429억	2	스위스	83,717
3	일본	5조 817억	3	노르웨이	77,975
…					
12	대한민국	1조 6,423억	7	미국	65,112
…					
20	스위스	7,030억	22	일본	40,847
…					
30	노르웨이	4,033억	27	대한민국	31,431
…					
70	룩셈부르크	711억	66	중국	10,099

주 : GDP는 세계은행, 1인당 GDP는 IMF 자료임

• 제 20 장 •

GDP가 많으면 잘 사는 것인가?

GDP 통계의 특징

한 나라의 경제 규모나 생활수준, 그리고 경제성장이나 경기상황 등을 살펴보는 지표로 가장 널리 사용되는 것 중의 하나가 전 장에서 살펴본 '국내총생산'이다. 그러나 거시 경제 상황에 대한 올바른 판단을 위해서는 GDP 통계의 특징 및 한계점에 대한 이해가 선행되어야 할 것이다.

GDP 통계의 유용성

경제와 관련된 수많은 통계 중에서 국가 경제와 연관되어 GDP만큼 많이 사용되는 통계도 드물다. 이는 그만큼 GDP 자료가 경제 상황 판단이나 대안 마련에 유용하기 때문인데 그 유용성을 살펴보면 다음과 같다.

첫째, 한 나라의 경제 상황을 종합적으로 나타내 준다. 경제생활이라고 하는 것이 사실상 인간의 모든 생활과 관련되어 있다고 해도 과언이 아니므로 경제 상황을 나타내 주는 지표는 매우 많다. 작게는 특정상품 판매량, 전셋값부터 전기사용량, 건축면적 등 특정 산업 관련 통계와 수출, 실업률 등 국가 단위의 통계까지 모두 경제 관련 통계라 할 수 있다. 그뿐만 아니라 통계작성 기관을 통해 작성되는 공식적인 통계 이외에 치마길이, 속옷 판매량, 라면 판매량, 성형외과나 이용객 수 등 경기상황과 관련이 있다고 주장하는 다양한 통계가 있다. 그러나 이런 통계가 한 나라의 경제 상황과 연관되어 있다고 해도 이는 경제의 특정 영역의 상황을 나타내는 성격이 크다. 즉, 특정상품이나 산업 통계는 그 상품이나 산업 상황에 국한되며 국가통계 중 실업률은 노동시장 상황을 나타내고 수출은 대외거래를 나타낸다. 그러나 GDP 자료는 재화와 서비스, 국내 및 해외 등 국가의 모든 상품 생산을 대상으로 통계가 작성되기 때문에 가장 종합적인 경제 상황을 알려주는 자료라 할 수 있다.

둘째, GDP는 몇 차례 작성방법에 대한 수정이 이루어지고 국가 간에 약간의 차이가 있기는 하지만 전 세계가 통일된 수록체계로 과거부터 작성해오고 있어 국제간, 지역 간에 비교할 수 있다. 비교연구는 많은 시사점을 줄 수가 있는데 비교가 이루어지려면 동일한 조건에서만 가능하다. 그런데 GDP 통계는 대부분의 나라가 동일한 기준에 의해 작성하고 있는 각종 국제기구에서도 각국의 GDP 자료를 제공해주고 있다. 이를 바탕으로 연도별, 국가 간은 물론 국내에서도 지역 간 비교연구를 통해 경제에 대한 분석과 시사점의 도출로 정책 결정에 활용할 수 있다.

셋째, GDP를 근간으로 하여 다양한 응용통계의 구성이 가능하고 이를 이용하여 경제분석과 정책 결정에 활용할 수 있다. 예를 들어 지출국내총생산의 추계과정에서 민간이나 기업 등이 소득 중에 얼마를 소비하고 투자하는지를 알 수 있다. 이를 바탕으로 투자율,

저축률 등의 응용통계를 추정할 수 있다. 그 외에도 소득분배율이나 산업연관분석 등 다양한 응용통계를 얻을 수 있는데 이는 총체적 자료인 GDP보다 각 분야의 특성에 적합한 분석을 가능하게 하여 정책적 실효성을 높일 수 있다.

넷째, 이상의 유용성을 종합한 것으로 경제정책의 기준지표로서의 성격을 갖고 있다는 것이다. 정책 결정에 있어 판단기준 지표가 되려면 몇 가지 적합한 성격이 필요하다. 우선 경제 상황을 올바르게 나타내 줄 수 있는 '대표성'이 있어야 하며, 조그만 충격에도 크게 영향을 받으면 좋은 지표가 될 수 없어 '안정성'도 필요하다. 또한, 심도 있고 정확한 분석을 위해서는 일회성이나 단기에 소멸하는 것이 아닌 '지속성'이 필요하다. 이러한 성격을 고루 갖추고 있는 대표적 지표 중의 하나가 GDP이다. 예로 경제 상황을 나타내는 통계 중에는 일정 기간의 변화를 추정한 '유량(flow)'의 성격을 가진 것과 일정 시점의 수치를 추정한 '저량(stock)' 성격의 통계가 있다. '저량' 성격 통계의 예로 '국부(國富)'나 '금융자산' 통계를 들 수 있을 것이며 '유량' 통계의 대표적인 것으로 GDP를 들 수 있다. 그런데 경기상황이나 국민의 소득과 더 긴밀하게 관계된 것은 '유량' 성격의 'GDP'여서 보다 기준지표로서 타당하다 할 것이다.

GDP통계의 한계

어떤 이론이나 통계를 올바르게 이해할 때 가장 중요한 것은 장점보다는 문제점에 대한 인식일 것이다. 따라서 위에서 살펴본 여러 가지 좋은 특징을 갖고 있음에도 불구하고 GDP 통계를 이해하는 데 있어 유념해야 할 것에 대해 살펴보자.

첫째, GDP 추정에 있어 통일성이 결여되어있다. 어떤 경제행위가 GDP 추계에 포함이 된다면 항상 포함되어야 마땅하며 때에 따라 포함되거나 제외되어 통일성이 없다면 타당하다 할 수 없을 것이다. 예로 주부가 식구들 출근과 등교 후에 집 안 청소를 한다고 할 때, 이 행위는 GDP에 포함되지 않는다.[56] 그러나 똑같은 '청소'라는 행위를 회사나 학교

56) 2005년 '한국여성정책연구원'에서 행한 연구에 따르면 주부의 가사노동은 월 111만 원의 가치를 갖는 것으로 추정되었다.

에 고용되어 행하고 임금을 받는다면 이는 GDP에 계상된다. 아파트 베란다 화분에 고추와 상추를 가꾸어 먹는다면 이는 GDP에 포함되지 않지만 같은 상품을 농부가 가꾸어 시장에 판매한다면 이는 포함된다. 실제로 소득이 발생하지 않았다 할 수 있지만, 베란다에서 재배하지 않았다면 시장에서 구매했어야 할 금액이 지출되지 않았으므로 광의의 소득이라고 볼 수 있음에도 불구하고 포함되지 않는다. 이렇듯 현재 사용되는 국내총생산 통계는 추정 상에 통일성이 결여되어 있다.

둘째, 지하경제를 반영하지 못하는 문제점이 있다. 지하경제(underground economy)는 과세나 정부의 규제 등을 피하고자 합법적.비합법적 수단을 이용하여 이루어지는 숨은 경제를 뜻한다. 흔히 '지하경제'라고 하면 중대한 범죄행위와 연관된 행위처럼 여겨지는데 생각 외로 우리 주변에서 흔히 볼 수 있으며 모든 것이 위법행위는 아니다. 예를 들어 소득이 있는 경제행위는 국가에 신고하고 소득 규모에 해당하는 세금을 내야만 한다. 그러나 영세업자의 후생과 성실신고를 유도하기 위해 여러가지 조세특례 제도를 도입하고 있어 이에 해당하는 납세자는 세금을 감면받거나 면제받는다. 예로 커다란 빌딩을 지어 사무실을 임대하는 사람은 임대사업자로 등록되어 소득에 따른 세금을 내야 하지만, 일반 가정집에서 방 한 칸을 임대하여 벌어들이는 월세를 국세청에 신고하지 않았다고 해서 범법자는 아니다. 그러나 합법적인 것보다 조세나 정부의 규제를 피하기 위한 비합법적인 것이 규모 면에서 훨씬 클 것이라 것을 미루어 짐작할 수 있다. 합법적이건 비합법적이건 GDP와 관련되어서는 모두 드러나지 않기 때문에 추정에 계상되지 못하고 그만큼 과소평가될 수밖에 없다.

어떤 나라이건 지하경제가 없는 나라는 없다. 그러나 그 나라의 조세체계, 결제시스템, 공무원의 청렴도, 국민의 준법정신, 경기상황 등 다양한 요인에 의해 지하경제 규모가 영향받아 국가별로 상이하게 나타날 것이다. 지하경제는 단어 그대로 숨어있는 경제이기 때문에 정확한 규모를 알 수는 없다. 다만 여러 가지 방법으로 연구자가 추정할 뿐이며 추정방법에 따라 규모나 변화추이가 영향받을 수 있다. 국제적인 비교도 이루어지는데 예로 IMF 보고서에 따르면 2015년을 기준으로 했을 때 우리나라는 GDP 대비 19.8%의 지하경제가 숨어있으며 매년 낮아지는 추세를 보이고 있다. 지하경제가 크다는 것은 그만큼 과세형평이 이루어지고 있지 못함을 의미하며 국가재정을 위해 국민의 세 부담이 커질 수밖에 없다는 점에서 바람직하다 할 수 없다. 우리나라의 경우 같은 연구자에 의해 실시된

연구에서 과거보다 지하경제의 규모나 다른 나라와의 비교 순위에서 개선되는 추세를 보여주고 있는데, 신용카드의 사용증가와 전산화 등도 지하경제 규모의 축소에 일조하였다.

〈표 7〉 우리나라 및 국가별 지하경제 비중

국가별 지하경제 규모(2015)		우리나라의 지하경제 규모	
국가	GDP대비 규모	연도	GDP대비 규모
짐바브웨	67.2%	2015	19.8%
나이지리아	52.5%	2014	20.4%
미얀마	51.0%	2013	21.3%
한국	19.8%	2012	21.0%
중국	12.1%	2011	20.8%
캐나다	9.4%	2010	23.0%
일본	8.2%	2009	23.1%
호주	8.1%	2008	23.9%
독일	7.8%	2007	24.9%
미국	7.0%	2006	26.4%
스위스	6.9%	2005	26.0%

자료 : IMF 보고서

셋째, 현행 GDP는 외부효과를 반영하지 못한다. 어떤 경제행위가 아무런 대가 없이 타인에게 이득이나 손해를 미치는 경우를 외부효과라 함을 앞에서 배웠다. 외부불경제의 경우는 사회적으로 비용을 유발하며 반대로 외부경제의 경우는 사회적 편익을 발생시킨다. 그런데 일반적으로 추계하는 GDP는 이러한 외부효과는 고려치 않고 있어 외부불경제가 존재하는 나라에서는 현 GDP가 과대추정된 것이며, 외부경제가 있는 나라에서는 과소추정 되었다고 할 수 있다.

예로 A국은 석면 산업이 발달한 나라이고 B국은 관광산업이 발달한 나라라고 하자. 석면 산업은 인체에 유해하고 각종 환경을 오염시켜 공해를 유발하는 대표적인 산업이라는 점에서 외부불경제가 큰 산업이라 할 수 있지만, 관광산업은 관광객에서 아름다운 풍경이나 문화유산, 위락시설 등 무언가 함께 즐길 것이 있다는 점에서 외부경제를 유발하는 산업이라 할 수 있을 것이다. 만일 두 나라의 '1인당 GDP'가 같다고 하면 이를 근거로 두 나라의 생활 수준이 같다고 할 수 있을까? A국은 생산과정에서 환경 및 건강에 많은 해를 끼치고 있으며 이를 해결하려면 추가적인 비용이 수반되어야 함에도 불구하고 현행 GDP에서는 이것이 누락되어있다. 반대로 B국은 생산이나 소비 같은 직접적인 경제행위에 참여하지 않더라도 주변의 아름다운 풍경과 온화한 날씨에 마음과 몸이 치유됨을 느낀다면 이러한 사회적 편익이 고려되지 않은 현 GDP는 과소평가가 되었다고 할 수 있다. 따라서 두 나라가 GDP 규모가 비슷하다고 하여 경제 규모나 생활 수준이 비슷한 것이 아니라 외부불경제 산업이 발달한 A국 보다 외부경제 산업이 발달한 B의 경제여건이 더 나은 것을 알 수 있다.

넷째, 국내총생산 추계는 가격으로 표시된 시장가치만을 대상으로 하며 상품의 질은 반영하지 못한다. 시간이 흐름에 따라 대부분의 상품 값이 오르지만 경우에 따라서는 하락하는 품목도 있다. 또한, 가격이 하락하지 않더라도 이전의 상품에 비해 질적으로 크게 성장한 경우가 적지 않다.

얼마 전 과거를 시대적 배경으로 하여 인기를 끌었던 TV 드라마 덕분에 80년대 유행했던 것이 화제가 된 적이 있다. 우리나라에 개인 컴퓨터가 대중화되기 시작했던 때가 80년대 중반인데 이때 대표적 PC 업계 중의 하나였던 삼보컴퓨터에서 내놓은 본체만 290만원 하는 상품 광고가 토크쇼 프로그램에 공개되어 화제가 되었다. 이 가격이면 지금도 유명 브랜드의 고급사양으로 구성된 PC를 살 수 있는 액수이며 보급형은 오히려 가격이 더 싸졌다. 그때의 소득수준을 고려하면 매우 높은 가격으로 자동차에 버금가는 가전의 중요 재산목록 중의 하나였음을 알 수 있다. 그런데 컴퓨터의 성능을 비교하면 비교 자체가 무색하리만큼 과거보다 비약적인 성장을 이루었다. 과거에 대형 컴퓨터에서 가능했던 작업을 지금은 개인 컴퓨터에서 모두 가능하며 처리속도나 용량도 비교 자체가 의미가 없을 정도로 기술적 발전을 이루었다.

그렇다면 30년 전과 지금 개인 컴퓨터가 GDP에 미치는 영향을 비교하면 어떨까? 만일 30년 전보다 컴퓨터 가격이 하락하였다면 컴퓨터가 국내총생산에 미치는 영향도 그만큼 하락할 수밖에 없다. 컴퓨터 성능을 고려하면 이전보다 훨씬 많은 일을 할 수 있음에도 불구하고 현재 시장가치만 GDP에 추계한다. 특히 전자산업이 발달한 현대사회에서 이런 현상이 많이 나타나는데 기술향상으로 상품의 질의 향상을 가져오고 대량생산도 함께 이루어져 상품가격은 오히려 하락하게 된다. 따라서 과거에 상품 몇 개가 있어야 가능한 일을 현재 상품 한 개로 가능해도 가격이 인하된 만큼 GDP는 오히려 감소하게 된다.

다섯째, 소득분배 상황을 알 수 없다. GDP는 시장가치로 측정되는 양적 상황만을 나타낼 뿐이며 형평성과 연관된 소득분배 상황은 알 수 없다. 유사한 규모의 GDP나 '1인당 GDP'라 하더라도 빈익빈 부익부로 소득불균형이 심한 경우보다는 국민 간에 균등하게 분배되었을 때 사회적 후생수준과 행복지수가 높을 것이다. GDP가 성장하였다고 해도 소득분배는 더욱 불평등하게 되었을 수 있으며 이것이 국민에게 이전보다 바람직한 상황인지에 대한 여부는 가치판단에 대한 문제이다.

여섯째, 일반적인 GDP 통계는 구매력을 반영하지 못한다. GDP가 많은 나라가 더 잘살기 위해서는 더 많이 버는 것이 중요한 것이 아니라 더 많이 소비할 수 있어야 한다. 인간이 노동을 통해 소득을 얻는 이유도 궁극적으로 소비에 있으며 효용을 유발하는 직접적인 행동도 소비에 있기 때문이다. 그러나 GDP는 생산액으로 추계가 되며 부가가치의 합계로 소득과도 연관되나 소비 가능한 정도를 나타내지는 못한다. 예로 어떤 나라가 다른 나라에 비해 GDP가 두 배가 많다고 해서 소비도 두 배 더 많이 할 수 있다는 것을 의미하지는 않는다. 그 나라의 상품가격이 다른 나라에 비해 두 배 더 비싸다고 하면 더 많은 소득을 얻고 있지만 소비할 수 있는 상품의 양은 같을 것이며 따라서 국민이 누리게 되는 효용 수준도 같을 것이다. 따라서 GDP를 통하여 그 나라의 생활 수준을 알기 위해서는 구매력으로 평가(purchasing power parity)된 GDP를 추계하여야 한다. 이에 대한 필요성을 인식하여 몇몇 국제기구 및 연구기관에서 '구매력평가 GDP'를 추계하고 있다.

〈표 8〉 주요국의 구매력 평가 기준 국내총생산

○ 2019년 구매력평가 기준 GDP규모(자료:World Bank) 1위 : 중국, 2위 : 미국, 3위 : 인도, 4위 : 일본, 14위 : 한국

World Bank에서 추계한 2019년 구매력평가 GDP를 보면 중국이 가장 크게 추정되었다. 통상적인 GDP에서는 미국이 가장 크게 추정된 것과 비교하면 상대적으로 중국의 물가가 미국보다 낮아 구매력 관점에서는 중국이 가장 많이 소비할 수 있는 양을 생산함을

의미한다. 인도가 3위로 추정되었으며 우리나라는 통상적 GDP보다 조금 낮은 14위로 나타났다.

일곱째, 국제간에 GDP를 비교할 때는 나라마다 통화가 달라 달러로 환산하여 비교할 수밖에 없다. 그러나 이 과정에서 그 나라의 생산력과는 상관없이 달러와의 환율에 의해 GDP가 영향받게 된다. 하나의 예로 2012년만 해도 일본의 경상가격 1인당 GDP는 4만8천603달러로 당시 2만5천457달러였던 우리나라는 일본의 52.4% 정도였다. 그러나 2014년 우리나라의 1인당 GDP는 2만9천242달러로, 일본의 3만8천109달러의 76.7% 수준에 이른다. 불과 2년 사이에 이만큼 격차가 줄어든 것은 우리나라 경제가 일본보다 크게 성장한 이유도 있지만 환율의 변화에 기인한 바가 크다. 아베 신조 정권이 들어선 뒤, 소위 '아베노믹스'로 얘기되는 엔화약세 정책으로 인해 달러 대비 엔화환율은 2012년에 79.79엔에서 2013년 97.60엔, 2014년 105.84엔, 2015년 121.02엔으로 폭등한 것에 원인이 크다. 이는 우리나라의 경우만 봐도 알 수 있는데 다음의 표에서 원으로 표시된 1인당 GDP는 정도의 차이가 있을지언정 꾸준히 상승했으나 달러 표시 1인당 GDP는 환율이 크게 상승한 연도에는 오히려 감소하였음을 알 수 있다. 이렇듯 국제간 비교에 사용되는 달러 표시 GDP는 환율의 변화에 영향받는다.

〈표 9〉 우리나라의 1인당 국내총생산

	2014	2015	2016	2017	2018	2019	2020
1인당GDP (만원)	3,079	3,250	3,398	3,574	3,678	3,721	3,733
1인당GDP (달러)	29,242	28,723	29,287	31,605	33,429	31,928	31,637

자료: 한국은행

여덟째, GDP를 추정하면서 실제로 우리나라의 모든 경제주체 간의 거래를 측정할 수는 없다. 조사는 표본추출을 통해 이루어질 수밖에 없는데, 통계이론에 의해 표본추출로부터 모집단의 성격을 알 수 있다고 해도 추정 상의 오차는 존재할 수밖에 없다. 이는 GDP뿐만 아니라 표본추출로 이루어지는 모든 통계가 갖는 한계점이기도 하다.

이상에서 현행 GDP 통계가 가진 여러 가지 문제점에 대해 살펴보았다. 부분적으로 제시된 문제점을 해결하기 위해 '환경 GDP', '산업연관표', '사회계정행렬' 등 여러 통계가 제시되었지만, GDP 통계의 보조통계의 역할이나 다른 목적에 주로 사용되며 현행 GDP 통계를 대체하지는 못했다. 살펴본 여러 가지 한계점에도 불구하고 GDP 통계는 당분간 주요 경제지표의 역할을 담당할 전망이다. 그러나 발표되는 자료를 맹목적으로 믿고 따르기보다는 특징 및 문제점을 이해하고 이를 고려한 정확한 판단이 필요하다.

• 제 21 장 •

각 나라는 왜 투자유치를 위해 매진하는가?

국민소득 결정, 투자승수

우리나라 대통령이 해외 순방을 하거나 다른 나라 지도자가 우리나라를 방문할 때에 외교성과로 발표되는 단골 메뉴 중의 하나가 '해외 투자유치'다. 국가뿐만 아니라 지방자치제 정착에 따라 자치단체장도 국내외로부터 투자유치를 위해 매진하고 그 성과를 재임 기간 평가의 주요 지표로 삼는다. 투자유치가 국가나 지역경제에 미치는 영향에 대한 고찰로부터 투자유치 노력에 대한 원인을 찾아보자.

국민소득 결정모형

미시경제 부분에서 어떤 상품의 생산량은 수요와 공급이 일치되는 수준에서 결정됨을 배웠다. 이러한 경제 원리는 거시경제 부분에서도 동일하다. 다만 미시 부분에서는 특정 상품의 생산 또는 수요인 것인데 반해 거시 부분에서는 국가에서 생산 또는 수요 되는 총액의 개념으로 사용되는 것만 다를 뿐이다. 이를 구분하기 위해 거시 부분에서는 균형조건을 '총공급=총수요'로 놓는다.

여기서 '총공급'은 '총생산'을 의미하며 이는 쉽게 얘기해서 앞서 살펴본 '국내총생산'의 개념으로 이해해도 무방하다. '국내총생산'의 생산에 초점을 맞춘 개념이나 부가가치의 합계로 추정되어 소득과 밀접한 관련이 있고, 거시경제이론에서 '총공급' 결정모형을 일반적으로 '국민소득 결정모형'으로 지칭하여 본고에서도 Y를 국민소득개념으로 함께 사용한다. 즉, GDP는 우리나라의 총수요와 일치되는 수준에서 결정된다고 말할 수 있다. '총생산'은 '총공급'으로 이해할 수 있듯이 '총수요'는 '총지출'로 이해할 수 있을 것이다. '총지출'은 누가 어떤 목적으로 지출했는가에 따라 앞서 '지출 GDP'에서 살펴본 것처럼 '민간소비지출', '투자', '정부지출'로 구분할 수 있다. 이를 식으로 나타내면 $Y = C + I + G$와 같다. 여기서 Y는 '총공급'을 의미하며 C는 민간소비지출, I는 투자, G는 정부지출을 뜻한다. 균형 원리는 개별 상품의 원리와 동일하여 $Y < C + I + G$면 총공급보다 총수요가 많아 물가는 상승하게 되고 생산자는 산출량을 늘리게 되어 '국내총생산'은 증가하게 된다. 반면 $Y > C + I + G$면 총공급이 총수요보다 많아 재고가 쌓이게 되고 생산자는 산출량을 줄이게 되어 '국내총생산'은 감소하게 된다.

이러한 국내총생산의 결정원리는 경제성장을 통한 소득증대 방법도 함께 알려주고 있는데 $C+I+G$로 표시되는 '총수요'를 증가시키면 새로운 균형을 이루기 위해 '총생산'이 증가하게 될 것이다.[57]

57) 이렇게 '총수요'를 관리함으로써 국민소득을 조절할 수 있다는 것은 '케인즈학파'적 시각이며 '고전학파'적 시각에서는 '총공급'을 중시한다.

소비함수

국내총생산 Y는 $C+I+G$와 일치되는 수준에서 결정되기 때문에 '총수요'을 증가시키면 Y가 증대될 수 있을 것이다. 이 과정을 보다 잘 이해하기 위해 '총수요'의 구성요소 중에 민간소비지출 C에 대해 알아보자. 실제 소비함수 C는 다양한 요인과 복잡한 함수관계로 이루어져 있을 것이나 논의의 간편화를 위해 누구나 수긍할 수 있는 보편적이면서 가장 간단한 형태의 소비함수를 생각해보자.

소비의 원천은 소득이기 때문에 소비에 가장 크게 영향을 미치는 요인으로 소득을 들 수 있다. 만일 소득이 없다고 하면 소비는 어떻게 될까? 상식적인 생각으로는 버는 것이 없으니 당연히 소비가 불가능할 것이다. 그러나 소비가 전혀 없다는 것은 삶을 영위할 수 없음을 뜻하는 것이고 이는 경제학에서 말하는 합리적인 의사결정은 아니다. 경제생활의 궁극적 목적은 인간다운 삶을 살아가는 것에 있기 때문이다. 따라서 살아가는 것을 기본 전제로 하고 경제행위를 한다면 소득이 없어도 다른 사람에게 차입을 하거나, 구걸을 해서라도 소비를 하여야 할 것이다. 즉 소득이 없어도 소비는 (+)가 될 것이다. 이는 소득이 없어도 살기 위해 필요한 최소한의 소비 지출액의 의미를 담고 있어 '기초소비'라고 한다.

'기초소비'를 제외하고 소득이 증가하면 이에 상응하여 소비가 증가하는 것이 일반적인 현상일 것이다. 소득이 한 단위 증가할 때 소비가 얼마나 증가하는가를 나타내는 용어로 '한계소비성향(marginal propensity to consume: MPC)'이 있는데 위 현상은 이것이 (+)임을 의미한다. 만일 한계소비성향이 0이라고 하면 소득이 증가하여도 소비는 변함이 없음을 의미하고, (-)이면 소득이 증가하였음에도 불구하고 오히려 소비를 줄였음을 의미한다. 그러나 이는 현실성이 낮다고 할 수 있다. 한계소비성향이 1이라고 하면 증가한 소득 모두를 소비한다고 할 수 있으며, 1보다 크다고 하면 증가한 소득 이상으로 소비를 늘렸음을 의미한다. 모든 것이 가능성은 있으나 현실적으로 가장 일반적인 현상은 소득이 늘면 소비도 증가하나 늘어난 소득 이내에서 증가하는 것이다. 즉, 한계소비성향이 0 ~ 1 사이의 값을 갖게 될 것으로 예상할 수 있다. 예로 한계소비성향이 0.6이라고 하면 1만큼 소득이 증가하면 0.6만큼 소비를 늘리고 나머지 0.4는 저축한다고 이해할 수 있다. 이상에서 언급한 소비함수는 간단하지만 가장 일반적인 특징을 나타내는 것으로서 국민소득 결정

원리를 이해하기 위해 구체적인 함수형태로 다음과 같이 표현할 수 있다.58)

$$C = a + bY$$

여기서 a는 소득과 관계없이 이루어지는 소비로 '기초소비'를 의미한다. 소득과 연관되어 반응하는 정도를 나타내는 b는 '한계소비성향'을 의미하며, 따라서 계수 b는 0과 1사이의 값을 갖게 된다.

국민소득의 결정

위에서 살펴본 소비함수를 이용하여 임의의 자료로 국민소득이 결정됨을 살펴보자. 논의의 편의를 위해 일단 정부를 제외한 민간 부분만을 대상으로 하면 국민소득결정모형은 $Y = C + I$가 될 것이고 $C = a + bY$가 된다. Y의 결정원리를 알기 위해서는 이를 구성하고 있는 C와 I의 형태를 알아야 하므로 위에서 살펴본 소비함수 이외에 I로 표시되는 투자함수도 알아야 한다. 투자는 소득 이외에 이자율 등에 영향을 받는 함수관계에 있으나 이것도 논의의 간편화를 위해 독립적으로 이루어진다고 하자. 이를 고려하여 국민소득 결정모형을 다시 쓰면 $Y = a + bY + I$로 정리할 수 있으며 Y에 대해 다시 정리하면 $Y = \frac{1}{(1-b)}(a+I)$가 된다.

이제 사람들은 생계유지를 위해 최소한 100원은 소비를 해야 하며, 1원을 더 벌면 0.8원을 소비하고, 기업은 200원을 투자하고 있다고 하자. 이는 위 식에서 $a = 100$, $b = 0.8$, $I = 200$을 의미하고 이를 식에 대입하여 풀면 $Y = 1500$이 된다.

이상의 국민소득 결정 과정은 그래프로도 나타낼 수 있는데 <그림 40>에서 보면 세로축은 총수요 항목인 소비와 투자를 나타내고 가로축은 총생산을 나타냈다. 소비함수에 기

58) 소비함수는 언급된 것처럼 단순히 소득의 크기에 의해 소비가 결정된다고 보는 '절대소득가설' 이외에 '항상소득가설', '상대소득가설', '생애주기가설' 등이 있다.

초소비 a는 그래프에서 절편값을 의미하며 한계소비성향인 b는 소비 곡선의 기울기를 의미한다. 투자는 독립적으로 이루어져 다른 변수와 관계없이 200원에서 일정한 수평의 형태를 띠게 된다. 따라서 $C+I$는 소비함수를 200만큼 상방으로 평행이동하여 그려진다. 그래프에는 45° 보조선이 그려져 있는데 균형국민소득은 45° 보조선 위에서 결정될 것이다. 왜냐하면 그래프의 가로축은 총공급을 나타내고 세로축은 총수요를 나타내며 균형국민소득은 총수요와 총공급이 일치하는 수준에서 결정되고, 45° 보조선 모든 점의 좌표는 가로와 세로 값이 같아 이를 만족시키기 때문이다. $C+I$ 선 중에서 45° 보조선과 만나는 점에서 균형이 이루어지며 이때 균형국민소득 Y의 값은 1,500원이다.

〈그림 40〉 균형국민소득 결정

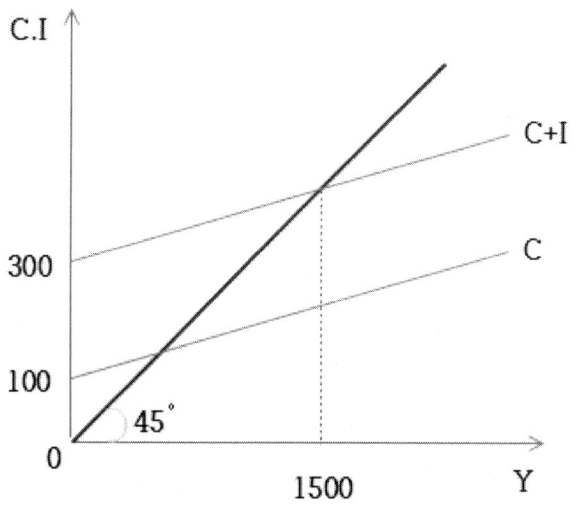

투자승수

이제 투자유치가 이루어져 새로운 투자가 100원 이루어졌다고 하자. 그러면 위의 모형에서 다른 것은 일정하다고 할 때 $I=300$원이 되어 이를 모형에 대입하여 다시 풀면 균형국민소득 $Y=2000$원이 된다. 기계적으로 풀면 나오는 값이지만 이 결과는 적지 않은 시사점을 줄 수 있다. 새로운 투자가 유치된 것은 100원이지만, 그것으로 인해 균형국민소득은 전과 비교하여 500원이 증가하였고, 이는 새로운 투자의 5배이다. 즉, 투자금액 대비 생산액은 몇 배가 부풀려져 국가 경제에 크게 기여하게 된다. 이렇게 독립지출이 이루어졌을 때 국민소득이 그 몇 배 이상 증가하게 되는 현상을 '승수효과(multiplier effect)'라고 한다.

왜 이런 승수효과가 일어나게 되는 것인지 먼저 균형식을 통해 살펴보자. 처음 균형에서 투자를 ΔI 만큼 증가시키면 $Y < a + bY + I + \Delta I$ 가 되어 증가된 투자만큼 총수요가 더 많게 될 것이다. 이는 다시 생산을 증가시켜 $Y + \Delta I = a + bY + I + \Delta I$ 에서 균형을 이룰 것이다. 숫자로 표현하면 처음 균형 1,500원에서 새로이 투자된 100원만큼 증가하여 1,600원에서 새로운 균형이 달성될 것이다. 여기에서 그친다면 증가한 투자만큼만 국민소득이 증가하고 승수효과는 나타나지 않을 것이다. 그러나 소득이 증가하면 이에 상응하여 소비가 증가하기 때문에 증가한 균형국민소득은 다시금 우변 총수요 항목의 소비에 영향을 줄 것이다. 즉, $Y + \Delta I < a + b(Y + \Delta I) + I + \Delta I$ 가 되어 총수요가 증가한 소득에 대한 한계소비성향인 $b\Delta I$ 만큼 많게 된다. 이러한 초과수요는 다시 총생산의 증가를 가져와 새로운 균형은 $Y + \Delta I + b\Delta I = a + b(Y + \Delta I) + I + \Delta I$ 에서 달성될 것이다. 이를 숫자로 표현하면 처음 균형국민소득 1,500원에서 다음에 증가한 투자로 인한 소득 증가 100원이 더해지고, 다음에는 증가한 소득 100원에 따른 한계소비성향 0.8 만큼인 80원의 소비가 소득증가로 이어질 것이다. 이에 균형국민소득은 1,500+100+80원인 1,680원이 된다. 그러나 이러한 소득증가 과정은 여기서 그치는 것이 아니라 추가로 늘어난 소득 80원에 대해 한계소비성향만큼인 64원이 또 증가할 것이며 이는 식으로 $Y + \Delta I + b\Delta I + b^2\Delta I = a + b(Y + \Delta I + b\Delta I) + I + \Delta I$ 로 표현할 수 있다. 이러한 과정은 계속 반복되게 일어나 균형국민소득은 1,500+100+80+64+51.2+…가 되어 이를 모두 합하면 2,000원이 된다.[59)]

이를 그래프로 표현하면 <그림 41>과 같다. 처음 균형은 총수요를 나타내는 $C + I$와 45° 보조선이 만나는 점에서 이루어져 이때 국민소득은 1,500이다. 신규투자가 $\Delta I = 100$ 만큼 이루어졌다면 이는 총수요가 $C + I + \Delta I$가 되어 상방으로 평행이동 할 것이다.[60)]

---

59) 이는 무한등비급수로 합을 구하는 공식 $\frac{a}{1-r}$(a는 초항, r은 공비)으로 부터도 확인 가능하다.

따라서 기존 균형인 1,500원의 총생산 규모인 A점에서는 초과 수요가 발생하고 이를 메우기 위해 총공급이 증가하여 B점에서 새로운 균형이 달성될 것이며 이때 소득은 1,600원이다. 그러나 증가한 소득에 대응하여 소비도 한계소비성향만큼 증가하게 되는데 이는 $C+I+\Delta I$ 선의 기울기만큼 증가한 C점을 의미한다. 이는 1,600원 소득수준에선 초과수요 상태에 있음을 의미하고 다시 생산이 증가하여 45° 선상에서 새로운 균형 D가 형성된다. 이후에 증가한 소득에 따라서 소비가 증가하고, 이는 다시 소득 증가를 유발하는 과정이 반복되는데, 이는 그래프에서 $C+I+\Delta I$ 선과 45° 보조선이 만나는 점으로 수렴해가는 과정을 의미한다.

〈그림 41〉 투자승수 효과

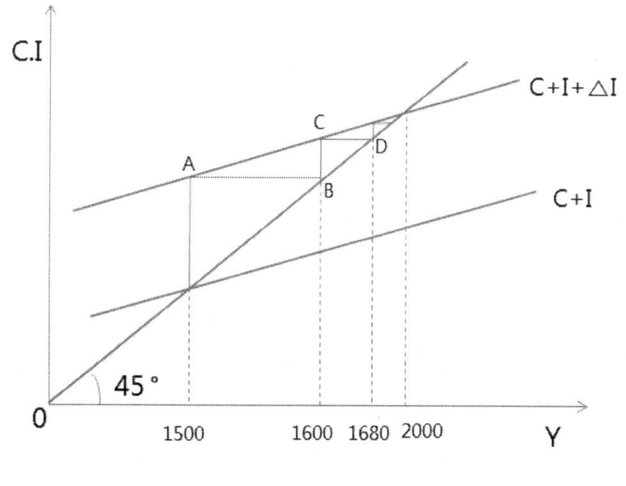

이러한 승수효과의 크기를 승수로 표현할 수 있는데 위의 예에서 투자가 100원 증가하였을 때 균형국민소득은 500원 증가하였다. 즉, $\frac{\Delta Y}{\Delta I}=\frac{500}{100}=5$가 되는데 $\frac{\Delta Y}{\Delta I}$를 '투자승수'라고 한다. 의미는 투자를 한 단위 증가시켰을 때 증가하게 되는 국민소득의 정도를 뜻하는 것으로 예에서 승수 5는 투자된 금액의 5배만큼 국민소득이 증가하게 됨을 말한다.

60) 독립투자를 가정하고 있으므로 가로축인 소득수준에 관계없이 일정하게 투자가 증가하여 평행이동하게 된다.

승수효과의 이해를 돕기 위해 간단한 상황을 설정해 보면, 피자가게를 운영하는 김씨가 배달을 위해 오토바이를 100원에 샀다고 하자. 이때 김씨에게 오토바이를 판매한 이씨는 100원만큼 수입을 얻었을 것이다. 이에 이씨는 그동안 사지 못했던 새 옷을 80원 주고 구입을 했고, 이는 옷 가게 주인인 박씨의 수입이 80원 증가한 것을 의미한다. 박씨도 옷을 팔아 기분이 좋아 식구들과 외식을 하는데 64원을 지출하였다면 이는 식당 주인 정씨의 소득 증가를 의미하고 이는 다시 소비지출 증가를 유발하는 과정의 반복으로 이어지는데 이것이 승수효과를 의미한다.

우리는 지금까지 독립투자만을 가정하였다. 그런데 만일 투자가 소득과 함수관계에 있다면 어떤 변화가 있을지 어렵지 않게 살펴볼 수 있다. 투자가 소득과 무관하게 이루어지는 것보다는 소득과 정의 관계에 있다고 보는 것이 보다 일반적인 상황일 것이다. 실제로 기업 등에서는 달성한 이윤의 일정부분을 다시 투자하는 행태를 많이 보인다. 논의의 편의를 위해 소득에 대해 일정 비율만큼 투자를 한다고 가정하자. 그렇다면 투자는 더 이상 <그림 41>에서처럼 수평선의 형태를 띠지 않고, 소득이 증가함에 따라 증가하는 우상향의 직선 형태를 보일 것이다. 따라서 $C+I$ 도 독립투자를 가정했을 때에 비해 더욱 가파른 우상향의 형태가 될 것이고 균형은 앞과 동일하게 45° 보조선과 만나는 점에서 형성될 것이다. 균형을 독립투자만 가정했을 때와 비교해 보면 소득에 따른 유발투자가 존재할 경우의 균형국민소득이 더 크게 되는 것을 알 수 있다.

간단한 형태의 소비함수와 독립투자만을 가정하고 균형국민소득 결정원리를 살펴보았고 이 과정에서 승수효과도 알게 되었다. 또한 소득에 따른 유발투자를 고려할 경우 승수효과는 더욱 크게 되는 것도 살펴보았다. 현실 경제는 위에서 예를 든 간단한 형태의 소비나 투자함수보다는 훨씬 정교하고 서로 영향을 주고받는 관계로 얽혀있다. 그러나 이러한 거시경제 변수 간의 관계를 규명하는 것은 경제학자가 할 일이며, 단순화된 모델이 복잡한 현실과 괴리가 있다고 하더라도 기본적인 원리는 동일하며 가정을 조금씩 완화하여 보다 현실에 가까운 모델로 발전시킬 수 있다.

절약의 역설

앞 절에서 살펴본 국민소득결정 식 $Y = \frac{1}{(1-b)}(a+I)$에서 보면 투자의 증가는 국민소득에 $\frac{1}{(1-b)}$배만큼 영향을 미치게 된다. 즉, 투자승수는 다름 아닌 $\frac{1}{(1-b)}$가 되는데 이의 크기는 한계소비성향을 나타내는 b의 크기에 크게 영향받는다. 즉, b가 커지면 분모가 작아져 승수는 커지게 된다. 소득 중에서 일부는 소비하고 나머지는 저축한다고 할 때, b가 '한계소비성향'이면 $(1-b)$는 '한계저축성향'이 된다. 따라서 한계저축성향이 크다는 것은 분모가 큰 것을 의미하여 투자승수가 작아진다. 즉, 저축을 더 많이 하면 단순히 소비가 감소하여 국민소득이 감소하는 것 이외에 승수가 작아져 동일한 투자액에 대해 국가경제에 파급되어 나타나는 효과가 감소한다는 것을 의미한다. 이것은 쉽게 얘기해서 저축을 많이 하면 국민소득이 감소하게 된다는 뜻으로 어릴 때부터 지금까지 생활해오면서 근면 검소한 생활과 함께 저축이 미덕이라고 알고 있는 것과 배치되는 것이다.

그렇다면 정말로 저축은 국가 경제에 좋지 않은 것일까? 결론부터 말하자면 일부만 맞는다고 할 수 있다. 앞에서 살펴본 바와 같이 저축이 증가한다는 것은 지출국민소득 측면에서 하나의 구성요소인 소비가 감소한다는 것으로 국민소득에 부정적인 면이 있으며, 승수효과에서도 파급효과의 크기를 제한하는 측면이 있다. 그러나 이는 국민경제에 미치는 효과에서 저축이 증가한 효과에만 국한한 것이며 이로 인해 투자가 증가할 수 있음을 간과하고 있다. 즉, 투자의 원천은 저축에 있으며 저축이 투자로 이어지면 이에 따르는 승수효과가 유발될 수 있다. 특히 저개발국가의 경우는 소득이 낮아 저축의 여유가 없어 투자자금이 부족한 상황이다. 이럴 경우에는 투자자금의 근원이 되는 저축이 무엇보다 필요한 상황이며 부족할 시에는 우리나라처럼 해외에서 돈을 빌려올 수밖에 없다. 또한, 위에서는 소득에 관계없이 한계소비성향 b를 주어진 것으로 보았으나 이는 소득수준과 연관이 있다. 현 경기상황이나 미래예측 등 단기적 요인에 의해서도 영향받으나 장기적으로 소득수준이 향상되면 한계소비성향은 낮아지는 경향을 보인다. 즉, 소득수준이 낮은 상황에서는 생계유지에 필요한 필수적 성격의 소비가 고소득에 비해 상대적으로 많아 소득이 증가하면 이중 소비에 많은 부분을 할애할 것이다. 반면 높은 소득수준에서는 소비액 자체는 많지만, 소득 중에서 소비가 차지하게 되는 비중은 점차 낮아지게 되는 추세를 보일 것으로 예상할 수 있다. 따라서 저축의 증가로 국민소득이 낮아지면 이는 '한계소비성향'을 증가시키는 효과를 가져와 투자승수를 크게 만드는데 이러한 효과도 '절약의 역설'은 간과하고 있다.

위에서 살펴본 '승수효과'로 불리는 투자가 국가 경제에 미치는 영향은, 이번 장의 제목에서 언급한 정부가 투자유치를 위해 전력을 다해 노력하는 이유에 대한 답이 될 수 있을 것이다. 때로는 비록 이윤을 목적으로 한 외국자본이라고 하더라도 국내투자로 인해 우리나라 경제에 미치게 되는 효과는 적지 않을 것이다. 국내에 생산시설을 건설하는 과정뿐만 아니라 우리나라 국민들을 고용하여 지급되는 급여와 이에 따르는 소비증가의 승수효과는 국가 경제에 큰 도움이 될 것이다. 따라서 어느 나라의 지도자이건 외국자본의 자국 투자를 매우 중요한 업적으로 여기고 있으며, 몇몇 지자체에서는 주기적으로 투자유치액을 성과로 발표하기까지 한다.

여기에서 '절약의 역설'과 마찬가지로 지금까지 일상적으로 가졌던 생각 중에 조금 달리 생각해 볼 것이 하나 있다. 하나의 예로 1997년 우리나라에 외환위기가 닥쳤고 외국에서 빌린 외화를 갚기 위해 금 모으기 운동을 비롯하여 국산품 애용 운동이 일었다. 이러한 사회적 운동은 다국적기업 같은 해외브랜드의 기업에 큰 영향을 미쳤는데, 그중 한 의류회사가 버티다 못해 일간지 첫 면 하단에 커다란 광고를 냈다. 그 광고의 제목은 "무엇이 진정한 국산입니까"였는데 내용은 '해외에서 제작, 생산해 국내 상표만 붙인 것이 국산인가, 아니면 해외상표라도 국내에서 생산한 제품이 국산인가'라고 하는 지적이 있었고, 당시 사회적으로 큰 반향을 불러일으켰다. 이론적으로 보자면 이 주장은 일면 일리가 있는 타당한 주장이다. 외국기업이라 국내에서 벌어들인 이윤을 본국으로 가져간다고 해도, 우리나라에 공장을 짓고 우리나라 국민을 고용하고 급여를 지급하고 있으며, 우리나라 상품을 원료로 투입하고, 우리나라에 세금을 납부하는 경제행위가 우리나라 경제에 크게 기여하고 있음은 분명한 사실이기 때문이다.

• 제 22 장 •

경기가 안 좋은데 왜 정부는 돈을 더 쓸까?

재정정책

앞 장에서는 경제주체 중에서 국가는 제외하고 논의를 진행하였다. 그러나 거시경제에서 국가는 경제주체로서 매우 중요한 역할을 수행한다. 국가는 민간이나 기업에서 수행하는 소비와 저축 등의 경제행동 뿐만 아니라, 정책결정과 시행이라는 고유한 역할도 수행하기 때문이다. 정부의 정책이 국민소득에 어떤 영향을 미치는지 살펴보자.

나라의 살림살이

가계나 국가나 살림을 꾸려나가기 위해서는 벌어들이는 소득이 있어야 하고 이를 합리적이고 효율적으로 사용하여야 한다. 이렇게 '국가나 지방정부가 행정 활동이나 정책을 시행하기 위해 자금을 만들어 관리하고 이용하는 경제 활동'을 가리켜 '재정(finance)'이라고 한다. 모든 살림살이는 수입을 바탕으로 알뜰하고 계획성 있게 지출해야 살림의 수준이 향상된다. 나라의 살림살이도 마찬가지인데 국가 수준에서 벌어들이는 것을 '세입'이라 하고 쓰는 것을 '세출'이라한다.

국가 및 지방자치단체의 재정을 충당하기 위한 수입인 '세입'은 대부분 '조세수입'에 의존하고 있다. 조세는 징수 주체에 따라 국세와 지방세로 구분되며 지방세는 다시 도세와 시.군세로 구분되어 각 정부의 살림살이를 위해 쓰인다. 조세수입 이외에 다양한 다른 수입원도 있는데 이를 통칭하여 '세외수입'이라 한다. 대표적인 세외수입으로는, 공공사업에 의해 이익을 받은 자에게 소요경비를 부담시키는 '부담금', 공유재산의 매각이나 임대 등으로 발생하는 '재산수입', 공원.병원.도서관 등 공공시설 사용에 대한 요금인 '사용료', 행정서비스에 대한 반대급부인 '수수료' 외에 '벌과금', '기부금' 등이 있다.

정부가 행하는 모든 지출을 의미하는 '세출'은 목적에 따라서 크게 경상지출과 자본지출로 나눈다. 이중 경상지출의 규모가 더 크며 국가나 지방정부의 살림을 꾸려가는데 매년 일상적이며 반복적으로 이루어지는 지출이다. 대표적으로 공무원의 월급이나 사무용품, 전기.수도 등 매년 정기적으로 필요로 하는 인건비나 재화나 서비스의 구입에 사용되는 돈을 의미한다. 자본지출은 토지.건물 등의 자본재 취득에 따른 지출을 의미한다. 이외에 세출을 기능적으로 분류하기도 하는데 일반행정비, 국방비, 교육비, 사회개발비, 경제개발비 등으로 구분한다.

국가 살림살이 목적이 민간 경제주체처럼 이익을 추구하는 것에 있지는 않지만, 세입과 세출의 상대적인 크기에 따라 '흑자재정'과 '적자재정'으로 구분한다. 흑자재정은 말 그대로 세입이 세출보다 더 많은 경우를 말하는데, 이 표현 이외에 흔히 쓰이는 말로 허리띠를 졸라매어 씀씀이를 줄였다는 의미로 '긴축재정'이라 칭하기도 한다. 반대로 세입보다 세출이 많은 경우는 적자재정이라고 하며 국가의 역할을 늘려 지출을 많이 한다는 측면에서 '확대재정' 또는 '팽창재정'이라는 표현을 쓰기도 한다. 세입과 세출 중에서 어느 한쪽이 많은 것이 아니라 같거나 비슷한 규모를 보이는 경우는 '균형재정'이라고 한다.

국민소득 결정모형

앞 장에서 살펴보았던 국민소득 결정모형에서 이제 '국가' 부문을 포함하여 좀 더 현실에 근접한 모형으로 경제 원리를 살펴보자. 국가의 경제행위와 관련된 '재정' 중에서 이미 '세출'에 대한 것은 '지출국내총생산' $Y = C + I + G$ 에서 살펴보았다. 즉, 총수요를 구성하는 항목 중에 G가 정부지출을 의미하여 이를 조절하여 국민소득에 영향을 미칠 수 있음을 유추할 수 있다. 세출이 있으면 세입도 모델에 포함되어야 할 것인데, 논의의 간편화를 위해 세입 중에서 압도적으로 큰 비중을 차지하고 있는 '조세수입'만을 포함시킨다.

지출은 소득이 원천이 될 수밖에 없는데 이때 소득은 외형상의 소득이 아니라 실제 본인 마음대로 사용이 가능한 소득이 소비의 원천이 될 것이다. 예로 근로자의 월급명세표를 보면 회사에서 생각하는 급여와 노동자가 생각하는 급여가 다를 수 있다. 회사 통장에서 월급으로 200만원이 지급된다면 회사 입장에서는 200만원 전액이 지급된 급여이다. 그러나 근로자의 입장에서는 이 월급에서 소득세와 의료보험료, 국민연금 등은 자동적으로 공제되어 150만원만 입금된다고 하면 소비의 근원이 되는 소득은 200만원이 아닌 실수령액인 150만원이 될 것이다. 차액 50만원은 회사에서 지급되는 월급이긴 하지만 국가에서 조세 및 준조세[61]로 원천징수하여 근로자는 받아보지 못한 소득이기 때문이다. 지하경제와 같은 예외사항이 있기는 하지만, 통상의 소득은 그에 상응하는 조세를 납부해야 하는 것이 일반적이다. 그리고 이 조세는 소득 총액에는 포함되어 있으나 실제로 소비가 가능한 소득으로 볼 수는 없다. 따라서 개인의 소비는 총액의 개념이 아닌 국가에 세금

61) 세금은 아니지만 세금처럼 납부해야 하는 부담금을 뜻한다. 준조세에 대한 범위는 확정되어 있지 않지만 광의의 개념으로 국민연금 등의 사회보험료, 과징금, 행정요금뿐만 아니라 부담이 강제되는 기부금, 성금까지 포함한다.

등의 형태로 납부한 금액을 제외한 소득에 의해 영향 받는데 이를 ‘가처분소득(disposable income)’이라고 한다.

이상의 내용을 소비함수에 적용하면 $C = a + bY$에서 단순한 총액소득 Y가 아닌 조세를 제외한 가처분소득의 함수로 바꾸어 주어야 하며, 따라서 $C = a + b(Y-T)$로 표현할 수 있다. 여기서 조세는 논의의 간편화를 위해 소득규모와는 상관없는 정액세를 가정하였다.[62] 이를 국민소득결정 식에 대입하면 $Y = a + b(Y-T) + I + G$가 된다. 간단한 형태의 모형으로부터 국민소득결정 과정을 이해하기 위해 정부지출 G도 투자와 마찬가지로 독립적으로 주어졌다고 가정하자. 정부부문이 포함된 이 식을 정리하면 $Y = \frac{1}{(1-b)}(a - bT + I + G)$가 됨을 알 수 있다.

재정관련 승수

기업의 투자가 증가하였을 때 증가된 투자액보다 더 많은 국민소득의 증가가 유발되는 ‘승수효과’를 앞장에서 살펴보았다. 정부부문이 포함된 국민소득결정모형에서도 이와 동일한 효과가 발생하는데, 정부지출의 경우 앞장의 투자와 마찬가지로 독립지출을 가정했기 때문에 승수효과도 동일하게 발생한다.

구체적인 숫자로 예를 들어 살펴보자. 앞 장과 동일하게 기초소비는 100원, 한계소비성향은 0.8, 투자는 200원이라고 하고, 정부는 조세로 100원을 걷어 정부지출로 100원을 쓴다고 가정하자. 이를 위 식에 각각 대입하면 $Y = \frac{1}{0.2}(100 - 0.8 \cdot 100 + 200 + 100)$이 되어 국민소득은 1,600원에서 균형이 될 것이다. 이제 정부가 지출을 200원으로 늘렸을 때를 가정하여 위 식에서 균형국민소득을 다시 구하면 2,100원이 된다. 즉, 정부지출은 100원 증가시켰을 뿐인데 국민소득은 500만큼 증가하는 이른바 ‘승수효과’가 여기서도 일어나게 된다. 승수효과가 일어나게 되는 과정은 수요증가의 원인이 투자에서 정부지출로 바

---

62) 모든 개인이나 가구에 동일하게 적용되는 세금으로 ‘주민세’가 대표적인 예이다.

뀐 것만 다를 뿐 앞과 동일하다. 일반화된 식에서 보면 정부지출변화에 대해 변화하는 국민소득은 $\frac{\Delta Y}{\Delta G} = \frac{1}{1-b}$가 되어 투자의 경우와 동일하게 예에서는 5가 되는 것을 알 수 있다. 이때 이 숫자가 의미하는 것은 정부지출증가에 대해 국민소득은 5배 많이 증가함을 의미하며 이를 '정부지출승수'라고 부른다.

정부가 정책적으로 취할 수 있는 또 다른 하나는 세입과 관련된 '조세'이다. 앞의 예에서 이번에는 조세를 100원 증가시키면 $Y = \frac{1}{0.2}(100 - 0.8 \cdot 200 + 200 + 100)$가 되어 균형국민소득은 1,200원이 됨을 알 수 있다. 즉, 조세를 100원 증가시키면 국민소득은 400원이 감소하게 되는데 이를 일반화된 식에서 보면 $\frac{\Delta Y}{\Delta T} = -\frac{b}{1-b}$가 되는데 이를 '조세승수'라고 한다. 예에서 정부에서 세금을 거두어들이면 그 금액의 4배만큼 국민소득이 감소함을 의미한다.

위에서 정부가 지출을 증가시킬 때와 주된 세입원인 조세를 증가시킬 때, 국민소득에 미치는 영향을 각각 살펴보았다. 그러나 때로는 둘 모두를 변화시키게 될 때도 있을 것이다. 예에서 처음 조세와 정부지출 100원에서 각각 100원씩 증가시켜 200원이 되었다고 하면 균형국민소득은 $Y = \frac{1}{0.2}(100 - 0.8 \cdot 200 + 200 + 200)$이 되어 1,700원이 될 것이다. 이것은 처음 균형국민소득이 1,600원이었음을 감안하면 100원의 소득증가가 발생했다.

이는 일정 금액을 조세로 거두어들인 후에 동일한 금액을 다시 국민에게 지출한다는 의미로, 언뜻 생각하면 받았던 것을 그대로 되돌려 준 것으로 국민소득도 원상회복 되면 될 것 같다. 그러나 정부의 이러한 행동은 균형국민소득을 100원 증가시키는 결과를 가져왔는데 이는 정부의 역할에 대해 시사하는 바가 크다. 이렇게 세입과 세출을 같은 크기만큼 증가시켰을 때 균형국민소득이 얼마만큼 변화하는가를 나타내는 지표를 '균형재정승수'라고 하는데 우리 예에서는 1이 된다.

이러한 결과가 나오는 이유는 사실 승수효과가 일어나는 과정을 살펴보면 자명한 일이다. 조세를 징수하면 국민소득에 '조세승수'만큼 영향을 미칠 것이고, 정부지출을 늘리면 당연히 '정부지출승수'만큼 영향을 미칠 것이다. 조세승수는 (-)값을 갖게 되기 때문에 절댓값이 정부지출승수와 같다고 하면 조세와 정부지출을 동일하게 증가시켰을 경우 국민소득은 변함이 없게 될 것이다. 그러나 앞서 설정한 예에서는 조세승수는 –4이고, 정부지출승수는 5이기 때문에 조세와 정부지출이 동시에 같은 금액만큼 증가되었을 때 승수의 차인 1배만큼 국민소득이 증가하는 결과가 도출되는 것이다. 일반화된 식에서도 이를 확인할 수 있는데 조세승수는 $\frac{\Delta Y}{\Delta T}=-\frac{b}{1-b}$이고 정부지출 승수는 $\frac{\Delta Y}{\Delta G}=\frac{1}{1-b}$가 되어 이 둘을 더하면 $\frac{1-b}{1-b}=1$이 됨을 확인할 수 있다. 그럼 절댓값으로 조세승수보다 정부지출승수가 더 크게 되는 이유는 왜 일까?

그 이유는 정부지출을 변화시켰을 경우는 변화 분 모두가 직접적으로 총수요의 변화에 반영되지만 조세의 변화는 그 중에 한계소비성향만큼만 총수요에 반영되기 때문이다. 식에서 보면 $Y = C + I + G$에서 정부지출을 100원 증가시키면 총수요를 나타내는 우변에서 직접적으로 100원만큼 증가하게 되며 이를 바탕으로 소득이 증가하고 이는 다시 소비를 증가시키게 되는 현상이 반복적으로 야기되는 승수효과가 일어나게 된다. 이에 반해 조세를 변화시켰을 경우는 균형식 $Y = C + I + G$에서 조세가 한 항목으로 구성되어 있지 않아 변화분이 직접 반영되지는 못한다. 즉, 식에서 조세는 소비함수에 $C = a + b(Y-T)$의 형태로 포함되어 조세변화는 함수형태에 따라 총수요에 영향을 미치게 된다. 식에서 보면 조세를 증가시키면 이는 가처분소득의 감소를 가져오고 이에 따라 한계소비성향만큼 소비가 감소하게 됨을 의미한다. 예로 조세를 100원 더 징수하였다면 괄호안의 가처분소득은 100원 감소하게 될 것이고, 이에 따라 소비도 줄이게 될 것이다. 소득 감소에 따라 소비를 감소시키는 정도에 관계된 한계소비성향이 예처럼 0.8이라고 하면 80원의 소비감소가 일어나게 된다. 그 이후는 승수효과가 유발되는 과정과 동일하게 소비감소는 국민소득의 감소를 가져오고 이는 다시 소득감소에 따라 소비감소를 유발하는 과정이 반복되어 일어나게 된다. 즉, 정부지출변화로 인한 승수효과는 변화분 전체인 100원이 원천이 되어 일어나게 되는데 반해 조세는 변화분 중에서 한계소비성향만큼인 80원이 원천이 되어 승수효과가 유발되게 된다. 따라서 승수과정이 끝날 때까지의 증가된 국민소득의 총합의 차이는 출발점의 차이인 100원이 된다. 이러한 결과는 정부가 아무것도 안하고 있는 것 보다는 재정활동을 함으로써 경기부양에 일조할 수 있음을 보여주는 것으로 정부의 적극적인 개입을 옹호하는 경제학자의 이론적 근거가 된다.

재정정책과 정책함정

정부가 공공의 이익을 위해 목표를 정하고 이를 위해 행동하는 것을 '정책(policy)'이라고 한다. 이중에 경제적인 문제와 관련된 것을 경제정책이라 하는데 위의 예에서 정부에서 조세나 정부지출을 변화시켜 국민소득증대라는 목표를 달성할 수 있음을 살펴보았다. 이렇게 조세와 정부지출의 조절을 통해 총수요를 변화시키고 궁극적으로 국민소득을 증대시키고자 하는 정책을 '재정정책(financial policy)'이라고 한다.

우리는 흔히 일상생활에서 적자보다는 흑자가 좋은 것으로 인식하고 있다. 또 본고에서 지금까지 살펴본 많은 경제 원리에서 수요와 공급, 한계비용과 한계수입 등 양쪽이 일치하는 곳에서 최적선택이 이루어지는 경우가 많아 균형은 경제적으로 긍정적인 상황을 나타내는 단어로 인식되기 쉽다. 그러면 나라 살림살이를 나타내는 재정상태의 경우도 흑자나 균형상태가 좋은 것일까?

개인이나 기업은 자신의 효용이나 이윤 극대를 위해 노력하며, 따라서 균형도 이것이 만족되는 상황에서 이루어진다. 이것을 또 다른 경제주체인 국가에 동일하게 적용하면 국가도 이윤극대를 추구하여 세출보다 세입이 많은 흑자재정이 이루어지면 국가경영을 잘한 것이 된다. 그러나 앞에서 가장 중요한 세입원인 조세를 증가시키게 되면 조세승수만큼 국민소득이 감소함을 살펴보았다. 재정흑자가 되면 국민소득은 감소하게 되는 것을 알 수 있는데 국가의 궁극적 목적이 국민이 잘살게 하는 것이라고 하면 이는 타당하지 않다.

반대로 재정적자는 국가가 수입보다 지출이 더 많은 것으로 쉽게 말해 빚을 진 경우이다. 개인이나 기업과 마찬가지로 국가도 빚은 갚아야 하는 돈으로 그 액수만큼 나라 살림살이에 부담이 된다. 국가가 돈을 빌리는 방법은 크게 세 가지가 있다. 첫 번째는 개인이 은행에서 돈을 빌리는 것처럼, 국가가 은행에서 돈을 차입하는 것이다. 다만 다른 것은 개인이 일상생활에서 이용하는 시중은행이 아니라 정부의 은행인 '한국은행'에서 차입한다. 두 번째는 개인이 일상생활에서 아는 지인으로부터 돈을 빌리는 것 처럼, 국가가 국민에게 돈을 차입하는 것이다. 그러나 국가가 개인에게 돈을 융통해 쓴다고 해서 공무원이 여러분 집을 방문하여 돈을 빌리지는 않으며, 채권[63]발행이라는 형태를 띤다. 세 번째는 국

63) 채권은 돈을 빌렸다는 일종의 차용증서로 상환기간과 이자율이 확정되어 있는 경우가 일반적이며

내에서 자금을 융통하지 못할 때 해외에서 차입하는 것이다. 어느 경우이든 빚이 있으면 경제활동에 큰 제약요건이 되어 역시 바람직하다 할 수 없다.

그렇다면 흑자재정도 문제가 있고, 적자재정도 문제가 있으니 균형재정이 바람직한 것인가? 균형재정의 경우 앞에서 살펴본 흑자나 적자재정 상태에서 발생하는 문제의 직접적인 영향을 받지는 않는다. 그러나 균형재정이 올바르다고 판단하여 이를 시현하는 것에 목표를 두고 재정운용을 한다면 문제를 유발할 수 있다. 예로 현재 경기가 침체 상황에 있다고 하면 개인이나 기업의 소득이 감소하여 조세수입도 감소하게 될 것이다. 이에 따라 재정적자가 발생하였는데 균형재정을 목표로 한다면 이를 위해 세율은 올리고 정부지출은 줄이게 될 것이다. 그러나 세금징수를 늘리고 정부지출을 줄이는 것은 총수요를 감소시켜 경기를 더욱 침체에 빠지게 할 것이다. 즉, 균형재정도 반드시 좋은 것은 아니며 이렇게 정부가 어떤 목표달성을 위해 정책을 폈을 때 아무런 효과가 없거나 오히려 악화되는 현상을 가리켜 '정책함정(policy trap)'이라고 한다.

재정정책의 궁극적 목적은 완전고용, 물가안정, 경제성장 등 국가경제가 안정적인 성장을 하여 국민의 윤택한 삶을 영위하는 것에 있다. 이를 위해서 적자재정이나 흑자재정 모두 부정적인 영향을 주는 것을 살펴보았고 균형재정도 정책함정에 빠질 수 있음을 확인하였다. 따라서 특정한 재정상태가 바람직하다고 일률적으로 말할 수는 없으며, 상황에 맞는 유연한 재정정책이 필요하다.

재정의 자동안정화장치

경기침체는 실업증가 및 소득의 감소 등 국민경제에 부정적인 영향을 많이 주고, 지나친 경기호황도 인플레이션, 투기, 중복투자로 인한 자원낭비 등 부작용이 적지 않다. 또한 경기가 침체와 호황의 폭이 크고 자주 반복된다면 불확실성이 커져 경제활동에 많은 제약이 될 것이다. 따라서 가장 바람직한 것은 안정적이면서 지속적인 경제성장이라 할 수 있다. 따라서 현재 작동하고 있는 시장경제체제에서는 국가가 정책적으로 의도하지 않아도

국가나 지방자치단체 등 정부를 비롯하여 개인 기업도 발행한다.

자동적으로 경기의 호황과 불황의 강도를 완화시켜 안정적인 경제성장을 이룩하도록 시스템이 구축되어 있으며 이를 '자동안정화장치(automatic stabilizers)'라고 한다.

자동안정화장치의 예로 소득세나 실업보험, 사회보장 이전지출 등을 들 수 있다. 경기가 호황일 때는 소득증가에 따라 조세수입을 비롯한 의료보험, 국민연금 등 각종 사회 보험료가 증가할 것이고, 이는 총수요 증가를 억제하여 경기가 과열되는 것을 방지한다. 반대로 경기가 침체에 빠질 때는 조세나 사회 부담금 등의 징수는 감소하고 실업보험 등의 지출은 늘어 총수요를 증가시켜 경기를 부양하는 효과를 갖게 된다. 이러한 자동안정화장치는 굳이 국가가 개입하지 않아도 경제체제 내에서 스스로 안정적인 경제성장을 달성하도록 운영이 되고 있음을 의미하며, 이는 국가의 개입을 반대하는 경제학자의 논리적 근거 중의 하나가 되기도 한다.

• 제 23 장 •

물가지표와 체감물가가 차이 나는 이유는?

물가지수

거시경제 부문에서 앞에서 살펴본 GDP와 더불어 자주 거론되는 지표 중의 하나가 물가이다. 그런데 물가와 관련되어 자주 듣게 되는 내용이 다음의 신문기사에서 볼 수 있듯이 정부가 발표하는 물가와 피부로 느끼는 물가가 괴리가 있다는 것이다. "물가상승률은 0% 대라며 디플레이션 걱정이 나오는데 정작 올 한해 주부들은 장을 볼 때 생각보다 계산금액이 많이 나와서 놀란 적이 있을 것이다. 이른바 장바구니 물가가 많이 올랐기 때문인데 내년 체감물가는 어떨까? ……(이하 생략)" (2015.12.7. 연합뉴스)

물가

특정 상품의 가격이 얼마나 변화했나 하는 것은 변화분을 가격으로 나누어 가격상승률을 구하면 알 수 있다. 그러나 국가 경제를 연구대상으로 하는 거시경제 부문에서는 특정 상품의 가격이 아닌 국가의 전반적인 상품의 가격수준을 나타낼 지표의 필요성이 대두된다. 이때 매우 많은 상품의 가격을 종합적으로 나타내야 하므로 해결해야 할 몇 가지 문제점이 있다.

첫째, 국가 안에서 거래되는 모든 상품의 가격을 포함할 수 없다. 한 나라의 종합적인 물가수준이라고 하여 국가 내 상품가격 전부를 조사하여 지표로 만드는 것은 사실상 불가능할 뿐만 아니라 비용과 실효성 면에서도 바람직하지 않다. 따라서 국가의 물가를 대변할 수 있는 대표성 있는 품목을 대상으로 물가조사를 할 수밖에 없다. 이때 어떤 품목을 설정하는가에 따라 다양한 물가가 작성될 수 있는데, 소비자물가, 생산자물가, 수입물가, GDP디플레이터, 생활물가 등이 있다. 이중 가장 포괄적이고 많은 상품가격이 고려된 것은 앞에서 살펴본 'GDP디플레이터'이다. 이것은 물가측정을 목표로 고안된 지표는 아니지만 명목GDP와 실질GDP의 차이가 물가 때문인 것에 기인한다. 그 외에 '소비자물가'는 단어 그대로 민간소비지출에서 비중이 큰 상품을 대상으로 조사 품목이 선정되며, '수출물가'는 수출 비중이 큰 품목, 그리고 '생활물가'는 소위 장바구니 물가로 불리는 국민의 일상생활과 밀접하게 연관된 품목을 중심으로 물가조사가 이루어진다.

좀 더 자세히 살펴보기 위해 '소비자물가'를 살펴보면 가계소비에서 차지하는 비중이 큰 489개 품목을 대상으로 조사가 이루어지고 있다. 이 중에 재화는 329개 품목이고 서비스는 160개 품목으로 구성되어 있다. 품목 이외에 고려해야 할 것 중의 하나가 어느 지역의 물가를 대상으로 하는가이다. 동일한 품목이라고 하더라도 지역에 따라 가격이 상이할 것이기 때문이다. 이것도 '소비자물가'의 목적에 부합되게 소비자가 많이 거주하는 지역을 중심으로 조사가 이루어지는데 서울을 비롯한 전국 38개 주요 도시를 대상으로 하고 있다.

둘째, 조사 품목이 현실을 제대로 반영하지 못할 가능성에 대한 문제가 있다. 조사에 대한 현실적인 문제로 한정된 품목만을 선정하여 조사할 수밖에 없다. 선정된 품목이 시간 흐름에 따라 변하는 경제생활을 반영하지 못할 수도 있다. 위에서 예를 든 소비자물가의 경우, 기준이 되는 소비생활이 10년 전과 지금이 다르므로 10년 전에 선정된 품목을 현재 그대로 사용한다면 이는 물가수준을 대표한다고 할 수 없을 것이다. 연탄이나 재봉틀, 성냥, 타자기 등은 예전에는 일상생활에서 빈번히 사용되고 지출액도 많은 품목이었으나 지금은 사용량이 크게 줄거나 거의 자취를 감추어버린 상품이다. 이에 반해 스마트폰, 공기청정기, 비데, 디지털 도어록 등은 과거에는 없던 상품이나 지금은 보편적으로 사용하고 있는 품목이다. 이는 재화뿐만 아니라 서비스에서도 마찬가지로 양장점, 시계 수리점 등과 같이 사라진 것과 콘도, 택배, 산후조리원 등과 같이 새로이 생겨난 상품이 있다. 이러한 소비패턴의 변화가 조사 품목에 반영되어야 소비생활과 관계된 물가를 대변할 수 있을 것이다.

이를 위해 물가조사 품목을 항상 동일하게 하는 것이 아니라 주기적으로 바꾸어주고 있다. 소비자물가의 경우 현재 5년을 주기로 품목을 조정하고 있는데 제외된 품목과 새로이 추가된 품목을 살펴보면 소비생활의 변화를 유추해 볼 수 있다. 다음의 표에 소비자물가 품목조정이 이루어졌을 때 제외된 것과 추가된 상품 중에서 몇 가지를 제시하였다.

〈표 10〉 소비자물가지수 품목의 변화

2010년 제외	2010년 추가
한복, 정수기, 영상매체 대여료, 샐러드 등.	막걸리, 삼각김밥, 디지털 도어록, 스마트폰 이용료 등
2015년 제외	**2015년 추가**
꽁치, 난방기기, 케첩, 사전, 피망, 예방 접종비, 신발 세탁료 등	현미, 파프리카, 블루베리, 파스타, 헬스기구, 도시락, 휴대전화 수리비 등
2020년 제외	**2020년 추가**
연탄, 프린터, 학생복, 넥타이, 교과서, 사진기 등	망고, 아보카도, 마스크, 식기세척기, 의류건조기, 쌀국수, 등

셋째, 조사 품목에 포함된 상품의 가격변동에 따른 영향을 동등하게 취급하였을 경우 문제점이 발생할 수 있다. 물가는 특정 상품 하나의 가격이 아닌 전반적인 상품가격 수준을 의미하기 때문에 평균의 개념으로 측정할 수밖에 없다. 그런데 일반적으로 가장 많이

사용하는 평균의 개념인 산술평균으로 물가를 측정하였을 경우 문제점이 생길 수 있다.

소비자물가를 다시 예로 들어보면 농산물 중에 쌀과 땅콩이 현재 조사 품목으로 포함되어 있다. 조사 품목 중에서 다른 상품가격은 변함이 없고 쌀과 땅콩의 가격만 변했는데 쌀은 가격이 10% 상승하고 땅콩은 10% 하락하였다고 하자. 이 경우에 산술평균으로 전체 가격변화율을 측정해 보면 쌀과 땅콩의 가격변화가 서로 상쇄되어 물가는 변함이 없는 것으로 측정될 것이다. 그러나 쌀이 땅콩보다 소비생활에서 차지하는 비중이 크기 때문에 소비자는 물가가 그대로라고 느끼기보다 상승하였다고 느낄 것이다. 따라서 조사 품목을 동등하게 취급하여 산술평균을 하는 것은 현실과 왜곡된 물가를 반영할 수 있다.

〈표 11〉 소비자물가 주요 조사 품목 가중치(2017년 기준)

지출목적별 가중치	대표 품목 및 가중치
식료품·비주류음료(137.6)	돼지고기(9.2), 쌀(4.3), 우유(4.3), 드레싱(0.2), 커피(2.4)
주류 및 담배(15.8)	담배(10.3), 소주(1.5), 맥주(2.9)
의류 및 신발(61.1)	여자외투(7.1), 티셔츠(3.4), 점퍼(6.7)
주택·수도·전기 및 연료(165.9)	전세(48.9), 월세(44.8), 도시가스(14.8)
가정용품 및 가사서비스(44.2)	가사도우미(3.1), 침구(2.8), 세탁세제(1.8), 가전제품렌탈비(1.8)
보건(69.8)	외래진료(16.3), 치과진료(5.5), 입원비(8.7)
교통(112.6)	휘발유(23.4), 경유(13.8), 시내버스(9.4)
통신(53.5)	휴대전화기(9.9), 휴대전화료(36.1), 인터넷이용료(5.6)
오락 및 문화(31.2)	해외여행(13.8), 국내여행(2.7), 서적(2.1)
교육(89.6)	중학학원(15.9), 사립대등록금(13.1), 고등학원(14.0)
음식 및 숙박(131.8)	구내식당(12.9), 맥주(외식)(6.5), 생선회(9.0)
기타 상품 및 서비스(56.9)	미용료(8.6), 자동차보험(3.1), 보육료(1.7)

자료 : http://kostat.go.kr/incomeNcpi/cpi/index.action

이를 해결하는 방법으로 산술평균이 아닌 가중평균의 방법으로 물가를 측정한다. 즉, 조사 품목의 중요도를 동등하게 보는 것이 아니라 소비에서 더 큰 비중을 차지하고 있는 품목에 더 큰 가중치를 두어 평가하는 것이다. 위에서 예를 든 쌀과 땅콩의 경우 총 가중치 1,000중에서 쌀은 6.4, 땅콩은 0.1의 가중치를 갖고 있다. 즉, 쌀의 가격변화는 땅콩의 가격변화에 비해 소비자물가에 약 64배 더 크게 영향을 미친다고 이해할 수 있다.

현재 소비자물가를 측정할 때 가중치는 지출목적별로 12개로 나누어 가중치를 부여한 후 이를 다시 세부품목 가중치로 나눈다. <표 11>은 지출목적별 가중치를 보여주고 있는데 '주택.수도.전기 및 연료' 부문이 가장 가중치가 크고 '식료품 및 비주류 음료'가 다음으로 크다. 품목별 가중치의 크기로 국민의 소비패턴을 어느 정도 유추가 가능한데 예로 세부품목 중에서 위에서 살펴본 쌀은 4.3인데 비해 중학 학원비가 15.9의 가중치를 갖는 것이 흥미롭다. 즉, 이를 가중치 그대로 해석한다면 우리나라 국민은 주식인 쌀에 대한 지출보다 자녀 교육인 중학생의 학원 수강료로 지출하는 것이 약 4배가량 많다고 할 수 있다.

조사 품목과 마찬가지로 가중치도 소비패턴의 변화와 함께 변화하게 될 것이다. 따라서 이를 반영할 제도적인 장치가 필요하며 이를 위해 주기적으로 가중치를 변화시키고 있다.

넷째, 물가를 표시하는 단위의 문제점이다. 상품가격은 화폐단위로 표시가 되지만 물가는 많은 상품의 가격을 종합적으로 포함하고 있어 이를 화폐단위로 나타내기가 어렵다. 조사 품목의 모든 상품가격을 더할 수도 없고 평균가격으로 사용해도 품목마다 가격 차이가 커서 문제가 적지 않다. 예로 구내식당 이용료와 전셋값의 가격 차이는 비교 자체가 의미가 없을 정도로 크기 때문에 이의 가격을 같이 놓고 측정하는 것은 의미가 없다.

이런 문제를 해결하기 위해 물가는 '지수(index)' 형태로 표현한다. '지수'는 특정 시점을 기준시점으로 하여 이때의 값을 100으로 하여 비교 시점의 값을 표현한 것을 말한다. 우리가 일상생활에서 가장 많이 듣는 지수중의 하나는 '종합주가지수'일 것이다. 증권시장에서는 매일 주식이 거래되는데 A사가 가지고 있는 주식에다가 현재 거래되고 있는 주식가격을 곱하면 A사의 주가총액이 나올 것이다. 다른 회사도 같은 방식으로 그 회사의 주가 총액을 계산할 수가 있고 이를 모두 더하면 우리나라 주가총액이 계산될 것이다. 1980년 1월 4일 우리나라 주가총액을 100으로 하여 현재 우리나라 주가 총액이 얼마인가를 나타낸 것이 '종합주가지수'이다. 유사한 개념으로 한 나라의 종합적인 물가수준은 동일한 양을 거래하는데 필요한 돈의 액수로 측정할 수 있을 것이다. 동일한 상품의 동일한 양을 거래하는데 작년보다 10%의 돈이 더 소요된다면 물가가 10% 오른 것으로 판단할 수 있을 것이다. 이렇게 일정량의 거래를 위해 필요한 금액을 기준시점을 100으로 하여 비교 시점을 표현할 수 있는데 이것이 '물가지수(price index)'이다.

비단 물가나 주가뿐만 아니라 모든 수를 지수형태로 나타낼 수 있다. 예로 우리나라의 주민등록상 인구를 지수형태로 나타내 보면 다음의 표와 같다.

〈표 12〉 인구의 지수화

	2005	2010	2015	2020
전국 인구	48,782,274명	50,515,666명	51,529,338명	51,829,136명
인구지수	100	103.5	105.6	106.2

지수는 항상 기준연도가 필요한데 예에서는 2005년을 기준으로 하였다. 즉, 2005년 전국인구가 약 4천8백7십만여 명이었는데 이를 100으로 놓고 비교연도의 상대적인 크기를 구할 수 있다. 지수는 각기 단위가 다른 자료의 비교나 특정 연도를 기준으로 한 비교에 유용하게 사용될 수 있다.

〈표 13〉 주요 품목별 소비자물가지수

품목별 \ 연도	2015	2016	2017	2018	2019	2020
총지수	100.0	100.97	102.93	104.45	104.85	105.42
식료품	100.0	102.31	105.78	108.72	108.77	113.58
의 류	100.0	101.80	102.90	104.04	104.15	104.91
교 통	100.0	97.79	101.29	103.74	101.88	100.01
교 육	100.0	101.64	102.80	104.21	104.76	102.52
음식 및 숙박	100.0	102.51	104.97	108.14	110.10	111.15

그러나 지수를 이해할 때 유념해야 할 것이 있는데 바로 %와 %P의 차이다. %는 흔히 말하는 백분율로 기준량을 100으로 놓고 비교하는 양을 표현하는 것을 말하며, %P는 단순한 백분율의 차를 의미한다. 위의 인구를 예로 든다면 2010년의 지수는 103.5로 2005년 100에 비해 3.5% 증가하였다고 말할 수 있다. 이때는 지수의 차이가 그대로 증가율의 의미로 해석할 수 있다. 그러나 2015년 인구지수는 105.6인데 2010년 대비 인구증가율을 인구지수의 차이인 2.1%로 이해해서는 안 된다. 105.6은 기준연도인 2005년에 비해 5.6% 증가하였음을 의미하며 단순한 백분율의 차이는 2005년에 비해 2.1%P 증가하였다고 말할 수 있다. 증가율은 2010년을 기준으로 다시 산출하여야 하며 예에서는 2%가 된다. 이런 %와 %P와의 격차는 기준연도에서 멀어질수록 더욱 커지기 때문에 해석에 주의해야 한다.

물가지수의 한계

위에서 한 나라의 전반적인 상품가격 수준을 나타내는 물가지표를 측정하면서 문제점과 이를 해결하는 방법을 통해 물가지수의 특징을 살펴보았다. 현실적인 문제를 고려할 때 어쩔 수 없는 선택이기는 하지만 현행 물가지수의 특징과 함께 한계점을 인지하여 올바른 이해가 필요하다.

가장 큰 한계점 중의 하나는 첫째, 이번 장의 제목에서 표현하였듯이 현실을 제대로 반영하지 못할 수 있다는 점이다. 물가지수는 특정 지역의 특정 상품만을 조사대상으로 하며 가중치를 부여하여 측정한다. 그러나 이 말은 역으로 어떤 상품이 조사대상 품목에서 제외되어 있거나 가중치가 낮게 되어 있다면 해당 상품의 가격이 큰 폭으로 상승하여도 물가에는 별다른 영향을 미치지 못함을 의미한다. 이런 것을 방지하기 위해 주기적으로 조사 품목이나 가중치를 현실에 맞게 조정하여 주고는 있지만, 현실을 반영하지 못할 가능성은 여전히 존재한다. 더구나 현재 조정주기는 상품의 life cycle이 점점 짧아지는 추세를 감안할 때 너무 길며 이로 인해 지표와 현실의 괴리가 커질 수밖에 없다.

두 번째, 물가지수의 한계점으로는 상품 질의 변화를 반영하지 못함을 들 수 있다. 예를 들어 물가조사 품목에 USB 보조 메모리가 포함되어 있는데 작년에 가장 널리 사용되는 것이 16GB로 5,000원씩에 판매되었는데 올해는 32GB의 용량이 가장 보편적인 것이 되었고 가격은 8000원이라고 하자. 그렇다면 USB 보조 메모리의 가격은 작년보다 상승하였다고 할 수 있는가 하는 문제이다. 상품 1개의 가격은 올랐지만, 메모리 용량으로 보면 32GB를 갖추기 위해서 작년에는 10,000원이 필요했는데 올해는 이보다 적은 비용으로 가능해 오히려 가격은 내려갔다고 할 수도 있다. 이렇듯 상품의 질을 고려하면 상품의 가격은 달리 변할 수 있는데 현행 물가지수는 단순히 단위당 가격만으로 측정된다.

셋째, 상품가격이 변화하면 이로 인한 행동의 변화 가능성을 고려하지 않고 있다. 소비자물가지수는 가계소비지출이 많은 품목을 대상으로 조사한다. 예로 버터가 조사 품목에 포함되어 있고 버터는 마가린과 대체관계에 있다고 하면, 버터 가격이 상승하였을 때 사람들은 상대적으로 싼 마가린으로 소비를 대체할 것이다. 이 경우 버터는 이제는 소비 비중이 높은 품목이 아니며 오히려 마가린의 소비 비중이 높게 되어 물가지표의 현실 반영 정도가 낮아지게 된다.

그 외에 물가지수 GDP와 마찬가지로 거래되는 상품의 종류와 수가 매우 많은 관계로 전수조사를 하지 못하고 표본조사에 의존할 수밖에 없다. 따라서 이 과정에서 오차가 발생할 가능성은 항상 내재해 있다.

• 제 24 장 •

박찬호와 추신수 중 누구의 연봉이 많을까?

물가통계의 적용

거시경제 지표로서 물가를 추계하는데 있어서 고려해야 할 사항과 이의 해결방안에 대해 전 장에서 살펴보았는데 간단한 예를 통하여 물가지수를 산출해봄으로써 이해를 돕고자 한다. 또한 일상생활에서 물가지수를 활용할 수 있는 예를 찾아 적용해 본다면 현실을 더욱 잘 이해하고 의사판단에 도움이 될 것이다.

물가지수 작성

앞에서 물가는 동일한 양의 상품을 거래하기 위해 필요한 화폐량으로 측정한다는 것을 알았다. 하나의 가상적인 상황을 고려하기 위해 우리나라에서는 옷과 쌀 두 상품만을 생산하며 2020년에 비해 2021년은 옷의 생산량과 가격은 변함이 없으나 쌀은 흉년이 들어 가격이 상승하여 다음의 표와 같다고 하자.

〈표 14〉 물가지수 작성 예

	2020년 가격	2020년 생산량	2021년 가격	2021년 생산량
옷	50만원	10벌	50만원	10벌
쌀	10만원	10가마니	20만원	5가마니

2021년은 2020년에 비해 물가가 얼마나 올랐는지 물가지수를 산출하여 알아보려고 한다. 물가지수를 구하기 위해서는 동일한 거래량을 기준으로 소요되는 화폐량을 측정해야 하는데 이때 어느 해의 거래량을 기준으로 할 것인지에 대한 문제가 생긴다.

우선 기준연도인 2020년의 거래량을 기준으로 살펴보면 2020년에 옷 10벌과 쌀 10가마니를 거래하기 위해서는 '50만원×10벌+10만원×10가마니=600만원'이 필요하다. 동일한 양의 상품을 2021년에 거래하였다면 '50만원×10벌+20만원×10가마니=700만원'이 필요하게 된다. 이를 기준연도를 100으로 하여 지수화하면 (700/600)×100=117이 된다. 즉, 물가지수는 2020년이 100이라고 한다면 2021년은 117이 되며 이는 전년도에 비해 17% 물가상승이 이루어졌음을 의미한다.

거래량을 비교년도인 2021년을 기준으로 해서 소요되는 화폐 액을 추정할 수도 있는데 2020년 가격으로는 '50만원×10벌+10만원×5가마니=550만원'이 지출된다. 동일한 상품의 양을 2021년에 거래하면 '50만원×10벌+20만원×5가마니=600만원'이 필요하게 된다. 이를 2020년을 기준으로 지수화하면 (600/550)×100=109가 되어 전년보다 물가는 9%가 상승한 것으로 나타난다. 이것은 위에서 살펴본 2020년(기준연도) 거래량을 기준으로 한 물가지수와는 상이한 결과로, 어느 연도를 기준으로 정하는가에 따라 물가지수가 달라질 수 있음을 보여준다. 두 물가지수 중 어느 한 가지만 옳은 것은 아니며, 각각 장단점이 있어 모두 사용이 가능하다.

이때 기준연도 거래량으로 물가지수를 산정한 전자의 경우를 '라스파이레스 지수(Laspeyres index)'라고 부르며, 비교년도 거래량으로 산정한 후자의 경우는 '파셰 지수(Paasche index)'라고 부른다. 위의 예에서 알 수 있듯이 '파셰지수' 보다는 '라스파이레스지수'가 크게 평가되는 경향이 있으며, '파셰지수'로 측정되는 대표적인 물가통계로는 'GDP 디플레이터'가 있고, '라스파이레스지수'로 측정되는 물가통계로는 '소비자물가지수'가 있다. 위에서 언급하였듯이 두 가지 모두 사용되고 있으며 더 좋고 나쁨으로 비교할 수 없으나 물가통계를 이해함에 있어 '파셰지수'는 과소평가되고, '라스파이레스지수'는 과대평가되는 특징이 있음을 감안하여야 올바른 분석을 할 수 있다. 두 물가지수를 일반식으로 정리하면 다음과 같다.

$$\text{라스파이레스 지수} = \frac{\sum_{i=1}^{n} P_{it} Q_{io}}{\sum_{i=1}^{n} P_{io} Q_{io}} \times 100, \quad \text{파셰지수} = \frac{\sum_{i=1}^{n} P_{it} Q_{it}}{\sum_{i=1}^{n} P_{io} Q_{it}} \times 100$$

* 여기에서 하첨자 i는 물가 조사대상 품목을 의미하며, t는 비교년도 o는 기준년도를 의미한다.

인플레이션

물가를 이야기할 때마다 거의 함께 거론되는 단어 중의 하나가 '인플레이션'이다. 인플레이션(inflation)은 물가의 지속적인 상승을 의미하며, 물가지수를 근거로 판단된다. 인플레이션은 국가 경제에 미치는 영향이 크기 때문에 자주 거론된다.

인플레이션은 물가의 지속적인 상승을 의미하고, 물가는 종합적인 가격수준을 나타내기 때문에 인플레이션의 원인은 미시경제학 부문에서 가격상승의 경우와 기본적인 원리가 같다. 우선 수요측 원인에 의해 인플레이션이 일어날 수 있는데 <그림 42>에서 총수요곡선 AD_0가 AD_1으로 우측으로 이동하여 물가가 상승하는 경우이다. 그래프에서 세로축 P는 여기서는 국민경제를 다루는 거시부문이므로 가격이 아닌 물가를 나타내며, 가로축 Y는 국내에서 거래되는 총량의 개념인 '국내총생산'으로 이해할 수 있다. 총수요가 증가하는 원인으로는 이를 구성하고 있는 민간소비, 투자, 정부지출의 증가가 모두 원인이 될 수 있다. 경기가 좋아 개인의 소비가 늘어나거나, 투자환경이 좋아져 기업의 투자가 증가하거나, 정부의 확대재정정책 등이 원인이 되어 총수요가 증가할 수 있다. 또한, 정부에서 화폐를 너무 많이 공급해도 물가상승이 유발될 수 있는데 이는 뒤에서 더 자세히 살펴본다.

〈그림 42〉 인플레이션

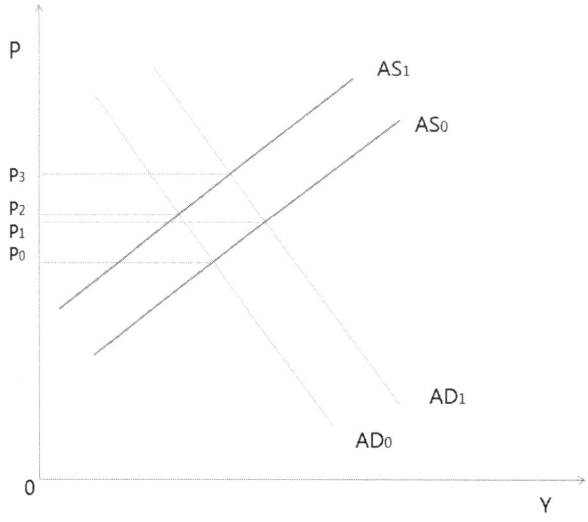

인플레이션은 공급측에 의해서도 유발될 수 있는데 그래프에서처럼 총공급곡선이 AS_0가 AS_1으로 좌상방으로 이동할 때 물가가 상승하게 된다. 공급측 인플레이션의 대표적인 원인 중의 하나로 생산요소가격의 상승을 들 수 있는데 과거 오일쇼크 때 물가상승이 크게 일어난 사실이 좋은 예가 될 수 있다.[64] 또 다른 원인으로 예상물가의 변동이 원인이 될 수 있는데 미래 물가가 상승할 것으로 예상된다면 생산자는 현재 생산하기보다는 미래

64) 1차, 2차 오일쇼크가 있었던 1973년과 1979년의 여파로 이듬해인 1974년과 1980년에 소비자 물가는 전년 대비 각각 24.3%와 28.7%의 상승을 나타냈다.

에 생산하기를 원할 것이다. 따라서 현재 생산량을 감소시킴에 따라 공급곡선은 좌상방으로 이동하게 된다. 그 외에도 노사분규나 자연재해 등 예기치 않은 충격에 의해 공급측 물가상승이 유발되기도 하는데 구제역 파동이 일었을 때 돼지나 쇠고기 가격이 상승한 것을 예로 들 수 있다.

공급측과 수요측이 혼합되어 인플레이션을 유발하기도 하는데 그래프 상으로는 총수요곡선은 우상방으로 이동하고 총공급곡선은 좌상방으로 이동하게 된다. 이 경우는 수요나 공급 한쪽 측면이 원인이 되는 것보다 큰 폭의 물가상승을 가져오게 되는데 심한 경우 '초인플레이션(hyperinflation)'을 유발할 수 있다.[65] 초인플레이션은 수요와 공급측 인플레이션의 원인이 서로에게 영향을 주어 일어나게 되는데 예로 원유 가격이 인상되어 비용인상 인플레이션이 촉발되었다고 하자. 이에 따라 총공급곡선은 좌상방으로 이동하여 생산과 고용이 감소하는 등 경기가 침체될 것이다. 이에 정부는 경기부양을 위해 확대재정정책을 실시하게 되고 이는 또다시 수요측 인플레이션의 원인이 될 수 있다. 이렇게 물가가 계속 오르게 되면 노동자의 실질임금은 감소하게 되고, 이에 노동자는 명목임금의 상승을 요구할 것이며, 이는 또다시 공급측 인플레이션을 일으키게 된다. 이렇듯 서로가 연쇄적으로 영향을 주어 고도의 물가상승을 유발할 수 있다.

인플레이션은 좋지 않은 경제 현상으로 인식되어있고 실제로 경제에 악영향을 주고 있다. 그렇다면 구체적으로 어떤 이유로 인플레이션이 국민경제에 좋지 않은 것인지 알아보자. 우선 가장 큰 문제점으로 시장균형의 왜곡을 들 수 있다. 경제생활에서 해결해야 할 과제이면서 시장의 가장 큰 기능인 '자원의 최적배분'은 가격을 매개로 한 수요와 공급이 일치하는 균형에서 달성됨을 알고 있다. 그런데 물가가 상승하게 되면 이 균형이 왜곡되게 된다. 노동시장을 예로 보면 노동의 수요와 공급이 일치하는 균형에서 임금이 결정되는데 물가가 상승하게 되면 실질임금이 하락하게 될 것이고 이는 노동공급곡선의 이동을 가져오게 될 것이다. 이로 인해 균형노동량이 영향을 받아 노동투입량이 변하면 상품의 생산량이 변하게 되고, 이는 상품가격에도 영향을 미치는 등 경제에 전반적으로 왜곡 현상이 야기된다. 따라서 시장의 기능이 제대로 수행되지 못하여 자원이 필요한 적재적소에

---

65) 독일, 남미, 러시아 등에서 경험하였으며 예로 1차 대전 후 독일은 전쟁배상과 경제복구를 위해 통화 증발을 하였고 이에 따라 매월 1000% 이상의 물가상승이 이루어져 2년여의 초인플레이션 기간 동안 물가가 300억 배 상승하였다.

배치되지 못하게 된다.

둘째, 소득과 부의 재분배가 일어난다. 13장에서 생산요소의 생산성이나 상품의 가격 등에 의해 임금 및 소득분배가 이루어짐을 살펴보았다. 그런데 물가가 상승하면 시장에서의 경제활동과는 무관한 소득분배가 다시 일어나게 된다. 예로 개인 간 자본거래가 이루어져 채무자와 채권자가 있다고 하자. 이때 물가가 상승하게 되면 만기도래 시에 갚아야 할 금액은 변함없다 하더라도 실질적 가치는 하락하게 될 것이다. 즉, 채무자는 빚의 부담을 덜 수 있고 채권자는 이자소득이 실질적으로 감소하게 되어 소득과 부가 채권자로부터 채무자에게 재분배된다. 이는 실물자산과 금융자산 간에도 발생하게 되는데 인플레이션이 발생하게 되면 전반적인 상품의 가격이 상승하여 보유하고 있는 실물자산의 가격도 상승하게 되는 경우가 많다. 이에 비해 금융기관에 예금의 형태로 보유하고 있는 금융자산은 물가상승에 대해 연동되어있지 않아 원금 및 이자액이 변함이 없다. 따라서 인플레이션이 일어나면 금융자산을 보유하고 있는 개인은 손해가 되고 실물자산을 보유하고 있는 개인은 상대적으로 이득이 되어 소득재분배가 일어나게 된다. 이러한 소득재분배가 문제가 되는 이유는 개인의 자유로운 의사결정에 의해 이루어지는 것이 아니라 타의에 의해 불가항력적으로 일어난다는 것이다. 자의적인 의사결정이라고 하면 소득이전도 본인의 효용함수에 의한 합리적인 선택의 결과로 볼 수 있어, 자원의 최적배분 달성을 위한 하나의 과정으로 이해할 수 있다. 그러나 본인 의사와 무관하게 외적 요인에 의해 이루어진다면 오히려 자원의 최적 배분을 왜곡시키게 될 것이다.

셋째, 인플레이션은 각종 비용을 유발하여 경제적 효율성을 떨어뜨리게 된다. 인플레이션으로 인한 대표적인 비용은 6장에서 살펴본 메뉴비용이 있다. 즉, 가격이 변하면 메뉴판을 바꾸어야 하듯이 상품과 관계된 메뉴판을 비롯한 상품안내서, 포장지, 광고 등을 교체해야 할 것이며 이에 비용이 따르기 마련이다. 그 외에 결제 관행이나 예상수입에 기초한 투자계획 등 기업의 상황에 따라 다양한 비용이 수반될 수 있다. 인플레이션에 따른 비용은 비단 기업에 국한되는 것이 아니라 국가 전체에 영향을 주기도 한다. 물가가 상승하면 상품거래를 원활히 하기 위해 필요한 화폐의 양도 증가하게 될 것이다. 따라서 정부는 화폐를 추가로 발행하여야 하며 이의 제작.유통.관리에 추가적인 비용이 수반되기 마련이고 이는 국가적으로 보았을 때 자원의 낭비라고 할 수 있다. 또 다른 사회적 비용으로 '투기'를 생각할 수 있다. 인플레이션이 일어나면 상품 가격 차이를 이용한 이윤획득을 위해 투기가 일어날 수 있다. 이러한 투기에 의한 수요는 상품생산과는 무관한 수요로 상품 가격상승을 더욱 유발할 뿐만 아니라 시장의 수급 상황을 왜곡시키게 되어 많은 사회적 비용을 발생시킨다.

넷째, 인플레이션은 소득 불평등을 악화시킬 수 있다. 인플레이션이 일어나면 화폐가치가 떨어져 동일한 상품거래를 위해서 더 많은 화폐가 필요함은 위에서 언급하였다. 인플레이션이 실질소득을 감소시키는 효과가 있는 것이 마치 정부에서 조세징수를 하는 것과 마찬가지임에 빗대어 '인플레이션 세금(inflation tax)'이라는 표현을 쓰기도 한다. 그런데 일반적인 소득세는 '누진세'인데 비해 인플레이션 세는 '역진세'의 성격을 갖고 있다. 예를 들어 상품가격이 만 원 상승하였다고 하면 이는 전 국민에게 동일하게 적용된다. 그러나 부자나 가난한 사람 모두에게 동일하게 가격이 상승하였다고 해도 상승한 가격이 소득에서 차지하는 비중은 상이할 것이다. 즉, 저소득자에게 소득대비 더 높은 비율의 가격상승이 있게 되고, 고소득층보다 저소득층이 더 과한 부담을 지게 되어 소득분배 불평등을 더욱 심화시키게 된다.

물가지수의 적용

물가수준을 나타내는 물가지수를 구하는 방법과 물가상승이 경제에 미치는 부정적 영향에 대해 살펴보았다. 따라서 인플레이션으로 인한 영향을 최소화하기 위해서는 물가지수를 경제 행동에 활용하여 합리적 선택이 이루어지도록 할 필요가 있다.

우리나라 경제에 영향을 미치는 중요한 외부적 요인 중의 하나가 원유가격이다. 지금까지 몇 차례 원유가격의 급등으로 우리나라 경제가 큰 타격을 받은 바 있고 그때마다 자주 언급되는 것이 '오일쇼크'이다. 대표적인 오일쇼크는 두 번 있었는데 1차 오일쇼크는 1972년 배럴 당 2달러였던 원유가격이 1년 뒤인 1973년 11달러로 5배 이상이 뛰었다. 2차 오일쇼크는 전보다는 점진적이라 할 수 있으나 1978년 배럴 당 12달러였던 원유가 1981년에는 34달러를 넘어 전적으로 수입에 의존하는 우리나라 경제에 큰 영향을 주었다. 그런데 최근 석유 가격이 크게 하락하기는 하였으나 오랫동안 100달러를 초과하는 가격에 거래되고 최고 140달러 이상의 가격으로 거래된 점을 고려하면 10~30달러 수준의 가격은 액면가 그대로는 그다지 비싸게 느껴지지 않는다. 이는 물가 및 실질소득 수준을 감안하지 않고 단순히 석유 가격만을 고려했기 때문이다. 즉, 같은 가격이라고 하더라도 40여 년 전의 가격과 지금의 가격은 가치가 큰 차이가 있을 것이며 이를 고려한 비교가 이루어져야 한다.

현재의 가격을 미래나 과거의 가치로 또는 미래나 과거의 가치를 현재의 가치로 바꿔주는 것을 '환가(換價)'라고 하며 '디플레이트(deflate)'한다고 표현한다. 이때 사용하는 지수를 '환가지수' 또는 '디플레이터(deflator)'라고 하며 앞에서 살펴본 '물가지수'가 그 역할을 할 수 있다. 물가는 그 해의 전반적인 상품가격 수준을 나타내고 있기 때문에 비교하고자 하는 두 연도의 상대적인 물가수준을 고려하여 상품의 가치를 추정할 수 있을 것이다. 이때 다양한 물가지수 중에서 어떤 것을 '디플레이터'로 사용할 것인지는 '환가'의 목적에 따라 적합한 것을 사용하면 된다. 예로 지금 살펴보고자 하는 석유 가격의 경우 일반 국민의 소비행위에 어떤 영향을 주었는가를 보는 것이 목적이라면 '소비자물가지수'를 사용하는 것이 타당하며, 수출상품에 미친 영향을 보기 위해서는 '수출물가지수', 기업의 생산비에 미친 영향을 보기 위해서는 '생산자물가지수'를 사용하는 것이 목적에 부합될 것이다. 본 예에서는 석유가 소비, 생산, 수출 등 우리나라 경제 전반에 걸쳐 영향을 주는 것을 고려하여 가장 포괄적인 'GDP디플레이터'를 사용하여 살펴보자.

1차, 2차 오일쇼크가 일어났던 1973년과 1981년의 배럴 당 원유가격인 11달러와 34달러를 2020년의 가치로 환산하고자 하는 것이 목적인데 이때 활용하는 2015년 가격 기준 GDP디플레이터는 다음 표와 같다. 즉, 2015년 물가를 100으로 했을 때 1973년은 5.6이고 1981년은 26.5, 2020년은 105.2라는 의미이다.

〈표 15〉 우리나라의 GDP 디플레이터

	1973년	1981년	2020년
GDP디플레이터	5.6	26.5	105.2

이를 비례식에 적용하면 어렵지 않게 현재의 가치로 환산이 가능하다. 우리가 알고 싶

어 하는 1973년에 11달러 하는 석유가 2020년에 얼마인가 하는 것은, 물가수준이 5.6일 때 11달러짜리 상품은 물가가 105.2일 때 얼마인가? 하는 것이다. 따라서 '5.6 : 11달러 = 105.2 : x달러'의 비례식으로 놓을 수 있고 이를 풀면 x=206.6달러가 된다. 즉, 40여 년 전인 1973년에 11달러에 판매되던 석유는 현재의 약 206달러의 가치를 갖는 것으로 그 당시 얼마나 많은 가격상승이 이루어졌고, 우리나라를 비롯한 세계 경제에 어느 정도 영향을 미쳤는지 가늠하게 한다.

마찬가지로 2차 오일쇼크 때인 1981년 34달러 석유 가격을 2020년 가치로 환산하려면 두 연도의 물가지수를 이용하면 된다. 위와 동일하게 비례식으로 계산하면 135달러가 되는데 이것으로 1차와 2차 오일쇼크 중에서 1차 때가 상대적으로 더 큰 폭의 가격상승을 가져왔음을 유추할 수 있다.

다음은 비슷한 예로 박찬호와 추신수의 연봉을 비교해보자. 두 선수 모두 우리나라의 대표적인 야구선수로 미국 메이저리그에서 성공하여 천문학적 연봉으로 화제가 되었다. 박찬호는 전성기 때인 2006년 연봉이 1,300만 달러였으며, 추신수는 2020년 연봉이 2,100만 달러였다.[66] 액면가로만 보면 추신수가 박찬호보다 더 많은 연봉을 받는 것으로 보이지만 이것도 정확한 비교를 위해서는 물가를 고려한 실질소득 개념으로 전환이 필요하다.

〈표 16〉 우리나라의 소비자물가지수

	2006	2015	2020
소비자물가지수	80.2	100	105.4

이것도 목적에 따라 디플레이터로 다양한 물가지수 사용이 가능하나 여기서는 실질소득이 주로 소비와 연관되어 있다고 보고 소비자물가지수를 활용해보자. 두 선수 모두 미국에서 소득을 벌고 있어 미국 소비자물가지수를 이용하는 것도 의미가 있으나 여기서는 논의의 편의를 위해 우리나라 물가지수를 활용한다.

66) 연봉이 다년계약으로 이루어지고 옵션이 다양하여 연 단위로 측정이 어려우나 기본연봉을 계약연수로 나누어 제시한 신문기사 내용을 참고하였다.

이를 활용하여 2006년 박찬호 연봉 1,300만 달러를 2020년의 가치로 환산하면 '80.2 : 1,300만 달러 = 105.4 : x 달러'가 되어 약 1,708만 달러가 된다. 즉, 추신수 선수의 연봉이 더 많지만, 그 차이는 크게 줄어든다. 이를 2020년 환율 1,180원을 적용해보면 추신수 선수는 247억 8천만 원, 박찬호 선수는 약 201억 5천만 원(2006년 환율 955.5원의 경우 124억 2천만 원) 정도가 된다.

일상생활에서 물가지수가 가장 많이 활용되는 것 중의 하나가 임금협상 때이다. 매년 임금협상 과정에서 최소한의 상승률로 또는 임금인상의 기준으로 임금지수를 활용한 물가상승률이 많이 거론된다. 물가상승률만큼 임금이 인상되어도 실질적인 가치는 변함이 없게 되어 실질임금의 상승을 위해서는 그 이상 임금이 인상되어야 한다. 그 외에 금융기관에서 적용하는 이자율에 대해서도 명목이자율과 실질이자율이라는 개념을 사용하는데 기본적인 원리는 동일하다. 즉, 실질이자율은 명목이자율에서 물가상승률을 빼준 것으로 정의되는데 원금에 이자가 가산되더라도 물가상승이 일어나면 그만큼 화폐의 가치는 떨어지게 되는데, 이를 고려하자는 의도이다.

• 제 25 장 •

왜 우리 동네에 한국은행 지점은 없나?

중앙은행의 역할, 화폐의 기능

매스컴의 광고에서나 거리를 거닐다 보면 많은 금융기관을 접할 수 있다. 금융기관은 말 그대로 '돈을 융통하는데 관련된 업무'를 하는 기관이다. 거시경제에 있어 돈은 인체의 혈액에 흔히 비유한다. 즉, 건강한 신체를 위해서는 피가 잘 돌아야 하듯이 국가경제가 원활히 유지되기 위해서는 돈이 잘 돌아야 한다는 것이다. 따라서 이번 장에서는 화폐가 무엇이고 어떤 기능을 하는지 알아보고, 나아가 화폐발행의 주체이면서 우리나라의 중앙은행인 한국은행의 기능에 대해 알아보고자 한다.

화폐

‘화폐(money)’는 일반적으로 통용되는 지불수단을 일컫는다. 먼저 화폐의 기능을 살펴보자.

첫째, 교환의 매개 기능이다. 화폐의 기능을 이해하기 위해서는 화폐가 없을 때를 상정해보자. 이 경우 물물교환을 하게 될 것이다. 그런데 물물교환이 이루어지기 위해서는 거래 상대자는 내가 줄 수 있는 물건을 원해야하며, 또 상대자가 줄 수 있는 물건을 내가 필요로 해야 한다. 그러나 이런 상대자를 찾는 것은 쉬운 일이 아니며 많은 비용을 수반하게 된다. 이때 화폐가 있으면 내가 제공할 수 있는 상품을 화폐로 교환한 후에 아무 때나 필요할 때 원하는 상품을 화폐로 교환하면 된다. 이렇듯 화폐가 상품거래에서 중간에 매개체가 되어 교환이 원활히 이루어지도록 한다.

둘째, 교환이 이루어지려면 교환비율이 정해져야 하는데 이는 상품의 가치에 의해 정해진다. 만일 사과와 배를 물물교환 하는데 사과가 배보다 두 배 가치가 높다고 하면 사과 하나에 배 두 개가 교환될 것이다. 물물교환의 경우에는 이렇듯 매 상품마다 교환비율이 정해져야 할 것이다. 그러나 화폐가 있게 되면 상품의 가치를 화폐단위로 나타낸 가격이 설정되고 이를 바탕으로 자연스럽게 교환비율이 정해지게 된다. 이렇게 화폐는 상품의 가치를 나타내는 ‘가치의 척도’로서의 기능을 한다.

셋째, 모든 거래에는 반드시 반대급부가 따르기 마련인데, 때로는 현재가 아니라 미래의 거래에 대한 청산[67]이 이루어질 때가 있다. 예로 물물교환을 하는데 봄에 곡물의 씨앗을 얻는 대가로 가을에 쌀을 주기로 약속할 수 있을 것이다. 그러나 때로는 미래에 내가 원하는 상품이 없을 수도 있고 상품가치가 현재와 달라질 가능성이 있으며 이러한 불확실성은 거래를 어렵게 만드는 요인이 된다. 이 경우도 화폐가 있으면 미래의 청산에 대한 조건을 원금과 이자까지 포함하여 화폐액으로 나타냄으로써 불확실성을 제거할 수 있다. 이러한 화폐의 기능을 ‘장래지불의 표준’이라 한다.

넷째, 소득과 소비는 동시에 발생하지 않을 수 있으며 규모도 같지 않을 수 있다. 일반

---

67) 경제주체간 지급행위가 수표, 계좌이체 등 비현금수단을 이용하여 이루어진 경우, 지급인과 수취인의 거래은행들이 주고받을 금액을 정산하고 최종 확정하는 과정

적으로 현재 소득의 일부분만 소비하고 나머지는 미래소비를 위해 저축을 한다. 화폐가 없다면 물물교환의 경우에 미래의 소비를 위해 상품을 저장해 놓을 수밖에 없다. 그러나 장기간 저장·보관이 불가능하거나 불리한 상품의 경우에는 미래의 거래성립이 어려울 것이다. 그러나 화폐가 통용되고 있다면 상품을 판매하여 화폐형태로 보유하고 있다가 미래에 소비하면 된다. 이때 화폐는 보유에 따라 가치의 손실이 일어나지 않으며[68] 경우에 따라서는 자금대여를 통해 수익을 창출할 수도 있다. 즉, 화폐는 '가치의 저장수단'으로서의 역할도 수행한다.

화폐는 처음부터 따로 존재했던 것이 아니라 일반 상품이 그 역할을 대신했다. 원시시대에는 조개껍데기 등이 그 역할을 했으며, 이후에 소금이나 쌀, 금 등이 화폐로서의 역할을 수행했다. 이렇게 화폐의 역할을 하는 상품을 가리켜 '물품화폐'라고 한다. 그 이후 화폐의 역사는 오래되었으나 그에 비해 모양 이외에는 많은 변화를 겪지 않았다. 물품화폐 이후 사용된 주화(동전)는 아직까지 사용되고 있으며, 화폐제작 기술의 발달로 통용되기 시작한 지폐도 지금까지 사용되고 있다. 또한, 오늘날에는 사용이 줄어들었지만 어음, 수표 등의 신용화폐(예금화폐)도 불과 20여 년 전까지 널리 통용되었다. 현재는 통신 및 전산의 급격한 발달로 다양한 형태의 '전자화폐'가 출현하여 일상적으로 사용되고 있으며, '내 휴대폰 속 지갑, 지갑 없는 생활'을 만들어가고 있다. 이후 최근에는 전자체계를 근간으로 출현한 '암호화폐'가 전세계적인 돌풍을 일으켰으며, 일부 국가의 경우 암호화폐를 법정통화로 지정하여 공식적인 사용을 하기도 한다.

화폐는 결제를 위해 몸에 지니고 다녀야하기 때문에 휴대가 간편해야 한다. 또한 화폐 발행에는 비용이 수반되기 때문에 자원절약을 위해 내구성이 있어야 한다. 그 외에 화폐로 사용되는 재료는 재화로서의 사용가치가 적을수록 좋다. 왜냐하면 어떤 재화를 이용하여 화폐를 만든다는 것은 다른 상품을 만들 기회를 잃어버림을 의미하기 때문이다. 예로 주화를 금으로 만든다고 하면, 금을 이용해 다른 재화를 만들 기회를 잃어버림을 의미한다. 즉, 기회비용의 차원에서 재화로서의 사용가치가 적을수록 화폐로서 적합하다고 할 수 있다.

68) 단, 인플레이션이 일어난다면 화폐의 가치가 떨어져 가치의 손실이 유발될 수 있다.

통화

'통화(currency)'는 거래에서 지급이나 유통수단으로서의 기능을 지닌 은행권과 정부 발행의 화폐를 말한다. 언뜻 생각하면 앞에서 살펴본 '화폐'와 동일한 것처럼 생각되나 보다 넓은 의미로 이해할 수 있다. 화폐가 한국은행에서 발행한 은행권 즉, 돈에 국한되는 것인데 비해 통화는 일반은행에서 발행한 당좌수표, 예금통화 등을 포함하며 더 넓은 의미로는 비은행 금융기관에 예치되어 있는 화폐까지 포함한다. 즉, 화폐는 통화의 한 종류로 이해할 수 있다.

화폐는 실물거래가 원활히 일어나도록 도와주는 역할을 하는데 적정량에 비해 너무 적으면 상품거래를 제대로 할 수 없어 문제가 되고, 너무 많으면 상품가격 상승을 가져와 인플레이션을 유발할 수 있다. 따라서 단순히 발행된 화폐량뿐만 아니라 통화량은 경제에 많은 영향을 미치기 때문에 이를 나타내 줄 지표가 필요하다. 이때 어디까지를 통화의 범위로 볼 것인가에 따라 몇 가지 지표가 있는데 시중에 유통시키기 쉬운 정도를 기준으로 구분한다.

〈표 17〉 통화지표 구성항목

통화(M1) = 민간보유현금 + 요구불 예금 + 수시입출식 저축예금
총통화(M2) = M1+2년미만저축성예금+실적배당형상품+시장형상품[69]+금융채 및 기타
금융기관유동성(Lf) = M2 + 2년이상저축성예금 + 보험회사 준비금 및 기타
광의유동성(L) = Lf + 정부 및 기업이 발행한 금융상품[70]

가장 협의의 개념이 '통화(M1)'인데 이는 시중에 유통되고 있는 현금과 예금형태이기는 하지만 아무 때나 현금화 할 수 있는 요구불 예금을 포함한다. 이보다 좀 더 넓은 범위의 통화인 '총통화(M2)'는 저축성 예금이나 실적배당형 상품까지를 포함한다. '금융기관

69) 양도성 예금증서(CD), 환매채(RP) 등이 있다.
70) 국채, 지방채, 기업어음, 회사채 등이 있다.

유동성(Lf)'은 총통화에 증권이나 보험회사 등과 같은 비통화금융기관[71]에 예치된 화폐까지 더한 좀 더 넓은 지표이며, 여기에 국.공채 같은 공공기관 예수금까지를 더하면 '광의 유동성(L)' 지표가 된다. 그러나 인터넷 발달로 인한 예금, 전자화폐 등의 발달로 다양한 금융상품이 나오면서 이러한 지표의 범위가 고정된 것이 아니라 시대에 맞게 변화했으며 앞으로도 새로운 분류방식이 나올 것으로 예상된다. 예로 수익성의 목적보다는 결제수단의 목적이 강하여 '통화(M1)'로 분류되는 예금이 예전에는 요구불예금뿐이었지만 신용카드가 널리 보급되면서 각종 수시입출금이 가능한 저축성예금이 출현하였으며 이를 반영하여 현재는 이것까지 결제성 예금으로 분류하여 통화지표에 포함한다.

금융

금융은 쉽게 말해 '자금융통'의 준말이라 이해하면 된다. 즉, 자금이 여유가 있는 사람과 자금이 필요한 사람 간에 자금을 융통하는데 여기에는 당연히 반대급부인 이자가 따르기 마련이다. 이렇게 정해진 기간 동안에 원금과 이자변제에 대한 조건을 정해놓고 자금대여자와 차입자 간에 이루어지는 자금거래를 '금융(finance)'이라고 한다.

금융은 방법에 따라 직접금융과 간접금융이 있다. 직접금융은 자금의 대여자와 최종 차입자 쌍방이 직접 자금거래를 하는 것을 말하며, 간접금융은 자금중개기관을 통하여 자금거래가 이루어지는 금융방법을 뜻한다. 직접금융은 직접 거래한다고 하여 차입자가 대여자를 찾아나서 서로 대면하여 자금거래를 하는 것을 의미하지는 않는다. 직접금융은 주로 자금이 필요한 수요자가 '주식'이나 '채권'의 형태로 자금 공여자에게 판매하여 자금을 조달한다. 증권회사가 수요자와 공급자 사이에서 중개를 해준다고 생각해서 간접금융이라 생각하기 쉬우나 증권회사는 판매중개만 해줄 뿐이며 자금거래에 직접 간여하지는 않는다. 이에 비해 간접금융은 자금 수요자와 공급자 사이에 금융 중개기관이 개입되어 자금

---

71) 금융기관은 크게 통화금융기관과 비통화금융기관으로 구분할 수 있는데 통화금융기관은 본원통화나, 당좌예금 등을 통해 통화를 창출하는 한국은행이나 일반은행이 있으며, 비통화금융기관은 통화창출 기능이 낮은 개발기관, 보험회사, 증권회사, 투자회사 등이 있다.

흐름을 연결해 주는 방법이다. 대출에 대한 기간, 이자율, 지급방법 등 거래조건과 대상을 금융중개기관이 직접 결정한다. 흔히 가장 일상적으로 행해지고 있는 은행에서 대출 받는 것이 간접금융의 대표적인 예라고 할 수 있다.

직접금융과 간접금융은 각각 장단점이 있는데 자금 공급자의 입장에서 보면 직접금융의 경우 중개기관을 거치지 않기 때문에 간접비용을 절감할 수 있어 수익성은 높다. 반면 안전성 측면에서는 개인의 판단에 의존하는 직접금융 보다는 금융중개기관의 체계적인 분석과 위험분산 투자로 간접금융의 안정성이 높다고 할 수 있다. 그 외에 직접금융의 경우에는 차입자가 채무변제를 하지 못하게 될 경우 직접적인 영향이 자금공여자에게 국한되는데 비해 간접금융은 채무액이 클 경우 금융중개기관의 건전성에 영향을 미치고 이는 다시 채무자인 기업에까지 영향을 미쳐 파급효과가 크다.

이러한 자금운용이 원활히 이루어지도록 금융기관이 매개역할을 하게 되는데 목적에 따라 다양한 기관이 있다. 최근의 추세는 금융기관이 대형화와 종합화되고 있어 기관 간 업무영역의 구분이 모호해지고 있다. 그러나 설립취지 및 중심적인 업무측면에서 보면 다음과 같이 금융기관을 분류해 볼 수 있다.

금융기관 중에서 일반인에게 가장 친숙한 것은 은행일 것이다. 은행은 크게 중앙은행과 일반은행, 그리고 특수은행으로 분류할 수 있는데 중앙은행은 한국은행으로 여타 금융기관과 하는 일과 성격이 달라 다음 절에서 따로 살펴보기로 한다. 일반은행은 다시 시중은행, 지방은행, 외국은행 국내지점으로 구분할 수 있는데 은행의 기본업무인 예금, 대출, 환업무 등을 하며 은행법에 따라 영업행위에 약간의 차이가 있다. 특수은행은 일반은행에서 자금을 공급하기 어려운 부문에 자금을 원활히 공급하는 역할을 하는데 산업은행, 수출입은행, 중소기업은행, 농협 등이 있다.

은행이 아님에도 예금을 취급하는 금융기관이 있는데 일반은행과 달리 당좌예금[72]은 취급하지 않는다. 주변에서 어렵지 않게 볼 수 있는 기관도 많이 있는데 '상호저축은행'은 도시 자영업자나 지역주민을 주 대상으로 하여 자금운용을 하고 있으며, 이와 비슷하게 신용협동조합, 새마을금고, 농협.수협 단위조합은 직장 또는 직장단위로 조합원을 모으고 조합원의 예금을 바탕으로 자금운용을 한다. '종합금융회사'는 기업에 대한 종합적인 금

---

72) 수표 또는 어음을 발행하여 언제든지 자유로이 찾을 수 있는 예금

융지원을 목적으로 설립되었는데 단어 그대로 종합적인 금융 업무를 취급한다. 외자도입, 해외투자, 리스, 증권의 인수.매출의 주선, 설비 및 운전자금의 투.융자 등 보험과 일반예금 등을 제외한 대부분의 금융 업무를 취급한다.

'금융투자업자'로 일컬어지는 증권거래에 관련된 금융서비스를 제공하기 위해 설립된 금융기관도 있다. 대표 격인 '증권회사'는 기업을 상대로 증권발행을 주선하고 발행된 증권의 매매를 중개한다. '자산운용회사'는 여러 투자가가 맡기는 돈으로 투자용 펀드를 조성한 다음 주식, 채권, 부동산, 원자재 등에 투자하고 수수료를 받는다. 그 외에 투자자문을 해주고 수수료를 받는 투자자문회사와 증권회사를 상대로 자금을 대출해주는 증권금융회사 등이 있다.

금융기관 중에는 직접 자금 대출은 하지 않고 여신만을 전문으로 하는 기관도 있는데 신용카드회사, 할부금융회사, 리스회사 등이 있다. 보험회사는 불확실한 미래의 위험을 관리해주는 수단으로 보험료를 받아 이를 기반으로 금융 중개기능까지도 행하며 생명보험회사와 손해보험회사로 구분된다.

직접적인 금융기관은 아니지만 금융이 제 역할을 원활히 할 수 있도록 도와주는 보조기관도 있는데 개인이 예금한 금융기관이 도산하였을 경우를 대비하여 설립된 '예금보험공사', 대출을 받을 때는 대출자의 신용도에 의해 대출조건이 결정되는데 신용을 평가해주는 '신용평가회사', 개인이나 기업이 금융기관에서 자금을 빌릴 수 있도록 보증을 서고 대가를 받는 '신용보증기관' 등이 있다.

한국은행

위에서 언급한 금융기관의 대부분은 도심이나 주변 동네에서도 어렵지 않게 접할 수 있다. 그러나 한국은행은 이번 장의 제목에서도 언급하였듯이 일반은행처럼 동네마다 지점이 있지 않고 보통 광역자치단체 별로 지역본부가 있으며, 업무도 개인이나 기업의 일상생활에서 발생하는 금융 업무는 취급하지 않아 친숙하지 않고 역할이나 기능에 대해 잘 알지 못하는 부분이 있다.

한국은행의 기능과 관련하여 개인이 가장 많이 접하게 되는 것은 첫째, '화폐의 발행기능'이다. 우리가 매일 사용하는 화폐를 보면 '한국은행권'이라고 찍혀있는데 화폐발행과 관련된 권한을 한국은행이 갖고 있다. 한국은행은 우리나라의 경제상황을 종합적으로 분석하고 미래를 예측하여 현재 통용되고 있는 화폐의 양이 적절한가를 판단한다. 이를 바탕으로 추가로 제작해야할 화폐량을 결정하여 조폐공사에 제조를 의뢰하고 한국은행이 직접 시중에 유통시킨다. 일반주화뿐만 아니라 뜻 깊은 행사, 문화재 등을 기념하기 위한 기념주화도 한국은행에서 발행하며 화폐와 관계된 액면, 규격, 모양 등도 결정한다.

둘째, 거시경제 측면에서 가장 중요한 기능 중의 하나로 볼 수 있는 '통화정책의 수립 및 집행' 기능이다. 국가경제의 안정적이고 지속적인 성장을 위해 정부는 경제정책을 수립하고 시행한다. 이때 무엇을 정책도구로 활용하여 경제성장을 도모할 것인가에 따라 '재정정책'과 '통화정책'으로 구분되는데 재정정책은 이미 22장에서 살펴보았듯이 정부지출과 조세를 이용하여 국민소득 증대를 꾀한다. 또 다른 경제정책인 통화정책은 통화량과 이자율을 조절하여 경기를 조절하게 되는데 이의 주체가 한국은행이다. 시중에 통화량이 너무 많으면 인플레이션이나 투기가 일어날 수 있고 반대로 부족하면 투자를 못하고 소비가 줄어 경기가 침체되고 실업이 증가할 수 있다. 따라서 물가가 안정된 가운데 안정적인 경제성장을 위해서는 적절한 이자율과 통화량의 조절이 필요한데, 이에 대한 판단과 집행을 한국은행에서 한다. 한국은행에서는 통화정책에 대한 정책결정기구로 '금융통화위원회'를 구성하여 운영하고 있는데 여기서는 매월 통화정책 방향의 기준이 되는 기준금리를 정하여 발표한다. 우리나라의 경제현황 및 정책방향을 나타낸다는 점에서 금융통화위원회의 발표에 국내외 이목이 집중되며 이에 따라 환율 및 주가 등의 경제지표가 크게 영향받기도 한다.

셋째, '은행의 은행'으로서의 역할이다. 금융기관(은행)이 개인이나 일반기업을 상대로 예금을 받거나 대출을 하듯이 한국은행은 금융기관을 상대로 예금을 받거나 대출을 하기 때문에 '은행의 은행'이라고 한다. 금융기관이 한국은행에 예치한 예금은 금융기관의 지급준비금뿐만 아니라 금융기관 상호간 자금결제 또는 한국은행으로부터 빌린 대출금의 상환 등에 이용된다. 또한 한국은행은 금융위기 등으로 유동성이 악화된 금융기관에 대하여 긴급자금을 대출해 줄 수 있다.

넷째, '정부의 은행'으로서 기능을 수행한다. 한국은행은 국민이 내는 세금 등 국고금을 정부 예금으로 받아두었다가 정부가 필요로 할 때 자금을 내주며, 정부 자금이 부족할 때에는 일시적으로 돈을 빌려주기도 하기 때문에 정부의 은행이라고도 한다. 그런데 국고금을 받는 업무는 전 국민을 상대로 하는 방대한 일이기 때문에 점포와 인력이 제한된 한국은행만이 이 업무를 수행할 경우 일반 국민에게 큰 불편을 줄 수 있어 각 금융기관의 영업점을 국고대리점으로 지정하여 납세자의 편의를 도모하고 있다. 또한 한국은행은 정부의 중요한 재정활동의 하나인 국고채권 및 재정증권 등의 발행과 상환에 필요한 사무와 정부가 소유하고 있는 유가증권을 안전하게 보관하는 업무와 정부기금의 관리 및 수입인지 수급 업무도 담당하고 있다.

다섯째, 지급결제제도 및 금융시스템을 관리한다. 가계, 기업 등 경제주체는 경제활동 과정에서 재화와 용역의 구입대금을 현금이 아닌 수표나 지로용지 등으로 결제할 수 있다. 이때 채권.채무자가 거래하는 금융기관이 상이하면 이를 중간에서 이체하여 거래를 청산해주는 역할이 필요한데 이러한 지급결제제도를 한국은행에서 운영 및 관리한다. 한국은행은 금융기관 간 자금결제가 원활하게 이루어질 수 있도록 우리나라 유일의 거액결제시스템인 한은금융망(BOK-Wire+)을 운영하고 있다. 한편 한국은행은 우리나라의 전반적인 금융이 안전하고 효율적으로 이루어질 수 있도록 금융시스템의 잠재위험을 평가하여 조기에 경보할 수 있도록 다양한 지표를 개발하여 작성하고, 금융기관들의 경영실태를 분석하고 있다.

여섯째, 외환보유액 운용 및 환율 관리 등 외환시장 안정을 위해 노력한다. 외환보유액은 국제수지 불균형을 보전하거나 외환시장 안정을 위해 보유하고 있는 대외 지급준비자산을 말한다. 외환보유액이 부족하면 과거 외환위기의 예처럼 긴급한 상황에 대처할 수 없어 국가의 경제적 위기를 초래할 수 있으며, 너무 많으면 그만큼 외환을 다른 곳에 활용하지 못하고 기회비용을 지불하고 있음을 의미하므로 국가적 낭비라고 할 수 있다. 또한 우리나라는 경제의 대외의존도가 커서 수출.수입 등 대외거래가 국민경제에 큰 영향을 미친다. 대외거래에 있어 환율은 큰 영향을 미치는데 한국은행은 급속한 환율변동을 완화하여 국가경제에 외부적인 충격을 최소화하여 안정적 성장을 도모한다.

일곱째, 한국은행은 경제에 관한 통계작성 및 조사연구 업무를 수행한다. 특히 거시경제와 관련된 통계를 작성하고 있는데 통화금융통계, 국민소득통계, 국제수지표, 자금순환

표, 산업연관표, 기업경영분석, 생산자물가지수 등이 있다. 작성된 경제통계는 경제현황에 대한 기초자료가 되어 각종 연구 및 분석에 활용된다. 한국은행은 통계작성뿐만 아니라 이를 바탕으로 직접 조사연구 기능도 수행하는데 경제성장, 물가, 고용, 국제수지 등 우리나라 경제의 현황과 문제점을 분석하여 정부의 경제정책 수립에 활용한다.

• 제 26 장 •

왜 한 달에 한 번씩 이자율을 조정하는가?

통화정책

"IMF 미국에 인플레 심각...금리 인상 서둘러야(MBC, 2021.12.4.)", "이와중에 독일 물가 상승 29년만에 최대...유럽도 금리 인상 시기 놓고 고심(서울경제, 2021.12.1.)", "20→15→13→10%...국회 최고금리 더 낮추자(헤럴드경제, 2021.12.1.)" 최근 언론에서 언급된 각국의 기준금리 및 시중 금리에 대한 기사이다. 우리나라뿐만 아니라 세계 각국에서 금리는 중요한 경제지표이자 정책수단으로 활용되고 있다. 이러한 현상을 금리가 경제에 미치는 영향과 금리가 결정되는 원리를 통해 알아보자.

금리

경제생활 과정에서 어떤 사람은 소비나 투자에 필요한 돈이 부족하고, 또 다른 사람은 필요한 곳에 돈을 쓰고도 남아 여유가 있는 경우가 있다. 이때 자금이 필요한 사람이 여유가 있는 사람에게 돈을 융통할 수가 있는데 이런 것을 '금융'이라고 함은 앞에서 언급하였고, 세상 모든 것에는 공짜가 없듯이 이 과정에서도 반대급부는 존재한다. 자금을 사용한 대가로 지급하는 돈을 이자라고 하고 원금에 대해 이자가 차지하는 비중을 '이자율'이라고 한다. 이자 및 이자율은 금융기관과의 거래가 아닌 개인이나 기업 간의 거래에도 적용된다. 이자율과 함께 쓰이는 경제용어로 '금리'가 있는데 의미상 같다고 할 수 있다. 다만 금리는 일반 개인이나 기업 같은 개별적인 경제주체 간의 거래가 아닌 제도권에 속한 금융기관과의 자금거래에 사용되는 것이 일반적이다.

이자율(금리)이 화폐시장의 상황을 나타내주기 때문에 경제지표로 의의가 있다. 우리가 알고 있는 간단한 경제 원리를 적용하여 화폐를 하나의 상품으로 여긴다면 이자율도 화폐에 대한 가격으로 생각할 수 있다.[73] 즉, 상품가격의 결정원리와 같이 이자율도 화폐의 수요와 공급에 의해 결정된다고 볼 수 있다. 시중에 자금이 부족하여 기업이 투자자금 확보에 어려움을 겪고 개인이 소비 활동에 제약을 받아 자금을 구하러 다녀야 한다면 이자율은 상승할 것이다. 반대로 여유 자금을 가진 경제주체는 많으나 이를 사용할 곳이 마땅치 않다면 자금 공급자 간의 경쟁으로 이자율은 하락할 것이다. 이렇듯 이자율은 현재 시장에서 화폐의 수요와 공급 상태에 대한 정보를 알려주고 있다.

금리는 시장의 자금 사정을 나타내는 지표 역할을 하지만, 한편으로 경제상황을 조절하기 위한 정책수단으로 활용되기도 한다. 경제를 안정적으로 성장시키기 위해 통화당국(정부)은 현 경제상황을 판단하고 적정한 금리수준을 결정하여 발표한다. 이때 이 금리를 한 나라의 금리를 대표하는 정책금리로 각종 금리의 기준이 된다는 의미에서 '기준금리'라고 한다. 우리나라의 경우 이전에는 콜금리[74]가 기준금리 역할을 하였으나 2008년부터 '환매조건부채권(RP)'[75] 금리를 기준금리로 하고 있다.[76] 기준금리는 25장의 한국은행의 기능

73) 좀 더 정확히 표현하면 화폐가 제공하는 서비스에 대한 가격이라 할 수 있다.
74) 금융기관 간에 이루어지는 초단기 대차에 적용되는 금리를 일컫는다.

에서도 살펴보았듯이 한국은행에서 운용하고 있는 '금융통화위원회'에서 매달 열리는 회의를 통해 결정한다. 그러나 기준금리를 결정한다고 해서 각 경제주체 간의 금융거래에 적용되는 금리를 강제하는 것은 아니다. 다양한 금융상품에 적용되는 금리는 경제 원리에 따라 화폐의 수요와 공급에 의해 결정된다. '금융통화위원회'에서 결정하는 기준금리는 운용 목표치의 성격이다. 한국은행은 취할 수 있는 다양한 수단을 통해 운용 목표치인 기준금리를 달성하려고 노력하게 되므로 '금융통화위원회'에서 기준금리가 발표되면 시중은행을 포함한 금융기관은 이에 영향을 받아 금리를 조정하게 된다.

금리도 여러 가지 종류가 있는데 일상생활에서 자주 접하는 금리를 중심으로 살펴보자. 우선, 인플레이션을 살펴볼 때 언급되었던 '명목금리'와 '실질금리'가 있다. 이는 경제학 전반에서 통용되고 있는 명목과 실질에 대한 개념과 같다. 즉, 명목금리는 물가변동을 고려하지 않는 액면가 그대로의 금리를 말하며 실질금리는 물가변동에 따른 구매력의 변화를 반영한 금리이다. "실질금리 = 명목금리 – 물가상승률"로 구할 수 있다.

개인이 금융기관에 가서 대출을 받으려고 하면 적용되는 이자율이 개인마다 다르다. 이는 자금을 빌려주는 금융기관 입장에서는 채무변제의 불이행에 대한 위험부담을 항상 갖고 있어 신용도가 낮은 사람보다는 높은 사람을 선호하게 된다. 따라서 신용도가 낮은 사람은 자금을 빌리기가 상대적으로 어려우며 금융기관에서는 채무 불이행에 대한 더 큰 위험을 떠안는 대신 더 높은 이자율을 적용한다. 따라서 대출이자율은 모든 대출자에게 동일하게 적용되는 기준금리에 개인의 신용도에 따라 추가로 더해지는 가산금리로 구성된다. "대출금리 = 기준금리 + 가산금리"이며 가산금리는 개인 신용도에 대한 리스크 프리미엄으로 볼 수 있다.

대출과 관련하여 또 자주 사용되는 금리로 '표면금리'가 있는데 이는 차입할 때 차입원금에 대한 이율로 약속된 금리를 말한다. '표면금리'란 이름이 붙게 된 것은 자금을 융통하는 하나의 방법인 채권발행에서 채권 액면가에 대한 지급 이자율을 채권 표면에 표시하게 되어있는 것에서 유래한다. 그런데 금융기관에서 대출을 할 때 이자 이외에 소요되는

---

75) RP란 가격을 미리 정해 놓고 일정기간 뒤에 다시 구매하는 조건으로 판매하는 채권으로 금융회사는 금리변동 위험을 안은 채 거래를 한다.

76) 다른 나라도 기준금리를 설정하여 운용하고 있으며 미국은 '연방기금금리'를, 일본은 '콜금리'를 기준금리로 사용하고 있다.

비용이 있는데 보험료, 감정료 등이 있고 많은 경우에 강제예금을 요구받기도 한다. 이런 비용은 차입자 입장에서는 이자처럼 대출로 인해 지불해야 하는 금액이므로 이를 포함한 금리를 '실효금리'라고 한다.

금리와 경제

금리는 단순히 자금의 대여자와 차입자 간의 거래에 영향을 미치는 것이 아니라 다양한 경로를 통해 국가 경제 전반에 걸쳐 영향을 미친다. 첫째, 금리는 소비와 투자 활동에 영향을 미친다. 개인은 소득과 소비가 시간상 일치할 수도 있지만 그렇지 않은 경우가 대부분이다. 즉, 현 소득의 일부분을 저축하여 미래에 소비할 수도 있고 미래 소득을 담보로 현재 소비를 할 수도 있다. 이때 금리가 변하면 소위 '대체효과'와 '소득효과'로 불리는 두 가지 방향으로 현재 소비에 영향을 준다. 먼저 '대체효과'는 금리가 오르면 현재소비에 대한 기회비용이 상승하게 되어 현재소비를 미래소비로 대체하는 효과이다. 즉, 현재소비를 한다는 것은 저축의 기회를 잃어버린다는 것을 의미하고 저축을 하면 원금에 이자까지 더한 금액을 미래소비에 사용할 수 있으므로 금리가 오르면 더 많은 미래소비를 포기해야 함을 의미한다. 따라서 금리 인상에 대한 대체효과는 현재소비의 기회비용이 증가하여 현재소비를 줄이고 저축을 늘리게 된다. 소득효과는 금리가 인상되면 그만큼 저축에 대한 미래소득이 증가한 것을 의미하므로 현재소비가 열등재가 아닌 이상 증가하게 되어 저축이 감소한다. 요약하면 금리가 오르면 대체효과와 소득효과에 의해 저축에 영향을 미치게 되는데 그 방향이 서로 반대이다. 따라서 금리가 오를 때 저축의 변화는 두 효과 중에서 어느 효과가 더 큰가에 따라 결정되는데, 경험상 일반적으로 대체효과가 소득효과보다 큰 것으로 알려져 있다. 따라서 금리가 오르면 현재소비가 줄고 저축이 증가하는 것이 일반적인 현상이다.

금리는 투자에도 영향을 주는데 기업의 생산 활동에는 막대한 자금이 소요되며 이를 본인 소유의 자금으로 충당하기에는 한계가 있어 차입에 의존하는 것이 대부분이다. 차입한 금액을 상환할 때는 당연히 원금에 이자를 더하게 되는데 차입자는 이 비용과 투자에 따른 예상수익을 비교하여 차입 여부를 결정하게 된다. 이자율이 상승하게 되면 지불해야 하는 이자액이 많아져 그만큼 금융비용이 증가하게 됨을 의미한다. 따라서 투자에 따른 예상 수익률이 하락하게 되어 투자가 감소하게 될 것이다. 투자의 감소는 단순히 자금의 수요가 줄어드는 것뿐만 아니라 경제 전반에 큰 파급효과를 야기하는데 이는 21장에서 살펴본 바와 같다. 즉, 투자의 변화는 국가 경제에 변화된 크기만큼만 영향을 미치는 것이 아니라 승수효과로 인해 그 몇 배의 영향을 미친다.

이상에서 본 바와 같이 금리의 변화는 국민소득결정 모형에서 총수요를 구성하는 항목인 소비와 투자에 영향을 미친다. 이를 식으로 표현하면 $Y = C(Y, r) + I(r) + G$로 표현할 수 있다. 앞 21장에서 살펴본 $Y = C + I + G$과 비교하면 좀 더 구체적인 함수관계로 표현되었다. 앞에서는 소비함수가 $C = a + bY$의 형태로 주어져 소득만이 함수관계였는데 여기서는 이자율 r과도 함수관계에 있음을 보여준다. 또한, 앞 장에서는 투자가 외생적으로 주어진 독립투자만 존재하는 것으로 가정하였는데 여기서는 이자율의 함수로 나타내었다. 이렇듯 이자율을 조절함으로써 총수요를 조절할 수 있고 이를 통해 국민소득 증가를 도모할 수 있는데 이러한 정책을 '통화정책' 또는 '금융정책'이라고 한다. 다시 논의되겠지만 이자율은 화폐의 수요와 공급에 의해 결정되는데 이자율을 조절하기 위해 통화량을 조절한다. 부연 설명하면 22장에서 살펴본 조세와 정부지출을 이용하여 총수요를 조절하고 경제성장을 꾀하는 정책을 '재정정책'이라고 하는 것과 대별되어 통화량과 이자율을 이용한 총수요 조절로 경제성장을 도모하는 정책을 '통화정책'이라고 한다.

둘째, 금리는 물가에 영향을 준다. 금리를 결정하는 통화정책 당국인 '한국은행'의 홈페이지의 설립목적을 보면 "한국은행은 효율적인 통화신용정책의 수립과 집행을 통해 물가안정을 도모함으로써...(이하생략)"라고 명시되어 있다. 이는 통화정책과 물가가 밀접하게 연관되어 있음을 의미하는 것으로 '금융통화위원회'에서 금리를 결정할 때 크게 고려하는 것이 두 가지 있는데 경기상황과 물가가 그것이다. 그런데 이 둘은 서로 상충관계가 있어 정책당국을 어렵게 한다. 위에서 언급하였듯이 경기가 침체에 빠져있을 때 소비와 투자의 증가로 경기회복을 위하여 금리를 내리는 정책을 편다. 이때 금리 인하를 위하여 한국은행에서는 통화량을 늘리게 되는데 시중에 돈의 양이 많아지면 물가는 상승하게 된다. 또한, 금리하락으로 투자나 소비가 활발히 이루어져 총수요가 증가하면 24장에서 살펴보았듯이 수요 측 인플레이션이 유발될 수 있다. 따라서 경기 부양을 위해 확대 통화정책을 시행하면 물가가 상승압력을 받게 되어 한국은행에서는 이 둘을 종합적으로 고려하여 금리를 결정하게 된다.

셋째, 금리는 환율 및 대외거래에도 영향을 준다. 세계화 시대가 되면서 과거보다 자본의 이동이 매우 자유롭게 되었다. 따라서 한나라의 금리변동은 자국뿐만 아니라 타국의 금융시장까지 영향을 미친다. 우리나라가 금리를 인상하게 되면 우리나라보다 낮은 금리의 국가에서는 자국보다는 우리나라에 예금함으로써 많은 이자수익을 얻을 수 있을 것이다. 따라서 해외로부터 자금이 국내로 유입되는데 이는 환율에 영향을 미친다. 우리나라 화폐의 가치는 앞에서 살펴본 바와 같이 이자율로 나타낼 수도 있지만 대외거래에서는 환율이 이를 나타낸다. 환율(exchange rate)은 외국 화폐 한 단위와 교환되는 국내 화폐 액을 의미하는 것으로 환율이 인상되면 외국 화폐를 얻기 위해 그만큼 국내 화폐를 많이 주어야 한다는 것으로 국내 화폐 가치가 떨어짐을 의미한다. 외국 개인이나 기업이 국내 금융기관에 예금하기 위해서는 외국 화폐를 가져와 원화로 바꾸어야 할 것이다. 외환시장에 외국 화폐는 팔려고 내어놓고 원화는 사려고 하여 외국 화폐의 가치는 떨어지고 원화의 가치는 상승하게 된다. 이는 환율이 하락하게 됨을 의미하여 환율은 수출과 수입 및 국내 물가 등과 연관되어 있어 국내경제에 영향을 미치게 된다.

이렇듯 금리는 국가 경제의 여러 분야에 영향을 미치게 된다. 그런데 국가 경제는 다양한 경제활동이 복잡하게 얽혀 서로에게 영향을 주고받으며 영위되고 있어 금리의 영향이 위에서 언급한 것처럼 일방적으로 간단히 나타나지는 않는다. 금리뿐만 아니라 다른 요인에 의해 경제가 영향받을 수 있으며, 금리에 따른 영향도 직접적인 것뿐만 아니라 간접효과까지 고려하면 더욱 복잡하고 다양한 형태로 나타난다. 그러나 분명한 것은 금리와 경제는 서로 밀접하게 연관되어 있으므로 중요한 정책변수가 될 수 있다는 것이다.

금리의 결정

한국은행의 '금융통화위원회'에서 기준금리를 결정하지만, 이는 통화정책의 방향을 설정하고 금리가 그렇게 되도록 금융시장을 운영하겠다는 의미이며 실제 금리는 화폐의 수요와 공급에 의해 결정됨은 앞에서 설명하였다. 그런데 화폐의 수요와 공급을 어떤 관점에서 보는가에 따라 두 가지 '이자율 결정' 이론이 있다.

먼저 화폐는 실물거래를 원활하게 해주는 매개역할을 하는 것으로 화폐의 가치를 나타내는 이자율도 실물시장의 상황에 의해 결정된다는 견해가 있다.[77] 즉, 생산물 시장에서 소비활동이 활발하게 일어나면 기업도 이에 부합하기 생산량을 증가시키게 되고 이 과정에서 소비와 투자에 화폐가 많이 필요하게 될 것이다. 반면 경기가 침체기에 있거나 미래가 불확실하게 되면 개인의 소비와 기업의 투자가 감소하게 되어 화폐의 수요는 줄어들게 된다. 소득 중에서 소비하고 남은 나머지는 저축하여 실물시장은 소비 및 저축과 밀접하게 연관되어 있다고 본다. 이렇듯 실물시장의 소비나 투자 등 수요가 발생할 때 함께 화폐수요가 발생하며, 화폐공급은 실물시장에서 쓰고 남은 돈을 금융기관에 저축할 때 발생한다. 이자율은 이렇게 실물시장 거래에 사용하고 남은 여윳돈을 공급하고 이를 대출하는 '대부자금'의 상대적인 크기에 의해 결정된다고 보는 견해이다.

〈그림 43〉 대부자금 시장에서의 이자율 결정

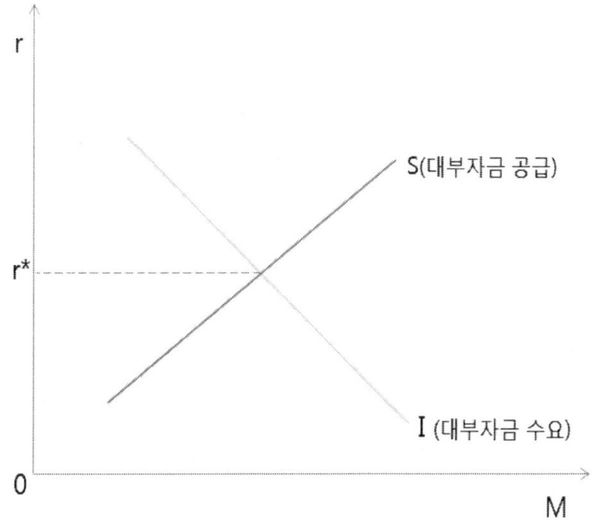

77) 이는 경제학 초기의 고전학파적 견해로서 일명 '대부자금설'이라고 한다.

<그림 43>은 대부자금의 수요와 공급곡선이 그려져 있는데 세로축은 이자율을 나타내고 가로축은 자금의 양을 나타낸다. 대부자금의 수요는 민간소비지출과 기업의 투자로 주로 구성되는데[78] 위에서 살펴보았듯이 이자율과 역의 관계가 된다. 즉, 이자율이 상승하면 민간은 소비를 줄이고 저축을 더 하게 되며, 기업은 가중된 이자 부담으로 투자를 줄이게 되어 화폐수요가 감소한다. 반면 대부자금의 공급은 화폐를 쓰고 남은 여유 자금을 저축할 때 발생하게 되는데 소비와 반대로 이자율과 정의 관계가 성립한다. 대부자금 시장에서의 균형은 일반적으로 알고 있는 시장균형과 동일하게 우하향하는 수요곡선과 우상향하는 공급곡선이 일치하는 점에서 균형거래량과 균형 이자율이 결정된다고 보는 견해이다.

두 번째 견해는 이자율은 화폐에 대한 가치를 나타내는 것으로 실물시장과는 별개로 화폐시장에서 결정된다고 본다.[79] '대부자금설'이 이자율은 실물적 현상에 의해 결정된다고 보는데 반해 여기서는 실물과는 관계없는 화폐적 현상이라고 본다. 사람들이 화폐를 수요하는 이유는 경제거래에서 '유동성(liquidity)'이 큰 상품을 선호하는데 가장 유동성이 큰 것이 화폐이기 때문이라고 주장한다. 여기서 '유동성'은 '어떤 자산이 가치의 손실 없이 얼마나 빨리 교환의 매개수단으로서 역할을 수행할 수 있는가'를 나타내는 척도라고 할 수 있다. 예로 어떤 상품을 구입하려는 사람이 세 명 있는데 각각 대금으로 토지, 금, 현금의 형태로 지급할 수 있다고 하자. 같은 금액이라면 판매자는 현금을 가진 사람과 거래를 하려고 할 것이며 다음으로 '금'을 선호할 것이다. 선호도가 가장 떨어지는 '토지'를 가진 사람이 빨리 거래를 청산하기 위해서는 가격을 인하하여(즉, 원래 가치보다 더 많은 토지를 제공하여) 거래를 할 수밖에 없다. 이러한 이유는 경제주체는 유동성이 큰 상품을 선호하는데 현금이 유동성이 가장 크고 금과 토지의 순으로 크기 때문이다.

이 견해는 유동성을 선호하는 동기를 크게 세 가지로 보는데 첫 번째가 거래적 동기에 의해 유동성이 가장 큰 화폐를 선호한다고 본다. 이는 가장 보편적인 화폐사용과 관계된 것으로 수입과 지출의 시차를 메우기 위해, 즉 쓰기 위해 화폐를 보유한다는 것이다. 이는

78) 정부부문이 포함되면 세출이 세입보다 큰 적자재정의 경우 대부자금의 수요가 있게 된다.

79) 이러한 주장은 고전학파와 쌍벽을 이루는 '케인즈학파'적 견해이며 공급은 정책당국에 의해 크게 좌우되며 화폐수요가 이자율 결정에 큰 영향을 미치며 화폐수요 목적과 연관지어 '유동성선호설'이라고 한다.

많이 버는 사람일수록 씀씀이가 클 것이기 때문에 소득의 함수로 볼 수 있다.

두 번째는 불확실한 미래를 대비하기 위한 예비적 동기로 유동성이 가장 큰 화폐를 보유하는 것으로 일상생활에서 비상금이나 보험료 등을 예로 생각할 수 있다. 이것도 어느 정도 소득수준이 되어야 미래를 대비할 수 있으므로 소득과 정의 함수관계로 볼 수 있다.

세 번째는 투기적 동기에[80] 의한 화폐수요로 주식이나 채권 등 금융증권을 비롯해 부동산 등의 수익성 자산에 사용할 목적으로 화폐를 보유하는 것을 말하며, 앞의 거래적.예비적 동기는 지출을 위해 화폐를 보유하는 것인데 반해 투기적 동기는 자산증대를 위해 화폐를 보유한다. 개인은 여유 자금을 주식이나 채권, 부동산 등의 구입에 사용할 수도 있고 은행에 예금할 수도 있으며 현금으로 갖고 있을 수도 있다. 더 많은 이익을 가져다줄 것으로 예상하는 방법으로 자금을 운용할 것이다. 만일 이자율이 오르면 사람들은 수익이 불확실한 주식이나 채권 등의 구매를 줄이고 은행에 자금을 예치하려고 할 것이다. 이에 따라 주식이나 채권 또는 부동산의 가격은 하락하게 되어 이자율과 반대 방향으로 움직이게 된다.

시기를 알 수 없어서 그렇지 이윤을 얻는 방법은 싸게 사서 비싸게 팔면 된다는 것은 누구나 알고 있다. 따라서 이자율 상승으로 자산의 가격이 하락하게 되면 사람들은 자산가격이 오를 때를 대비해 보유하고 있던 화폐를 자산을 매입하는데 사용할 것이다. 즉, 이자율이 상승하게 되면 자산에 투자할 목적으로 보유하고 있던 화폐의 양은 자산매입으로 감소하게 되며, 반대로 이자율이 하락하게 되면 자산 가격이 상승하여 매각하게 됨으로써 투기적 동기에 의한 화폐 보유는 증가하게 된다. 이렇듯 투기적 동기에 의한 화폐수요는 이자율의 함수이며 (-)의 관계를 갖고 있다.

80) '투기적 동기'란 말은 'speculative motive'란 원어를 그대로 해석하여 널리 사용되고 있으나 의미상 '투자(investment)'의 성격이 더 강하다.

〈그림 44〉 유동성 선호설의 이자율 결정

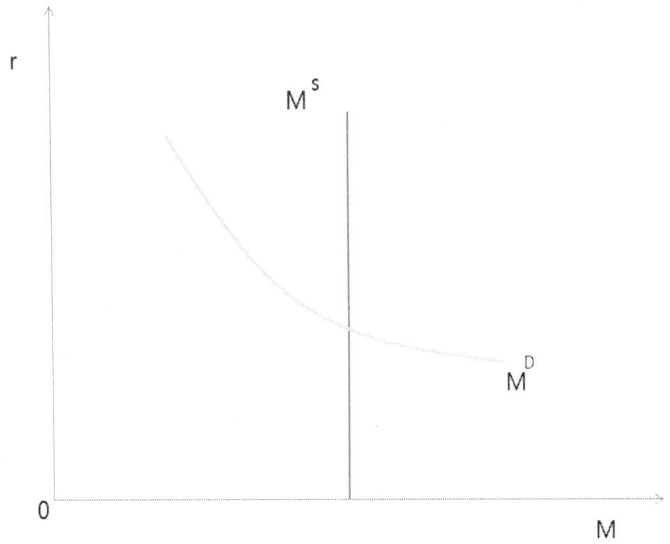

이러한 관계가 <그림 44>에 나타나 있는데 화폐의 공급은 화폐시장에서 통화정책 당국인 중앙은행에 의해 정책적으로 결정된다고 보고 수직선으로 표현되었다. 화폐의 수요곡선은 크게 세 가지 동기에 의해 화폐가 수요 되는데 거래적.예비적 동기는 소득, 투기적 동기는 이자율의 함수로 표현된다. 여기서는 이자율 결정원리를 살펴보고 있기 때문에 소득수준은 주어져 있다고 보고 이자율과 화폐수요와의 역의 관계를 감안하여 우하향의 형태로 수요곡선이 그려졌다. 이자율 결정은 다른 가격결정 원리와 동일하게 수요와 공급이 일치하는 점에서 이루어지며, 소득의 증가는 화폐수요곡선을 우측으로 이동시켜 이자율을 상승시키고, 추가적인 화폐발행은 화폐공급곡선을 우측으로 이동시켜 이자율은 하락하게 될 것을 예측할 수 있다.

• 제 27 장 •

한국은행에서 1만원을 만들면 17만원이 된다?

통화승수

앞의 두 장을 통해 화폐의 역할과 중요성, 그리고 금리가 경제에 미치는 영향에 대해 살펴보았다. 그리고 금리의 중요한 역할 때문에 한국은행에서는 기준금리를 결정하고 이의 달성 및 유지를 위해 통화량을 조절함을 알았다. 그러나 통화량이 어떻게 결정되고 이를 조절하기 위한 정책으로 어떤 것이 있는지를 안다면 통화정책의 전개과정과 관계된 사회현상 및 시사 문제를 이해하는 데 도움이 될 것이다.

본원통화

화폐를 공급하는 방법 및 과정으로 가장 쉽게 생각할 수 있는 것이 발행주체인 한국은행에서 만들어 내는 것이다. 이때 한국은행 창구를 통해 시중에 나온 화폐를 '본원통화(reserve money)'라고 한다. 그런데 제25장에서 통화량을 측정하면서 예금되어 있는 돈도 바로 현금화할 수 있기 때문에 통화량에 포함시켰다. 본원통화도 마찬가지로 발행된 화폐뿐만 아니라 한국은행 금고에 있어도 예금자가 요구하면 내어주어야 할 돈이기 때문에 본원통화에 포함시킨다. 한국은행 금고에 예치된 돈은 일반 개인의 예금이 아닌 일반은행에서 지급준비금[81]의 목적으로 예치해 놓은 돈이 대부분이다. 따라서 본원통화는 화폐발행액과 중앙은행에 지급준비금예치금으로 구성되어있다. 화폐발행액은 다시 민간이 현금으로 보유하고 있는 금액과 일반은행에서 보유하고 있는 시재금으로 구성된다. 그런데 일반은행에서 현금을 보유하고 있는 목적도 예금자의 예금인출을 대비하기 위해서이기 때문에 목적이 같은 중앙은행 지급준비예치금과 함께 '예금은행지급준비금'으로 칭할 수 있다. 이와 같은 관계를 다음에 정리하였다.

> 본원통화 = 화폐발행액 + 중앙은행지급준비예치금
> 본원통화 = 현금통화 + 시재금 + 중앙은행지급준비예치금
> 본원통화 = 현금통화 + 예금은행지급준비금

본원통화가 공급되는 경로는 크게 네 가지가 있는데 첫째, 정부 부문에서 공급되는 경우로 '정부의 은행'인 한국은행의 역할과 관계되어 있다. 즉, 정부도 한국은행에 예금 및 대출을 하는데 대출이 예금보다 크면 한국은행 창구를 통해 나간 돈이 더 많아 본원통화가 공급된다. 이는 재정적자 시에 발생한다.

둘째, '은행의 은행'으로서의 한국은행 역할과 관계된 것으로 예금은행에 대해 대출이 있을 때 본원통화가 공급되게 된다.

81) 지급준비금이란 예금자의 출금 요구에 대해 지급을 준비하기 위해 시중은행이 한국은행에 예탁해야 하는 일정 비율의 자금을 말한다.

셋째, 한국은행의 외환시장을 관리하는 역할과 관계된 것으로 수출이나 금융기관이 외국으로부터 자금을 빌려올 경우에 발생한다. 즉, 수출대금이나 대출금의 형태로 외국에서 들어온 외화를 국내에서 사용하기 위해서는 국내 화폐로 바꾸어야 한다. 관리기관인 한국은행에서 외화를 매입하면서 국내 화폐가 시중에 유통되게 되어 본원통화가 공급된다.

넷째, 한국은행의 자산이 증가하면서 본원통화의 공급이 발생하는 경우이다. 한국은행이 건물, 토지 등의 부동산이나 유가증권 등을 매입하게 되면 한국은행의 자산은 증가하게 되지만 대금으로 화폐는 한국은행 창구를 통해 시중에 유포되게 되는데 이것도 본원통화 공급의 한 경로이다.

통화승수

통화량은 현금뿐만 아니라 예금통화까지도 포함하기 때문에 한국은행에서 발행한 본원통화를 바탕으로 훨씬 많은 통화를 창출할 수 있다. 이 과정의 이해를 돕기 위해 우선 개인은 현금은 보유하지 않고 모두 예금한다고 가정하여 상황을 단순화하자. 한국은행은 일반은행에 의무적으로 예금액의 20%를 지급준비금으로 보유하도록 하고 있으며 초과지급준비금은 없다고 하자. 이때 한국은행에서 천만 원의 본원통화를 발행하였을 때 일어나는 현상을 살펴보자.

천만 원의 본원통화가 A씨에게 공급되었다고 하면 A씨는 전액 예금을 가정하고 있기 때문에 은행에 천만 원을 예금할 것이다. 은행은 이 중에서 지급준비금으로 예금의 20%에 해당하는 200만원을 남겨놓고 800만원을 B씨에게 대출할 것이다. B씨는 다시 800만원 전액을 예금하고 은행은 160만원을 지급준비금으로 떼어놓고 C씨에게 640만원을 대출한다. 이 금액은 다시 은행에 예금되어 지급준비금을 남겨놓고 대출되고, 다시 예금되는 과정이 반복되어 일어나게 된다. 이 과정을 증가한 예금액과 대출액, 그리고 지급준비금으로 나누어서 살펴보면 다음과 같다.

예금(deposit)

$1000 + 800 + 640 + 512 + \cdots = 1000(1 + 0.8 + 0.8^2 + 0.8^3 + \cdots)$

$= 1000/(1-0.8) = 5000$

대출(loan)

$800 + 640 + 512 + 409.6 \cdots = 800(1 + 0.8 + 0.8^2 + 0.8^3 + \cdots)$

$= 800/(1-0.8) = 4000$

지급준비금(payment reserves)

$200 + 160 + 128 + \cdots = 200(1 + 0.8 + 0.8^2 + \cdots)$

$= 200/(1-0.8) = 1000$

이렇게 발행된 본원통화를 바탕으로 예금과 대출의 반복적인 행위를 통해 통화가 창출되는 과정을 '신용창조(credit creation)' 라고 하며, 본원통화보다 많은 금액의 예금이나 대출액이 발생하게 된다. 이는 마치 제21장에서 살펴본 투자나 정부지출 증가보다 몇 배 이상 국민소득이 증가하는 승수효과와 유사하다. 따라서 본원통화(monetary base)의 변화에 대해 예금이 얼마나 증가했는가를 나타내는 $\frac{\Delta D}{\Delta B} = \frac{5000}{1000} = 5$을 예금승수라 하고 대출의 증가 정도를 나타내는 $\frac{\Delta L}{\Delta B} = \frac{4000}{1000} = 4$을 대출승수로 나타낼 수 있다. 또한, 신용창조과정이 끝날 때까지 발생하는 지급준비금을 모두 더하면 1,000만원이 되는데 이는 처음 증가된 본원통화액과 동일하다. 따라서 신용창조가 종료되는 조건은 처음 증가한 본원통화의 변화분과 승수효과가 발생하는 신용창조 과정에서 누출되는 지급준비금의 합계가 동일한 $\Delta B = \Delta R$로 표현할 수 있다.

이를 식으로 일반화해보면 지급준비금은 예금액에다 지급준비율(r)을 곱한 것이므로 신용창조 종료조건은 $r\Delta D = \Delta B$로 표현할 수 있으며, 이는 다시 $\Delta D = \frac{1}{r}\Delta B$, 예금승수 $\frac{\Delta D}{\Delta B} = \frac{1}{r}$로 정리할 수 있다. 예금된 돈은 은행에 지급준비금으로 남겨놓은 금액과 대출되는 금액으로 구분되므로 $\Delta D = \Delta R + \Delta L$로 놓을 수 있으며 $\Delta L = \Delta D - \Delta R$가 되고 이는 다시 $\Delta L = \Delta D - r\Delta D$가 되어 $\Delta L = (1-r)\Delta D$가 된다. 이때 위에서 정리한

$\Delta D = \frac{1}{r}\Delta B$을 앞 식에 대입하면 $\Delta L = \frac{(1-r)}{r}\Delta B$가 되고 이를 정리하면 대출승수 $\frac{\Delta L}{\Delta B} = \frac{(1-r)}{r}$을 도출할 수 있다. 앞의 예를 일반식에 대입해 보면 앞에서 구한 승수와 같게 됨을 확인할 수 있다.

그러나 이상에서 예를 든 전액 예금의 경우는 현실성이 많이 떨어진다. 일반적으로 개인은 약간의 금액은 현금(cash)으로 보유하고 나머지를 은행에 예금하여 생활하고 있다. 이렇게 민간부문이 현금을 보유하는 것을 고려하면 이는 통화승수에 영향을 주는 제약요인이 된다.

민간이 현금을 얼마나 보유하는가를 나타내는 '현금보유성향'은 여러 형태로 표현이 가능하지만 여기서는 '현금-예금 비율' $\frac{\Delta C}{\Delta D} = c$을 사용하기로 한다. 즉, 본원통화 변화 분 중에서 예금의 변화에 대한 상대적인 현금의 변화 정도를 나타낸다. 현금의 변화분인 $\Delta C = c\Delta D$로 표현할 수 있다.

통화는 크게 현금과 예금통화로 구분할 수 있으므로 $\Delta M = \Delta C + \Delta D$가 된다.[82] 민간이 현금을 보유한다고 하면 이는 신용창조 종료 조건에 영향을 미치게 되는데, 전액 예금의 경우에는 본원통화가 신용창조 과정에서 누출이 되는 지급준비금의 합과 같게 되는 $\Delta B = \Delta R$가 신용창조 종료조건이었다. 그러나 대출되어 시중에 나온 자금 중에서 다시 은행에 예금되는 것은 민간이 현금으로 보유한 금액을 제외한 나머지 금액이 된다. 따라서 신용창조 과정에서 누출되는 부분이 지급준비금 외에 현금보유 부분이 있어 이를 신용창조 종료조건에 포함해야 한다. 이를 고려하면 새로운 신용창조 종료조건은 $\Delta B = \Delta R + \Delta C$이 된다. 여기서 $\Delta C = c\Delta D$이므로 $\Delta B = \Delta R + c\Delta D$가 되고 지급준비금은 예금에 지급준비율을 곱하여 구하므로 $\Delta B = r\Delta D + c\Delta D$, $\Delta B = (c+r)\Delta D$로 정리할 수 있다. 이는 다시 $\Delta D = \frac{1}{c+r}\Delta B$가 되고 $\frac{\Delta D}{\Delta B} = \frac{1}{c+r}$이 되는데 이는 예금승수를 의미한다. 전액 예금의 경우와 비교하면 분모가 더 커져 승수는 더 작아짐을 알 수 있다. 즉, 승수효과가 유발되는 과정에서 누출되는 부분이 더 크기 때문에 승수는 작아지게 된다.

---

82) 앞의 전액 예금의 경우는 ΔC가 0이 되며, 따라서 본원통화 대비 통화량 증가정도를 나타내는 통화승수가 예금승수와 같다.

통화승수를 구하기 위해 다시 통화 구성식을 보면 $\Delta M = \Delta C + \Delta D$은 $\Delta M = c\Delta D + \Delta D$가 되어 $\Delta M = (c+1)\Delta D$가 된다. 이때 위에서 $\Delta D = \frac{1}{c+r}\Delta B$임을 알았는데 이를 식에 대입하면 $\Delta M = \frac{c+1}{c+r}\Delta B$가 되고 양변을 ΔB로 나누면 $\frac{\Delta M}{\Delta B} = \frac{c+1}{c+r}$가 되는데 이것이 본원통화 증가에 대한 통화량의 증가 정도를 나타내는 '통화승수'이다.

통화승수의 구성요소를 보면 승수의 크기에 영향을 미치는 요소는 현금보유성향을 나타내는 c와 지급준비율을 나타내는 r임을 알 수 있다. 지급준비율 r이 상승하면 분모가 커져 통화승수는 작아진다. 현금보유성향 c는 분모와 분자에 모두 포함되어있지만 지급준비율 r은 1보다 작아 동일한 c의 상승으로 인한 분모의 증가율은 분자의 증가율보다 더 크게 나타난다. 따라서 현금보유성향이 증가하면 통화승수는 감소하게 되는 것을 알 수 있다. 이렇듯 통화당국이 본원통화를 변화시키면 그 몇 배 이상으로 통화량이 증가하게 되며 지급준비율과 현금보유성향 등에 의해 증가하는 양이 영향받는다. 지급준비율은 통화 당국에 의해 정책적으로 조절이 가능하지만, 현금보유성향은 사회의 관습, 결제시스템, 수표 및 신용카드 등의 사용 정도, 계절적 요인 등에 의해 영향받는다.

통화정책의 수단

정책당국이 통화량이나 이자율을 조절하여 총수요를 조절하고 이를 통해 경제의 안정적 성장을 도모하는 것이 통화정책임을 설명하였다. 이때 어떤 방법을 사용하여 통화정책을 수행할 것인가에 대한 문제가 대두된다.

통화정책의 수단은 크게 두 가지로 분류할 수 있는데 '일반적 정책수단'과 '선별적 정책수단'이 그것이다. '일반적 정책수단'은 정책효과가 특정 부문에 국한된 것이 아닌 국민경제 전반에 영향을 미치게 된다. 또한 규제 방법이 목표로 하는 대상을 직접 조절하는 것이 아니라 다른 정책 도구를 사용하여 규제하는 간접규제 성격을 띤다.

일반적 정책수단으로 첫 번째 '지급준비율' 정책이 있다. 위에서 본원통화의 변화에 대해 통화량의 증가 정도를 나타내는 통화승수가 지급준비율에 의해 영향받는 것을 살펴보았다. 일반은행은 고객이 예금한 자금을 대출하고 받는 이자가 주된 수입원인데 화폐 자체는 무수익성 자산이다. 따라서 가능하면 많은 금액을 대출하려고 할 것인데 지나치게 많은 금액을 대출하면 예금자가 예금인출을 요구할 때 이에 대응할 수 없어 금융 불안이 야기되게 된다. 이를 방지하기 위해 한국은행에서는 예금액의 일정 비율을 지급준비율로 정하여 의무적으로 한국은행에 예치토록 하고 있다. 이 지급준비율을 인상하면 그만큼 대출의 제약을 받아 통화량은 감소하게 된다.[83)]

두 번째 정책수단으로 '재할인율 정책'이 있다. 단어 그대로 재할인율을 조절하는 정책인데 재할인율은 쉽게 이해하여 일반은행과 중앙은행의 거래에서 적용되는 이자율이라고 생각할 수 있다. 일반은행은 '은행의 은행'인 중앙은행으로부터 자금을 차입할 수 있는데 물론 여기에도 이자율이 적용된다. 이때 일반은행의 고객과의 거래에서 적용되는 이자율과 구분하여 중앙은행과의 거래에 적용되는 이자율을 '재할인율'이라 한다. 일반은행의 주된 대출고객은 기업인데 일반적으로 기업은 상품대금으로 어음을 받는다. 어음은 일종의 대금 지급에 대한 증서로 지급 기간과 금액이 명시되어 있다. 그러나 현금이 필요할 시에 기업은 지급일 전에 일반은행에 어음을 팔 수 있는데 세상에 공짜가 없듯이 제값에 팔지 못하고 할인하여 팔게 된다. 일반은행이 현금이 필요할 경우 이렇게 사들인 어음을 다시 한국은행에 판매할 수 있는데 이때도 할인하여 판매하게 되고 할인된 어음을 다시 할인한다고 하여 재할인율이라고 표현한다. 이때 재할인율을 인상하면 그만큼 일반은행에 지급되는 비용이 적어져 시중에 통화량이 감소하게 된다. 이렇게 재할인율을 조절하여 통화량을 조절하는 정책을 재할인율 정책이라 한다.

세 번째, '공개시장조작(open market operation)'이 있다. 이는 한국은행이 보유하고 있는 채권이나 증권을 매매하여 통화량이나 이자율을 조절하는 방법이다. 참여가 특정 부문에 국한되어 있지 않고 공개되어 있는 시장에서 한국은행이 참여해 증권을 사고판다는 의미에서 붙여진 이름으로서 주로 국공채나 통화안정증권, 환매조건부채권 등을 거래한다.[84)] 증권을 매각하면 자금이 시중에서 한국은행으로 들어오게 되어 통화량은 감소하며,

---

83) 2016년 4월 현재 정기예금, 정기적금 등의 저축성 예금은 2.0%, 그 외 보통예금, 저축예금 등의 기타 예금에 대해서는 7.0%의 법정지급준비율을 적용하고 있다.

84) 공개된 시장이라고는 하나 주로 금융기관을 상대로 거래를 한다.

반대로 매입하면 통화량은 증가하게 된다. 이때 통화량 증가는 매각이나 매입된 양만큼만 변화하는 것이 아니라 위에서 살펴본 통화승수만큼 영향을 주게 된다.

공개시장조작은 최근 금융자유화가 진전되고 전산화 등에 힘입어 금융시장이 발달함에 따라 선진국을 중심으로 대다수 국가에서 주된 통화정책 수단으로 자리 잡았다. 이는 다른 정책에 비해 몇 가지 장점이 있기 때문인데 지급준비율이나 재할인율 정책은 한국은행과 직접적 금융거래가 있는 은행을 중심으로 한 금융기관에 국한된 데 비해 공개시장조작은 더욱 광범위한 금융기관이 참여할 수 있어 그 파급효과가 큰 것을 이유로 들 수 있다. 또한, 공개시장조작은 한국은행이 직접 거래를 통해 통화량을 조절할 수 있어 지급준비율이나 재할인율 정책과 비교해서 더욱 신속하고 신축적인 정책 운용이 가능하다.

'선별적 정책수단'은 '일반적 정책수단'에 비해 국민 경제의 특정 부분에 영향을 미치며, 더 직접적인 규제 수단이다. 대표적인 예로 '대출 한도제'를 들 수 있는데 단어 그대로 대출액의 규모를 제한하여 직접적으로 규제를 하는 것이다. 일반적으로 중앙은행이 자금의 용도별 또는 예금은행별로 대출의 규모를 한정하고 있다. '대출 한도제'는 통화량을 규제하고자 하는 목적 이외에 금융기관의 자산 건전성을 도모하기 위한 측면도 있다. 동일인에게 정해진 액수 이상의 대출을 금하고 있는데 이는 과도하게 특정인에게 많은 양의 대출을 해주었다가 부도가 날 때 해당 금융기관은 물론 관계가 있는 여러 경제주체까지 영향을 줄 수 있어서 이를 방지하고자 하는 목적도 있다.

또 다른 정책으로 이자율규제 정책이 있는데 금융기관의 이자율을 규제함으로써 통화량은 물론 대부자금의 규모와 자금거래에 등을 조절하는 정책이다. 그러나 이것은 직접적으로 가격을 규제한다는 점에서 시장원리에 역행하여 자원 배분의 효율성을 떨어뜨리는 등의 많은 부작용이 수반된다. 우리나라의 경우 산업화 초기에 기업의 투자를 촉진하고 경제발전을 꾀하기 위해 이자제한법을 시행하기도 하였고, 통화량 조절뿐만 아니라 금융 취약계층의 후생을 위하여 대출이자율을 제한하기도 한다.

• 제 28 장 •

말 한마디로 실업자를 벗어나는 방법은?

실업통계

거시경제 변수 중에서 국민의 관심을 가장 많이 받는 지표 중의 하나가 실업에 관계된 것이다. 개인이 경제생활을 영위하기 위해서는 소비가 필수적이며 이를 위해서는 소득이 있어야 하는데, 국민의 소득은 일자리에서 창출되므로 실업자가 많다는 것은 경제생활의 근간이 흔들린다는 것을 의미한다. 그러나 발표되는 정부의 실업통계는 국민이 체감하는 것과 괴리가 있다. 우리나라는 실업률이 3% 후반 대에 이르러도 사회적 파장이 심각한데, 유럽은 8%가 넘는 실업률도 다반사다. 이러한 사회현상을 이해하기 위해서는 실업통계에 대한 올바른 이해가 필요하다.

실업의 종류

‘실업(unemployment)’은 일할 의사와 능력이 있음에도 불구하고 일자리를 갖지 않거나 갖지 못한 상태를 말한다. 여기에서 일자리를 갖지 않는다는 표현은 자의적이라는 의미를 담고 있으며 갖지 못했다는 것은 본인의 의사에 반하게 얻지 못했다는 의미를 내포하고 있다. 따라서 실업은 크게 ‘자발적인 실업’과 ‘비자발적인 실업’으로 구분할 수 있다.

자발적인 실업은 일할 능력은 갖고 있으나 보수나 작업환경 등 근로여건이 불만족스러워 일할의사가 없는 경우다. 즉, 본인이 원하여 실업상태로 있는 경우로 비자발적 실업에 비해 경제.사회적 문제가 덜하다. 자발적 실업의 대표적인 것으로 ‘마찰적 실업’이 있는데 이는 노동자가 일자리를 얻는 과정에서 노동시장의 불완전한 정보에 의해 발생한다. 노동자는 본인이 원하는 일자리를 얻기 위해 자발적으로 실업상태에서 구직활동을 하고 있고, 기업에서도 일자리가 있어 노동자를 찾고 있으나 서로 정보가 부족하여 고용되지 못하거나 시간적으로 불일치하여 잠시 실업상태로 있는 경우이다.

자발적 실업의 또 다른 예로 ‘탐색적 실업’이 있는데 이는 보수나 직종, 근무지 등 노동자가 원하는 수준에 만족하는 직장을 얻기 위해 구직활동을 하는 과정에서 발생하는 실업이다. 자발적으로 새로운 직장을 얻기 위해 노력하는 과정에서 유발되는 실업이라는 측면에서 위에서 살펴본 ‘마찰적 실업’과 유사하다. ‘마찰적 실업’은 정보의 부족, 시간적 불일치 등이 원인으로 타 실업에 비해 짧은 시간 내에 해결될 수 있는 성격을 갖고 있는 반면, ‘탐색적 실업’은 정보를 알고 있다고 하더라도 본인이 목표하는 일자리를 얻기 위해 구직 노력을 하고 있는 탐색적 행동에 보다 초점이 맞추어져 있다.[85]

비자발적인 실업은 일할 능력과 의사가 있음에도 불구하고 일자리를 갖지 못한 상태를 말하는데 노동자 본인의 선택과 무관하게 의사결정이 이루어져 경제적 왜곡을 발생시킨다. 비자발적 실업의 대표적인 예로 첫째, ‘구조적 실업’이 있다. 이는 노동시장이 구조적으로 공급이 수요보다 많아 초과공급인 실업이 존재하는 경우이다. 구조적 실업의 사례로 임용고시를 준비하는 교원자격증 소지자를 들 수 있다. 2021년 12월 10일 교육부는 과잉 배출되는 중등 교원 양성규모 조정 등의 내용을 담은 ‘초·중등 교원양성체제 발전방안’을

85) 교재에 따라 ‘마찰적 실업’과 ‘탐색적 실업’을 동일하게 서술한 책도 적지 않다.

발표했다. 교육부는 이전에도 지속해서 '교원양성기관평가'를 통해 사범계열(사범대학, 교직이수, 교육대학원) 모집정원을 감축한 바 있다. 이러한 조치는 저출산의 영향으로 학령인구가 감소되어 교사에 대한 수요는 줄어드는데 반해, 배출되는 교원자격증의 규모는 조정되지 않아 발생하는 구조적인 사범계열 졸업생의 실업문제를 해결하기 위한 구조조정 차원에서 이루어졌다. 위의 사례처럼 산업구조는 경제발전과 함께 변화하는데 신성장산업의 인력 수요는 증가하고 사양산업의 인력수요는 감소하게 된다. 이때 노동 공급구조가 이러한 사회.경제적 변화에 적합하게 조절되지 못한다면 노동시장에서 수요와 공급의 구조적 불일치에 의해 실업이 유발되게 된다.

두 번째로 '경기적 실업'이 있는데 경기가 호황일 때는 경제활동이 활발하게 이루어져 소비와 생산이 증가되고 이에 따라 노동의 수요도 증가하게 된다. 그러나 반대로 경기가 불황일 때는 개인소득이 감소되어 소비가 감소하고 이에 따라 생산량도 줄게 되어 노동수요가 감소하게 된다. 따라서 실업이 증가하게 되는데 이렇게 경기가 불황일 때 발생하는 실업을 '경기적 실업'이라고 한다.

세 번째로 '계절적 실업'이 있는데 단어 그대로 계절에 따라 발생하는 실업이다. 해수욕장이나 스키나 스케이트장처럼 수요가 특정계절에만 발생하는 산업이 있는데 수요가 없는 계절에 실업상태가 되는 현상을 일컫는다. 예로 해수욕장에서 물놀이 용품대여와 민박을 운영하는 서비스업 종사자가 겨울에는 손님이 없어 쉬고 있는 상태를 말할 수 있다.

네 번째로 '기술적 실업'을 들 수 있는데 과거에는 사람이 고용되어서 하던 일을 기술발달로 기계가 대신하게 됨으로써 일자리가 줄어들게 되어 생기는 실업이다.[86] 예로 보안카드나 CCTV 등 첨단장비로 대체된 경비원, 고속도로 하이패스 확대로 인한 통행료 수납원의 해고 등을 들 수 있다. 그러나 신기술개발이 실업을 유발하는 것 외에 새로운 분야의 고용창출을 꾀하는 긍정적인 측면도 크다.

그 외에 실업의 한 형태로 이야기 되는 것으로 '잠재적 실업'이 있다. 이것은 통계상으론 실업자로 취급되지 않으나 노동자의 한계생산력이 0에 가까워 사실상 실업자와 마찬가지인 상황이다. 예로 자그마한 밭에 채소를 재배하고 있는 농가를 생각해보자. 토지가 크지 않아 노부부 둘이서 충분히 경작할 수 있음에도 불구하고 취업을 못한 아들이 와서

86) 막스(K. Marx)는 이러한 실업자를 '산업예비군'으로 표현하고 있다.

농사일을 돕는다고 하자. 이때 통계상 아들은 농업에 취업한 것으로 집계될 것이나 아들로 인해 생산량이 증가된 부분은 거의 없기 때문에 사실상 실업상태와 크게 다를 것이 없다는 의미에서 붙여진 이름이다.

이와 비슷하게 표면적으로는 취업상태에 있으나 열악하고 불안정한 노동환경에 노출되어있어 실업상태에 가깝다고 보는 '정체적 실업'이 있다. 예로 하루하루 노동시장에서 막노동을 하여 생활하는 노동자가 있는데 일거리가 그날의 상황에 따라 유동적이거나 저임금으로 정상적인 삶이 어렵다고 하면, 통계상 취업자로 분류되나 '정체적 실업' 상태에 있다고 할 수 있다.

취업상태로 취급되지는 않으나 실질적으로 실업 상태이면서 실업통계에서 제외되는 또 다른 것으로 '실망실업'이 있다. 실망실업자를 가장 쉽게 이야기하면 '구직단념자'라고 표현할 수 있다. 일자리를 얻기 위하여 지속적인 노력을 기울였음에도 불구하고 경기침체가 장기화 되거나 '글로벌 금융위기'나 '외환위기' 같은 외부적인 충격에 의해 고용창출이 어렵다고 하면 구직자가 실망하여 아예 구직활동을 포기할 수 있다. 이러한 '구직단념자'를 '실망실업자'라고 표현하나 정확히 표현하면 실업자는 아니다. 실업자는 일할 의사와 능력을 갖고 있음에도 일자리를 갖지 못한 사람을 일컫는데, 구직단념자는 이미 일할 의사가 없다는 것을 의미하므로 실업통계의 대상에서 제외된다.

실업 통계

통계는 현 상황을 객관적으로 나타내는 자료이지만 작성방법을 정확히 알지 못한다면 잘못된 해석이 이루어질 수 있다. 실업과 관련된 통계 중에서 가장 대표적인 것 중의 하나가 '실업률'이다. 연도마다 차이는 있지만, 2010년부터 2020년까지 10년 간 우리나라의 실업률은 3.2%~4.0% 사이에서 움직이고 있다. 100명 중에 실업자가 4명이 채 되지 않는다는 의미인데 주변에 직장을 갖지 못한 선배나 친척과 친구 등을 어렵지 않게 볼 수 있고 뉴스 등에 취업난과 관련된 기사를 자주 접하게 됨을 고려하면 너무 낮은 수치인 것 같다. 더구나 실업을 단순히 직장을 갖지 않고 있는 상태로 취급하면 주변의 학생을 비롯하여 가정주부와 노인 등이 모두 실업자로 분류되어 발표되는 실업률을 10배로 늘려도 부족할 것이다. 이러한 오해는 실업률을 측정하는 방법을 정확히 알지 못하여 일어나는 것이다.

앞에서 '실업'에 대해 정의를 내릴 때 일할 의사와 능력이 있는 사람을 대상으로 하였다. 집에서 평화롭게 잠들어 있는 갓난아기를 실업자라고 부를 사람은 아무도 없을 것이다. 이유는 일할 능력이 아직 없기 때문이다. 어떤 일인가에 따라 일할 수 있는 능력의 소유 여부가 달라지겠지만 실업률 통계에서는 15세 이상이면 일할 수 있는 나이로 본다. 따라서 15세 이상 인구를 '생산가능인구' 또는 '경제활동가능인구'로 분류하여 실업 통계의 대상으로 삼는다. 단 15세 이상의 국민이라고 하더라도 군인이나 의무경찰, 사회복무 요원, 그리고 형이 확정되어 교도소에 수감 중인 자는 생산 활동을 할 수 없는 상황에 있으므로 제외하고 '생산가능인구'를 추계한다.

그러나 편의상 나이를 기준으로 구분하였으나 15세 이상이라고 해서 누구나 일할 능력과 의사를 가진 것은 아니다. 예로 집안에서 가사나 육아를 전담하는 가정주부, 학교에 다니는 학생 등은 일할 의사가 없다고 볼 수 있으며 연로자와 심신장애자, 환자 등은 일할 능력이 없다고 할 수 있다. 이렇게 일할 의사나 능력이 없어 일을 하고 있지 않는 사람을 '비경제활동인구'라 한다.

'생산가능인구'에서 '비경제활동인구'를 제외한 나머지 즉, 15세 이상 인구에서 일할의사와 능력이 있는 사람이 '경제활동인구'가 된다. 이때 '생산가능인구'에서 '경제활동인구'가 차지하는 비중을 '경제활동참가율'이라고 한다. 이 '경제활동인구'에서 직장을 가진 사람은 '취업자'가 되고 그렇지 못한 사람은 '실업자'가 된다. 일상생활에서 자주 듣게 되는 경제통계인 실업률은 바로 '경제활동인구'에서 '실업자'가 차지하는 비중을 의미한다.

$$\text{경제활동참가율} = \frac{\text{경제활동인구}}{\text{생산가능인구}} \qquad \text{실업률} = \frac{\text{실업자수}}{\text{경제활동인구}}$$

'경제활동참가율'은 노동시장에서 공급에 대한 정보를 제공해 준다. '경제활동참가율'이 높다는 것은 교육이나 훈련 등을 통해 일할 능력을 갖추고 일자리를 얻기 위해 적극적으로 노력하고 있다는 것을 의미하는 것으로 그만큼 노동시장이 역동적이고 노동력을 바탕으로 한 성장 잠재력이 있음을 의미한다. 그러나 각 나라의 복지수준도 경제활동참가율에 영향을 줄 수 있다. 사회보장제도가 잘 되어 있는 국가에서는 그렇지 못한 국가에 비해 힘들여 노동을 하려는 인구의 수가 적어 경제활동참가율이 낮아질 수 있다. OECD 주요국가의 경제활동참가율을 다음의 표에 정리하였다. OECD 주요국가와 비교한 우리나라 경제활동참가율의 특징은 성별에 따라 큰 차이를 보인다는 것이다. 남성의 경우는 다른 나라에 비해 높은 경제활동참가율을 나타내고 있으나 여성의 경제활동참가율은 일본과 같이 낮게 나타났다. 이는 상대적으로 우리나라에서 여성의 사회활동이 아직도 많이 위축되어 있음을 보여준다.

〈표 18〉 OECD 주요국 성별 경제활동참가율 비교

(단위: %)

국가 및 성별 \ 연도		2020	2019	2018	2017	2016
한국	남	72.6	73.5	73.7	74.1	74.0
	여	52.8	53.5	52.9	52.7	52.2
	합계	62.5	63.3	63.1	63.2	62.9
일본	남	71.4	71.4	71.2	70.5	70.4
	여	53.2	53.3	52.5	51.1	50.3
	합계	62.0	62.1	61.5	60.5	60.0
미국	남	67.7	69.2	69.1	69.1	69.2
	여	56.2	57.4	57.1	57.0	56.8
	합계	61.8	63.1	62.9	62.9	62.8
독일	남	66.5	67.4	66.8	66.7	66.6
	여	56.8	56.6	56.0	55.9	55.6
	합계	61.6	61.9	61.3	61.2	61.0

자료 : 통계청. www.kosis.kr

주 : 미국은 16세 이상 인구 기준

실업률의 추계에서 비경제활동인구는 제외되며 경제활동인구 중에서 실업자가 차지하는 비중을 의미한다. 실업자의 기준은 경제협력개발기구(OECD)와 국제노동기구(ILO)의 기준이 상이한데 OECD는 4주간 일자리를 찾기 위해 노력했음에도 불구하고 일자리를 갖지 못한 사람으로 보고 있으며 ILO는 1주간을 기준으로 하고 있다.[87] 여기에서 실업자가 아닌 취업자의 기준은 일상생활에서 통용되고 있는 개념과 차이가 있는데 기준기간 동안 돈을 벌 목적으로 1시간 이상 일을 하였다면 취업자로 보고 있다. 이러한 기준으로는 매일 출근하는 아르바이트나 일주일에 몇 시간 일하는 과외 등도 취업자로 구분되는데, 사회통념 상 아르바이트나 과외를 취업으로 보고 있지 않는 것을 고려했을 때, 실업률 통계상의 취업자와 큰 차이가 있다.

위에서 살펴본 실업의 종류와 실업률 통계의 작성방법을 통해 정부에서 발표하는 실업률 통계와 체감으로 느끼는 고용사정과 괴리가 큰 이유를 유추할 수 있다. 우선 취업자의 기준이 사회통념과 통계와는 차이가 크다. 일상생활에서 취업했다고 하면 평생직장으로서 정규직의 일자리를 말한다. 그러나 통계상은 비정규직은 물론 아르바이트나 일회성으로 잠깐 틈을 내어 적은 보수를 받고 일을 한 것도 취업으로 간주한다. 따라서 주변에서 볼 수 있는 많은 실업자 중에서 통계상으로는 상당수가 취업자로 분류된다. 실업률 통계의 현실감이 떨어지는 또 하나의 이유는 통계에서 제외되는 '비경제활동인구'이다. 일할 능력이나 의사가 없는 사람은 비경제활동인구로 분류되는데 노동의사 여부는 설문조사로 판단한다. 기준기간 동안 구직활동 여부를 묻는 질문에서 부정으로 답하게 되면 구직의사가 없는 것으로 간주되어 비경제활동인구로 취급한다. 그러나 일하기를 원하는 구직자 중에서 적극적으로 구직활동을 하지 않는 경우도 적지 않은데 이는 모두 실업대상에서 제외된다. 예로 앞의 표에서 우리나라는 타국에 비해 여성의 경제활동참가율이 낮은데 주부 중에서 일하기를 원하는 사람은 많이 있어도 실제로 일자리를 얻기 위해 적극적으로 구직활동을 하는 사람은 그에 미치지 못하는 현실이 반영된 것으로 보인다.[88] 그 외에 '실망실업자'로 불리는 '구직 단념자'도 사실상 직장을 구하려고 노력했던 구직자이나 직장을 얻어서가 아니라 오히려 취업의 어려움에 실망하여 구직을 포기하였다는 점에서 '실업자'적 성격이 강하다. 이런 여러 가지 요인이 실제 실업현황보다 통계자료상의 실업률이 과

87) 현재 우리나라의 실업률 통계는 구직기간 4주 기준으로 작성되고 있으나 경제활동인구 관련 자료 등 몇 개 자료는 구직기간 1주 기준도 함께 작성되고 있다.

88) 이는 자의적인 것뿐만 아니라 여성노동에 대한 '사회적 인식', '육아 및 보육제도의 미비', '여성차별' 등 사회.제도적인 문제에서 기인하는 바도 크다.

소대표되고 있다고 할 수 있다.

'실업률' 통계의 이러한 한계 때문에 고용사정을 나타내는 지표로 새롭게 고안되어 널리 사용되고 있는 것 중의 하나가 '고용률'이다. 고용률은 실업률 통계에서 '비경제활동인구'로 인해 나타날 수 있는 문제점을 보완하기위해 이를 구분하지 않고 '생산가능인구'에서 '취업자'가 차지하는 비율로 계산된다.

$$\text{고용률} = \frac{\text{취업자}}{\text{생산가능인구}}$$

실망실업자 등 비경제활동인구로 인한 실업률의 과소평가 문제를 해결할 수 있다는 장점도 있으나 현실적으로 취업이 불가능하거나 고용문제의 직접적 당사자가 아닌 취업의사가 없는 사람까지 포함하여 노동시장을 분석한다는 문제도 있다. 고용상황을 나타내는 지표는 모두 나름대로 의미가 있어 상호 보완적으로 사용되고 있다. 우리나라의 노동시장 관련 최근지표의 현황 및 구하는 방법을 그림으로 정리하였다.

〈그림 45〉 우리나라의 노동시장 현황(2021년 10월)

취업자(C) 27,741천명	실업자(D) 788천명
경제활동인구(B) 28,528천명	
15세 이상 인구(A) 45,148천명	
전체인구 51,744천명	

▶ 경제활동 참가율 : B/A × 100 = 63.2%
▶ 고 용 률 : C/A × 100 = 61.4%
▶ 실 업 률 : D/B × 100 = 2.8%

주요 노동지표의 최근 변화율을 연령별로 표로 정리하였다. 연령별로 보았을 때 50대의 경제활동참가율이나 고용률의 성장세에 비해 15~29세 청년층은 반대로 두 지표 모두 위축되는 현상이 특이할 만하다. 이는 수명의 연장과 대학진학률 제고 등 사회적 현상을 반영한 것으로 보인다. 실업률 중에서 15~29세의 실업률을 '청년실업률'이라 칭하여 전체실업률과 함께 통계청에서 발표한다. 이는 동일한 실업률이라고 하더라도 다른 연령에 비해 '청년실업률'이 갖는 남다른 의미와 중요성 때문이다. 청년은 노동시장에 공급자로서 첫 발을 내딛는다는 점에서 이직이나 퇴직 후의 재취업 등과는 성격이 다르다. 기술적으로 경력을 가진 숙련노동자는 아닐지 몰라도 가장 최근의 이론과 기술을 바탕으로 창의성을 발휘하여 일을 할 수 있는 신규노동자로서 미래에 기업의 주축이 될 노동력이다. 따라서 청년의 고용이 위축된 노동시장은 활력소가 떨어져 미래생산성에도 영향을 주며, 사회초년생부터 겪게 되는 심리적 위축 및 부모의 경제력 부담 등 많은 사회적 문제의 원인이 되기도 한다.

〈표 19〉 우리나라의 고용통계

(단위: %)

	2010			2015			2020		
	경제활동 참가율	실업률	고용률	경제활동 참가율	실업률	고용률	경제활동 참가율	실업률	고용률
계	61.0	3.7	58.7	62.6	3.6	60.3	62.5	4.0	60.1
50-59세	72.7	2.5	70.9	76.2	2.4	74.4	76.6	2.9	74.3
60세이상	37.0	2.8	36.0	40.0	2.5	38.9	44.0	3.6	42.4
15-29세	43.8	8.0	40.3	45.7	9.2	41.5	46.4	9.0	42.2

자료: 통계청. www.kosis.kr

실업자가 하나도 없으면 가장 이상적이겠지만 본인이 원해서 직업을 갖지 않는 자발적 실업자가 있기 때문에 실업률이 0이 될 수는 없다. 그렇다면 현실적으로 달성 가능한 만족스러운 고용상황은 비자발적 실업자는 없고 자발적실업자만 존재하는 상황일 것이다. 이때의 실업률을 나타내는 용어로 '자연실업률(natural rate of unemployment)'이 있는데 이는 구직자와 구인자가 일치하는 수준의 실업률이다. 즉, 실업자가 있기는 하지만 현 노동조건에 만족하여 일자리를 얻고 싶은 사람은 모두 취업이 되었고, 만족스럽지 않아 더 나은 일자리를 찾아 자발적으로 일자리를 갖지 않고 있는 실업자만 존재하는 상황이다.

이 자연실업률은 노동의 수급과 관련되는 경제환경, 제도, 정책뿐만 아니라 사회복지 수준 등에 의해 영향 받는다. 또한 고용보험제도, 최저임금제도 및 노동조합 등에 의해서도 영향 받을 수 있다. 즉, 고용보험제도가 잘 되어있으면 노동자가 보다 나은 일자리를 찾는데 걸리는 시간이 더욱 길어질 것이며, 최저임금이 높아질수록 기업은 생산성이 낮은 노동자의 채용을 회피하게 되어 구인자의 수가 줄어들게 되어 자연실업률이 증가하게 될 것이다. 지역적으로 볼 때 서유럽이 각종 사회보장정책과 특히 노동자를 위한 제도가 잘 되어있다고 알려져 있다. 따라서 이러한 지역적 특징이 타 지역에 비해 서유럽의 실업률이 만성적으로 높게 나타나게 되는 원인이라고 볼 수 있다.

〈표 20〉 주요국 실업률 및 고용률 (2019년)

(단위 : %)

	한국	일본	미국	프랑스	독일	영국
실업률	3.8	2.4	3.7	8.4	3.1	3.7
고용률	60.89	60.87	60.27	50.33	59.32	60.61

자료: 통계청. www.kosis.kr

주 : 미국은 16세 이상 인구 기준

• 제 29 장 •

왜 수입품에 관세를 부과할까?

국제무역

지금까지 경제에 대한 논의는 주로 국내만을 대상으로 한 폐쇄경제를 가정하였다. 그러나 현대사회의 모든 국가는 다른 나라와 교역을 하고 있으며 특히 우리나라처럼 부존자원이 부족하고 규모가 작은 나라에서는 대외거래가 경제에서 차지하는 비중이 크다.[89] 따라서 일상생활 속에서 일어나는 경제 현상을 이해하기 위해서는 수출이나 수입과 관련된 이론적 배경이나 우리나라 현황을 살펴볼 필요가 있다.

89) GDP대비 수출.수입액을 나타내는 무역의존도는 2019년 기준 63.33%로 중국(32.05%), 일본(28.17%), 미국(19.32%), 프랑스(44.43%), 영국(37.67%) 등 주요국에 비해 높음을 알 수 있다.

무역의 이득

너무나 당연한 이야기처럼 들리겠지만 무역을 하는 이유는 하지 않는 것보다 하는 것이 낫기 때문이다. 무역을 통해 얻는 이득을 앞에서 학습하여 잘 알고 있는 '잉여'의 개념을 이용하여 간단히 살펴볼 수 있다. 논의의 편의를 위해 무역에 대한 장애요소는 없으며 우리나라는 '소국'이라 국제가격에 영향을 미치지 못하는 '가격순응자'적 처지에 놓여 있다고 하자. 먼저 수출의 경우를 보면 생산자는 상품의 가격이 국내보다 해외에서 더 비싸게 거래될 때 수출을 하려고 할 것이다. <그림 46>에 국내 공급곡선과 수요곡선이 그려져 있고 이것에 의한 국내시장의 균형가격이 P_0이며 국제시장에서는 P_1으로 거래되고 있다. 생산자는 더욱 많은 이윤을 얻기 위해 더 비싼 국제시장 가격으로 판매를 할 것이고 이 가격에서는 국내에서 $Q_0 - Q_1$의 초과공급이 존재하게 된다. 폐쇄경제에서는 초과공급으로 인해 생산량을 줄이고 가격이 하락하는 결과가 야기되지만 자유로운 대외거래가 가능한 개방경제에서는 이를 해외에 수출하면 되므로 큰 문제가 되지 않는다.

〈그림 46〉 수출국의 이득과 손실

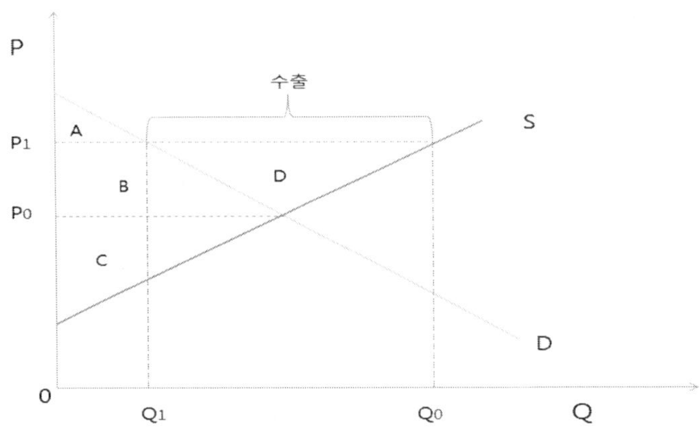

소비자와 생산자의 후생변화를 보면, 교역이 없을 때 소비자잉여는 그래프에서 면적 A와 B가 되며 생산자잉여는 면적 C로 표시할 수 있다. 그러나 수출이 이루어지면 생산자잉여는 B+C+D가 되어 폐쇄경제의 경우보다 많이 늘어나는 반면 소비자잉여는 A가 되어

감소하게 된다. 소비자잉여와 생산자잉여의 합으로 측정되는 사회총잉여는 교역 전에는 A+B+C이나 수출이 이루어진 후에는 A+B+C+D가 되어 D만큼 증가한 것을 알 수 있다.

수입의 경우도 반대의 상황에서 생각하면 쉽게 이해할 수 있다. <그림 47>에서 보면 국내수요와 공급곡선에 의해 균형가격이 P_0에서 결정되어 있는데 국제가격은 이보다 낮은 P_1으로 거래된다면 국내 소비자는 해외상품을 수입하여 쓰려고 할 것이다. P_1가격에서는 국내 생산자가 생산하려고 하는 양보다 소비자가 소비하려는 양이 더 많아 $Q_0 - Q_1$ 만큼 초과수요가 존재하게 되며 이는 수입을 통하여 해결할 수 있다. 수입이 있기 전에 소비자잉여는 그래프에서 면적 A로 나타낼 수 있고 생산자잉여는 B+C로 표시할 수 있다. 수입 후에는 소비자잉여는 A+B+D가 되어 B+D만큼 증가되며 생산자잉여는 C가 되어 B만큼 감소됨을 알 수 있다. 그러나 생산자잉여의 감소분보다 소비자잉여 증가분이 더 크기 때문에 사회총잉여는 교역 전에 A+B+C에서 교역 후에 A+B+C+D가 되어 D만큼 증가된다. 즉, 수입과 수출의 경우, 교역이 없을 때와 비교하여 소비자와 생산자 간에 후생의 증가와 감소가 누구에게 발생하는가의 차이는 있지만 사회총잉여는 모두 증가하게 됨을 알 수 있다.

〈그림 47〉 수입국의 이득과 손실

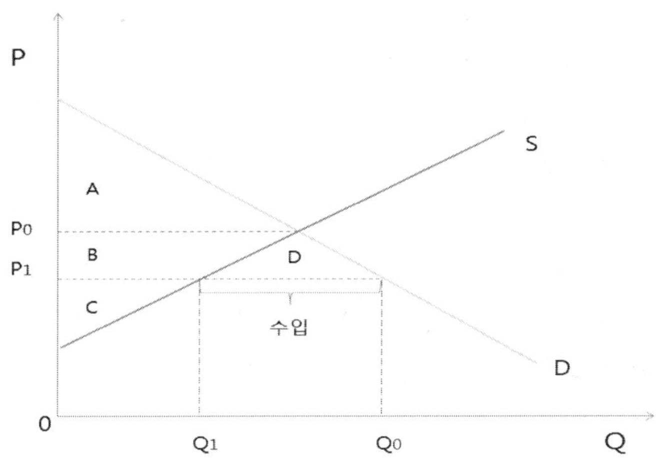

국민소득결정모형에서 폐쇄경제 하의 균형조건 '총공급 = 총수요'는 $Y = C + I + G$로 표시되었는데 여기에 수입과 수출을 고려하여 모형을 구체화할 수 있다. 즉, 좌변의 '총공

급'은 국내에서 생산되는 국내총생산 Y뿐만 아니라 해외에서 생산되어 국내에 공급되는 '수입(M)'까지 포함해야 할 것이다. 또한 '총수요'를 나타내는 우변은 폐쇄경제에서 수요의 주체였던 '가계', '기업', '정부'에 더하여 해외사람이 소비하는 '수출(X)'까지 포함한다. 이를 반영하여 국민소득결정모형을 새롭게 표현하면 $Y+M=C+I+G+X$로 쓸 수 있다. 많은 논의가 국내총생산을 대상으로 이루어지는 경우가 많아 이를 Y에 대해 정리하면 $Y=C+I+G+(X-M)$으로 정리할 수 있다. 이때 괄호 안의 내용은 수출에서 수입을 뺀 것으로 무역수지로 놓을 수 있다. 흔히 수출.수입 및 무역수지를 이야기할 때 재화의 거래를 주로 지칭하는 경향이 있으나 국내총생산은 여기에 서비스 수지와 이전거래까지 포함하여 살펴보아야 하며 이의 개념이 '경상수지'이다. 따라서 경상수지가 흑자가 되면 국내총생산은 증가하게 되며 반대로 적자가 되면 국내총생산을 감소시키게 된다.

경상수지

매스컴 등에서 대외거래를 이야기할 때 가장 많이 거론되는 용어 중의 하나가 '경상수지'이다. 다른 나라와 거래를 할 때도 개인이 장부를 기록하듯 일어난 모든 경제적 거래를 정해진 형식에 맞게 분류하여 정리하는데 이를 '국제수지(balance of payment)'라 한다. 이 국제수지는 거래가 일어나는 원인과 경제에 미치는 효과 등에 따라 '경상수지(balance of current account)'와 '자본수지(balance of capital account)'로 나눌 수 있다. 이 중에서 일상생활에서 자본수지보다는 경상수지가 더 자주 거론된다. 국제간의 거래는 성격에 따라 '자율적 거래'와 '보정적 거래'로 나눌 수 있는데, 자율적 거래는 단어 그대로 경제 주체가 효용극대나 이윤극대 등을 위해 본인의 판단에 따라 자율적으로 이루어지는 거래이다. 즉, 소비자는 보다 싼 상품이나 질 좋은 상품을 얻기 위해 해외상품의 구매 여부를 판단할 것이고 생산자는 보다 높은 이윤을 얻기 위해 해외 판매량 및 가격 등을 결정할 것이다. 이에 비해 '보정적 거래'는 '자율적 거래'를 보완하는 성격을 갖고 있다. 앞 장에서 살펴본 '화폐의 기능'에서 실물거래의 매개역할이 중요한 화폐기능 중의 하나임을 알았다. 이는 국제간의 거래에서도 마찬가지로 상품의 수출입 흐름과 반대로 자본의 흐름이 있기 마련이다. 따라서 국제수지표 상에서 '경상수지'가 흑자이면 화폐의 흐름인 '자본수지'는 반대로 적자를 보이는 관계가 일반적이다. 이러한 이유로 현 국가경제의 상황에 대해 보정적 성격보다는 자율적 거래의 성격을 가진 '경상수지'가 더 잘 나타낼 수가 있어 언론에 더욱 자주 등장하게 된다.

경상수지는 크게 '상품수지', '서비스수지', '본원소득수지', '이전소득수지'로 구성되어 있다. 상품수지는 대외거래를 이야기할 때 가장 일반적으로 떠올리게 되는 재화의 수출과 수입을 의미하며 경상수지 중에서 가장 거래액이 크다. <표 21>에서 볼 수 있는 것과 같이 우리나라의 상품수지는 지속적인 흑자를 보이고 있다. 서비스수지는 눈에 보이지 않는 서비스 거래에 대한 수입과 지출에 대한 것으로서 '운송수지', '여행수지', '통신서비스수지', '건설서비스수지', '보험서비스수지' 등으로 구성되어있다. 각 항목에 따라 수지의 형태가 상이한데 '운송수지'와 '건설서비스수지' 등은 항상 흑자를 유지하는 데 반해 '여행', '보험서비스' 수지는 지속해서 적자를 보인다.

〈표 21〉 경상수지

(단위: 백만달러)

	2005	2010	2015	2020
경상수지	12,208	27,950	105,118	75,275
상품수지	32,492	47,932	120,275	81,945
서비스수지	−8,984	−13,972	−14,625	−16,190
본원소득수지	−8,041	−692	4,454	12,050
이전소득수지	−3,258	−5,316	−4,985	−2,529

자료 : 한국은행, 「국제수지통계」

본원소득수지는 19장에서 '국내총생산'과 '국민총소득'을 살펴보면서 양자 간 차이의 원인인 '대외순수취요소소득'과 유사한 개념으로 보면 이해하기 쉽다. 즉, 우리나라 사람이 해외에서 일하고 받은 임금에서 외국인이 우리나라에서 받은 임금을 차감한 '급료 및 임금'과, 우리나라 사람이 해외 투자로 얻은 이익에서 외국인의 국내 투자 수익을 차감한

'투자수지'를 합하여 계산한다. 본원소득수지는 2000년대 초반만 하더라도 적자였으나 최근에는 흑자로 전환되었다.

이전소득수지는 아무런 대가 없이 주고받는 금액을 말하는 것으로 예로 일본의 지진에 대해 우리나라가 구호 물품을 보낸 것 등을 들 수 있다. 이런 정부 간의 무상원조뿐만 아니라 종교나 적십자, 유니세프 등의 자선단체의 기부금이나 구호물자, 해외에 거주하는 교포에게 보내는 송금 등을 말한다. 이는 본원소득수지와 반대로 2000년대 이후 적자를 꾸준히 유지하고 있다.

보호무역

앞 절에서 수입과 수출 모두 자유로운 무역이 이루어진다면 그렇지 않은 때에 비해 사회총잉여가 증가하는 것을 살펴보았다. 또한, 경상수지 흑자가 시현될 경우 국내총생산이 증가하여 국민소득의 증가와 함께 생활 수준의 향상을 꾀할 수 있음도 살펴보았다. 따라서 대부분의 나라에서는 정도의 차이가 있지만 완전한 자유무역보다는 국가에서 개입하여 대외거래에 있어 자국의 이익을 도모하려는 '보호무역'을 하는 실정이다.

보호무역의 가장 큰 이유 중의 하나로 '유치산업보호'를 들 수 있다. 즉, 어떤 산업이 이제 막 생산을 시작하여 아직 기술이나 가격 등의 경쟁력이 갖춰지기 전에 자유무역이 시행된다면 경쟁에서 살아남을 수 없을 것이다. 둘째, 수출은 국내 고용안정에도 기여한다. 수출은 국내수요를 초과하여 생산량을 증대시키게 되므로 이에 상응하여 고용 창출이 일어날 것이다. 셋째, 식량이나 첨단기술을 비롯하여 군수산업 등은 국가안보와 관계된 것으로 국가 안위를 위해 보호무역이 시행되기도 한다. 넷째, 다른 나라와 경제적인 것 이외에 정치.사회 등 다양한 분야에서 갈등이 발생하였을 때 전략적 차원에서 보호무역이 시행되기도 한다. 일본과의 영토분쟁 등으로 중국이 특정상품의 수출금지 등의 정책을 취한 것이 예가 될 수 있다.

보호무역은 유형에 따라 크게 '관세정책'과 '비관세정책'으로 구분할 수 있다. 관세정책은 수입품에 세금을 부과하여 가격을 조절하여 수입량을 규제하는 정책이다. 비관세정책은 다양한 정책이 있는데 그 중 대표적인 것이 '수입할당제'이다. '수입쿼터제'라고도 불리는데 국가별이나 수입업자별로 수입량을 할당하여 정해진 수량 안에서만 수입을 허용한다.[90] '수입 과징금제'는 수입상품에 대해 비용을 부과한다는 점에서 관세정책과 유사하나 세금 형태가 아니라 이에 추가하여 징수하는 부과금이라는 점에서 다르다. '수입담보금'은 수입 허가 신청 시에 수입금액의 일정 비율을 담보금으로 외국환은행에 적립도록 한 것으로 그만큼 수입에 비용부담이 되어 수입을 규제하는 효과가 있다. '수출입링크제'는 수입을 허가할 때 이를 활용한 상품의 수출을 전제로 하는 제도이다. 이렇게 수입과 수출을 연계한 정책으로 상품을 서로 거래하는 '구상무역'이 있다. 그 외에도 수출국이 자율적으로 수출물량을 규제하는 '수출자유규제'가 있으며, 양 국가가 상품의 종류나 수량 등을 협정에 따라 거래하는 '협정무역' 등 다양한 형태의 보호무역과 관련된 제도 및 정책이 있다.

관세정책의 효과를 그래프를 통하여 좀 더 자세히 살펴보기 위해 <그림 48>에 국내시장의 수요곡선과 공급곡선, 그리고 국제가격이 P_0로 표시되어있다. 자유무역 하에서 국제가격이 국내가격보다 낮을 때 수입이 발생할 것이므로 P_0는 수요와 공급곡선이 일치하는 국내균형가격보다 아래에 표시되어있다. 이때 수입상품에 대해 관세를 부과하면 관세만큼 가격이 상승하고 이 가격이 P_1으로 표시되어있다.

관세를 부과하면 소비와 생산에 영향을 미치게 되는데 소비는 Q_4에서 Q_3로 감소하게 되어 소비억제 효과가 있게 된다. 반면 생산은 Q_1에서 Q_2 증가하게 되어 산출량증가 효과가 있다. 수입량은 국내시장의 초과수요인 $Q_3 - Q_2$이고 관세는 $P_1 - P_0$가 된다. 이 둘의 곱은 재정수입액을 의미하게 되어 관세부과로 그래프에서 면적 E만큼 재정수입이 증가하는 효과가 있다. 수입액을 비교해보면 관세부과 전에는 수입량은 $Q_4 - Q_1$이고 수입상품 가격은 P_0가 되어 수입액은 이 둘의 곱으로 그래프에서 면적 H+I+J가 된다. 관세가 부과된 후의 수입액은 변화된 수입량 $Q_3 - Q_2$에 수입상품 가격 P_0을 곱한 면적 I가 될 것이다. 여기서 유념해야 할 것은 관세가 부과된 후의 수입가격은 P_1이 아닌 P_0라는 것이다. 관세는 우리나라 정부가 징수하는 것으로 해외 생산자에게 지급하는 금액은 관세부과 전과 동일한 P_0이다. 따라서 관세부과로 외국기업에 지불하는 수입액은 H+J만큼 감소

90) 수입가격을 제한하는 경우도 있다.

하는 효과가 있다.

〈그림 48〉 관세의 경제적 효과

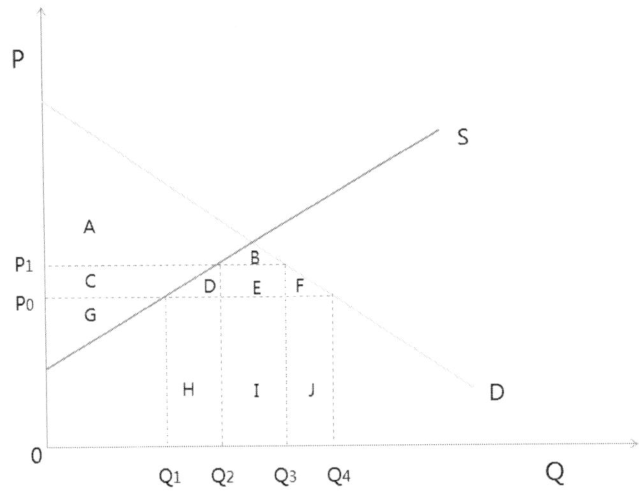

관세부과로 인한 후생의 변화를 살펴보면 소비자는 관세부과 전에 A+B+C+D+E+F의 소비자잉여를 누릴 수 있었다. 그러나 관세부과 후의 소비자잉여는 A+B가 되어 C+D+E+F만큼 소비자잉여의 손실을 보게 된다. 반면 생산자는 관세부과 전에 G의 생산자잉여를 얻고 있었는데 관세부과로 C+G의 생산자잉여를 얻을 수 있어 C만큼 증가하였다. 즉, 관세부과는 소비자 후생은 감소시키고 생산자 후생은 증대시키는 결과는 가져온다. 사회총잉여 관점에서 보면 관세부과 전에는 소비자잉여(A+B+C+D+E+F)와 생산자잉여(G)의 합인 A+B+C+D+E+F+G였으나 관세부과 후에는 소비자잉여(A+B)와 생산자잉여(C+G)에 재정수입(E)을 더한 A+B+C+E+G가 사회총잉여가 되어 D+F만큼 감소하게 된다. 즉, 관세부과로 증대되는 생산자잉여와 정부의 재정수입보다 감소하는 소비자잉여가 더 커서 사회총후생은 감소한다.

관세부과는 직접적인 효과 외에 간접적 효과도 유발한다. 관세부과로 인해 수입이 감소하면 우리나라에 수출했던 무역상대국의 입장에서는 총수요가 감소하게 되어 초과공급 상황에 놓이게 될 것이다. 따라서 우리나라에 수출하는 수출품의 가격이 하락하게 되어 양국 간의 거래에서 우리나라는 더 적은 양의 수출로 더 많은 양을 수입할 수 있게 되어 '교역조건(terms of trade)'이 개선된다.[91] 그러나 관세부과는 자유경쟁을 제한하는 것으로 장기적으로 우리나라 상품의 경쟁력을 떨어뜨리는 부정적인 효과도 있다.

자유무역을 위한 노력

국내경제에서 여러 산업이 서로 영향을 주고받으며 얽혀 있는 것과 마찬가지로 국제경제에서도 각 나라가 서로 복잡한 관계를 맺으며 생활하고 있다. 따라서 자국의 경제를 살리기 위해 행한 보호무역이 상대방 국가의 경제를 어렵게 만들게 되는 경우가 있는데 이를 '근린궁핍화정책(beggar my neighbor policy)'이라고 한다. 예로 아베노믹스로 불리는 일본의 엔저 정책을 들 수 있다. 그러나 이러한 정책은 상대방의 경제를 어렵게 만들어 소득과 소비가 감소하고 이는 자국 수출의 감소로 이어져 근린궁핍화정책을 시행한 국가의 경제도 어려워질 수 있다. 또한, 상대방도 보복 조치로 보호무역 정책을 시행할 수도 있으며 이런 추세가 퍼지면 전 세계의 경기가 침체할 수 있다. 따라서 이러한 상황이 일어나는 것을 방지하기 위해 세계 각국은 자유로운 무역을 위해 끊임없이 노력해오고 있다.

국제무역 확대를 통한 세계 경제 발전을 도모하는 역할을 상당 기간 '관세 및 무역에 관한 일반협정(GATT: General Agreement on Tariffs and Trade)'이 수행하였다. 이 협정의 중요한 3대 원칙으로 '최혜국대우원칙', '내국민대우원칙', '수량제한철폐원칙' 등이 있다. 그러나 이는 국제기구보다는 협정의 형태였기 때문에 좀 더 구속력을 갖고 체계적으로 운용하기 위해 1995년 '세계무역기구(WTO: World Trade Organization)'로 확대 발족하였다.

이 기구를 중심으로 경제 환경변화에 맞추어 자유무역을 위한 공통의 기준을 만들기 위해 세계 각 나라가 참가하는 다자간 협상을 진행하였다. 세계무역에 영향을 준 중요한 협상으로 'UR'로 불리는 '우루과이 라운드'가 있었으며 최근에는 'DDA'로 불리는 '도하

---

91) 교역조건은 우리나라의 상품과 외국 상품의 교환비율을 의미한다. 수출상품 가격이 상승하면 더 많은 수입상품과 교환이 가능하여 교역조건이 개선되며, 반대로 수입품의 가격이 상승하면 교역조건이 악화된다.

개발어젠다'가 있었다. 저마다 자국의 이익을 얻기 위해 다자간 협상은 상당히 긴 기간 동안 많은 갈등을 유발한다. 따라서 이와 함께 특정 지역 간이나 쌍방 간의 교역 협정도 함께 진행되었는데 '북미자유무역협정(NAFTA)' '아세안(ASEAN)', 그리고 잘 알고 있는 '유럽연합(EU)' 등과 최근 여러 나라와 체결이 되었거나 협상 중인 '자유무역협정(FTA: free trade agreement)'이 그것이다. 세부적인 사항은 차이가 있으나 국제무역에 대한 전반적인 추세는 현대로 올수록 국가별이나 상품별로 두었던 예외규정 등을 철폐하여 무역장벽을 없애는 방향으로 이루어지고 있다. 이렇게 국가 간 문턱이 낮아진 것과 함께 교통. 통신.IT 기술의 발달 등은 국가 간의 상호의존성을 더욱 심화시켜 전 세계를 단일의 시장경제에 편입시켜 놓는 결과를 초래했다. 이러한 환경변화는 과거보다 치열한 국가 간의 경쟁을 유발해 무한경쟁 시대에 놓이게 하였다. 경제의 대외의존도가 높은 우리나라의 경우 이러한 국제환경 변화는 매우 큰 중요성을 갖는다. 그러나 자유무역을 추구하는 국제질서의 변화는 우리나라 경제에 위기이면서 또 하나의 기회이기도 하다.

• 제 30 장 •

세계 각국이 환율전쟁을 벌이는 이유는 무엇일까?

환율의 결정

국가 간에 자주 일어나는 논쟁 중의 하나가 '환율'이다. '아베노믹스'로 얘기되는 일본의 경제정책의 대표적인 것 중의 하나가 엔화약세(엔-달러 환율상승)정책이며, 2015년 여름 중국이 위안화를 평가절하하면서 전 세계 경제에 충격을 주었다. 또 미국 재무부에서는 세계 국가를 대상으로 환율조작 여부에 대해 감시를 하고 있는데 우리나라가 중국, 일본, 대만, 등과 더불어 '감시대상국'으로 지정되어 경제적으로 이슈가 되기도 했다. 이렇듯 일상생활에서 자주 접하게 되는 경제 관련 용어 중의 하나가 '환율'이며 세계 각국은 무역정책의 대표적인 도구로 '환율'을 자주 사용하며 경우에 따라서는 '환율전쟁'이라 일컬어 질만큼 첨예하게 대립하기도 한다. 이러한 국제현상을 이해하기 위해 환율 결정원리와 환율이 경제에 미치는 영향을 살펴보자.

환율제도

국내 기업 간의 거래와 달리 외국 기업과 거래할 때는 서로의 화폐가 다르다는 문제가 발생한다. 수입국 통화로 받은 상품판매액을 수출기업이 자국에서 쓰기 위해서는 자국 통화로 바꾸어야만 할 것이다. 이때 두 나라 사이에 교환되는 화폐 비율을 '환율(exchange rate)'이라고 한다. 보통 외국 화폐 한 단위와 교환되는 자국 화폐의 비율로 표시되는데 ₩1,100: $1이라고 하면 미국 화폐 1달러와 우리나라 화폐 1,100원과 교환됨을 의미한다.

환율제도는 크게 고정환율제도와 변동환율제도로 구분할 수 있다. 고정환율제도는 단어 그대로 환율이 일정 수준으로 고정되어있고 정부는 환율을 유지하기 위해 노력하며 변화요인이 있어 유지가 어려울 때 환율을 조정하게 된다. 고정환율제는 환율이 안정되어있어 환리스크(환차손실) 등 불확실성으로 인한 위험을 감소시켜 교역의 안정성을 기할 수 있다는 장점이 있으나 대외거래의 불균형으로 인한 문제가 자동으로 조절되지 못해 시장경제의 기능이 약화된다는 단점도 있다. 변동환율제도는 외환의 수요와 공급량에 따라 매일 환율이 변동하게 된다. 변동환율제는 고정환율제와 반대로 대외거래의 균형이 달성되도록 자동으로 환율이 변동하여 이로 인한 국내경제의 영향을 최소화 할 수 있다는 장점이 있는 반면, 환율변동으로 인한 불확실성으로 대외거래가 위축될 수 있다는 단점도 있다. 그 외에 변동환율제이긴 하지만 완전히 자유로운 변동이 아니라 일정 범위에서만 변동을 허용하는 등 정부가 외환시장에 개입하는 관리변동환율제가 있다. 산업혁명 이후 시장경제 초기에는 고정환율제를 택한 나라가 적지 않았으나 점차 변동환율제로 전환이 이루어졌고, 변동 가능한 정도의 차이는 있으나 현재는 대부분의 국가가 변동환율제를 채택하고 있다.[92] 우리나라도 정부수립 이후 처음에는 고정환율제도를 시행하였으나 1980년부터 변동환율제를 채택하였다. 그러나 변동환율제라고 해도 80년대는 '복수통화바스켓제도', 90년대는 '시장평균환율제도'를 통해 각각 나름대로 환율을 결정하는 식에 의해 주어진 범위 안에서만 환율의 변동을 허용하여 완전한 변동환율제의 형태는 아니었다. 이후

92) 완전한 '고정환율제'를 실시하는 국가는 거의 없으며 이에 가까운 제도로 자국 화폐가치를 달러화 대비 일정 범위 안으로 묶는 '페그제'가 있는데 홍콩, 사우디아라비아 등의 국가에서 이를 시행하고 있다.

1997년 외환위기를 겪으면서 환율변동을 완전히 시장에 맡기는 자유변동환율제를 채택하게 되었다.

변동환율제에서는 당연히 환율이 시시각각 변하지만, 고정환율제에서도 환율의 유지가 어려울 때 조정을 해준다. 이때 환율의 변동을 일컫는 표현으로 일반적인 가격의 변동에서 사용되는 '인상', '인하' 이외에 '평가절하', '평가절상'도 함께 사용된다. ₩1,100: $1 이던 환율이 ₩1,500: $1이 되었다면 환율이 인상되었다고 한다. 이는 과거에는 1달러를 얻기 위해 1,100원이 필요하였는데 지금은 더 많은 1,500원이 필요함을 의미한다. 같은 금액을 얻기 위해 더 많은 원화가 필요하다는 것은 그만큼 원화의 가치가 떨어졌음을 의미한다. 따라서 환율이 인상된 것을 원화의 가치가 떨어졌다는 의미로 '평가절하'되었다고 표현한다.

환율의 결정

자국 화폐와 외국 화폐의 교환비율인 환율은 자국 화폐로 표시된 외국 화폐의 가치로 이해할 수 있다. 가치가 가격으로 표시된다고 하면 환율 결정원리도 앞서 봐왔던 가격 결정원리와 같을 것이다. 즉, 수요와 공급이 일치하는 점에서 균형가격이 결정될 것이고 여기서는 외국 화폐에 대한 가치가 환율이라는 가격으로 결정된다고 보면 외국 화폐에 대한 수요와 공급에 의해 환율이 결정된다고 이해할 수 있다. 그런데 외국과 무역을 할 때 결제 수단으로 외국 화폐를 직접 주고받고 하는 형태보다는 수출이나 수입자가 거래하는 금융기관을 통해 위탁하여 채권-채무 관계를 청산하는데 이런 거래형태를 '환'이라 한다. 이런 '환'거래는 외화예금, 외화어음, 전신환, 우편환 등을 통해서 할 수 있는데 이렇게 외화뿐만 아니라 외화를 청구할 수 있는 모든 유가증권을 포함하여 '외환(foreign exchange)'이라고 한다. 따라서 환율은 외환의 수요와 공급에 의해 결정된다고 할 수 있다.

외환의 수요는 외국 물건을 살 때나 외국 서비스를 이용할 때 그리고 외국에 송금할 때 등에 필요할 것이다. 즉, 재화나 서비스의 수입이나 이전지출 등에 외환의 수요가 발생한다. 반대로 우리나라 기업이 상품을 해외에 수출하거나 근로자가 해외에서 얻은 소득을 국내에 송금할 때 등은 외환의 공급이 일어나게 된다. 외환의 수요와 공급은 환율에 영향을 받는데 이의 관계를 <그림 49>에 정리하였다.

〈그림 49〉 외환시장의 균형

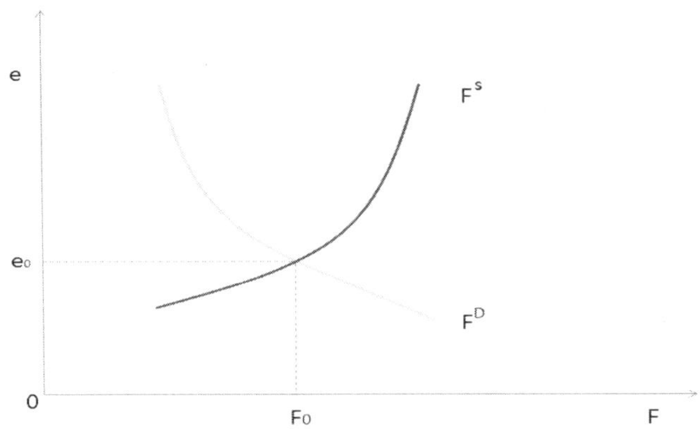

미국 화폐 한 단위와 교환되는 국내 화폐의 비율로 표시되는 환율 $e = \frac{₩}{\$}$가 1,100:1에서 1,500:1로 상승하였다고 하자. 이는 만일 수출상품의 국내가격이 1,100원이면 1,100:1의 환율에서는 미국에서 1달러에 판매되던 것이 환율이 1,500:1로 상승하면 73.3센트로 가격이 하락하게 된다. 따라서 미국의 수요자들은 수요의 법칙에 따라 더 많은 상품을 소비하려 할 것이고 이는 우리나라 입장에서는 수출의 증가로 나타나게 되어 외환의 공급이 증가하게 된다. 환율이 상승하게 되면 수출품의 가격뿐만 아니라 우리나라의 주식이나 채권 같은 금융자산이나 토지나 공장 같은 실물자산의 달러 표시 가격 역시 하락하게 된다. 따라서 국내 자산에 대한 외국인의 투자가 증가할 것이고 이는 외환의 국내유입으로 외환공급이 증가하게 된다. 이처럼 환율이 상승하면 외환의 공급이 증가하게 되어 양자 간에 정(+)의 관계가 성립되는데 이는 우상향하는 외환의 공급곡선(F^S)으로 나타낼 수 있다.

국내 소비자 입장에서 보면 환율이 1,100:1일 때는 미국에서 1달러에 판매되는 수입품은 국내에서 1,100원에 판매될 것이다. 그러나 1,500:1로 환율이 상승하게 되면 같은 상품의 국내가격이 1,500으로 상승하게 된다. 따라서 국내 소비자는 더 비싸진 외국상품의 수요를 줄이게 될 것이고 이는 수입의 감소로 나타나게 되어 외환의 수요가 감소한다. 또한 환율의 상승은 국내 화폐로 표시된 다양한 외국자산의 가격을 상승시키게 되어 이에 대한 매입이 감소하게 된다. 이는 해외로 유출되는 외환의 수요가 감소하게 됨을 의미한다. 이렇듯 환율의 상승은 외환의 수요 감소를 가져와 양자 간에는 부(-)의 관계가 성립되어 우하향하는 외환의 수요곡선(F^D)을 도출할 수 있다. 다른 시장에서와 마찬가지로 외환시장의 균형도 외환의 수요와 공급이 일치하는 점에서 균형 환율 e_0와 균형 외환량 F_0가 결정된다.

다른 가격과 마찬가지로 외환시장의 균형가격인 환율도 외환의 수요와 공급의 변화에 따라 변화하게 된다. 외환의 수요나 공급을 변화시키는 요인으로는 여러 가지가 있는데 그중 하나로 국내나 해외의 경기상황을 들 수 있다. 예로 국내 경기가 호황을 누리고 있다고 하자. 이때는 기업의 투자도 활발하고 고용증가로 국민소득도 증가하여 민간소비도 활발할 것이다. 기업의 투자나 민간의 소비로 사용되는 상품 중에는 해외에서 생산된 수입품도 있을 것이다. 따라서 국내 경기가 침체상태에 있을 때에 비해 호황일 경우에는 해외상품에 대한 수요가 더 많아 외환의 수요곡선이 우측으로 이동할 것이다. 이에 따라 환율은 상승하게 되고 외환의 거래량은 증가하게 된다.

반대로 해외 경기는 외환의 공급에 영향을 주게 되는데 중국이나 미국 등 우리나라의 주요 수출대상국의 경기가 호황이라고 하면 우리나라 상품에 대한 소비도 증가하게 될 것이고 이는 수출의 증가를 의미한다. 수출증가는 외환의 공급증가를 가져와 공급곡선을 우측으로 이동시키게 되는데 이에 따라 환율은 하락하고 외환 거래량은 증가하게 된다.

환율에 영향을 미치는 또 다른 요인으로 물가가 있다. 만일 국가 간에 무역에 따른 장벽이 전혀 없고 완전 자유무역이 이루어지고 있다고 하자. 이 경우는 서로 다른 국가이기는 하지만 전 세계를 하나의 국가로 보면 서로 다른 지역 간 거래로 볼 수 있다. 두 지역 간의 거래에 아무런 장애요소가 없다고 하면 같은 상품에 대해서는 같은 가격이 결정되는 '일물일가의 법칙'이 적용될 것이다. 만일 두 지역 간에 가격이 다르다면 사람들은 시세차익을 얻기 위해 싼 곳에서 물건을 사서 비싼 곳에 파는 소위 '재정거래' 행위를 할 것이다. 이는 가격이 싼 곳에서는 수요의 증가로 가격이 상승하게 되고 비싼 곳에서는 공급의 증가로 가격이 하락하게 되어 궁극적으로는 두 지역의 가격이 같게 될 것이다. 국가 간의 거래에도 동일한 현상이 일어나 같은 상품은 같은 가격을 갖게 된다고 본다. 만일 같은 상품이 우리나라에서는 1,100원에 판매되고 미국에서는 1달러에 판매되고 있다면 두 상품의 가격은 같아야 하므로 두 나라 화폐의 교환비율인 환율은 1,100:1이 되어야 한다는 것이다. 이렇듯 국가 간 통화의 교환비율은 양 국가의 물가수준을 고려한 구매력을 반영하여 결정된다는 이론을 '구매력평가설(theory of purchasing power parity)'이라고 한다.

우리나라 물가가 상승하면 동일한 금액의 원화로 구매할 수 있는 상품의 양이 감소하므로 그만큼 원화의 구매력이 떨어졌음을 의미한다. 즉, 원화의 가치가 떨어져 외국통화 한 단위를 얻기 위해서는 더 많은 원화를 지급하여야 하는데 이는 환율의 상승으로 나타난다. 반대로 외국의 물가가 오르면 환율은 하락하게 된다. 양국의 상대적 물가수준이 환율에 영향을 미치는 것은 간단한 식을 통해서도 확인할 수 있는데 해외상품의 국내 가격은 해외통화가격에 환율을 곱해서 얻을 수 있다. 국내 가격을 P라하고 해외가격을 P^*, 환율을 e라 하면 $P=P^* \cdot e$로 표현할 수 있다. '구매력평가설'에 따르면 서로 다른 통화로 표시된 동일한 상품은 같은 가치를 가져야 함으로 환율은 이를 반영한 $e=\frac{P}{P^*}$로 표시할 수 있다. 따라서 상대적으로 국내 물가가 더 많이 상승하면 환율도 상승하고 반대로 해외물가가 더 많이 상승하면 환율은 하락하게 된다.

현실적으로 완전한 자유무역은 어려워 '일물일가의 법칙'이 적용되기에는 많은 한계점이 있다. 그러나 세계 많은 나라에서 팔리고 있고 비싸지도 않아 일반 국민이면 누구든 소비가 가능한 상품이 표준화되어있어 생산에 필요한 재료나 방법이 동일하다면 각국에서의 가격 차이가 크지 않을 것이다. 영국의 경제주간지 '이코노미스트'에서는 이러한 성격을 만족시키는 상품으로 미국 패스트푸드 회사인 '맥도날드'의 햄버거 가격을 조사하여 '빅맥지수(Big Mac index)'라는 형태로 발표하고 있다. 이를 바탕으로 햄버거 가격이 '일물일가의 법칙'을 따른다는 가정하에 각국 간의 적정 환율이나 물가수준을 비교할 수 있다.[93)]

---

93) 역으로 환율이 아닌 햄버거 가격이 과대 또는 과소하게 가격이 책정되었다고 주장할 수도 있다. 실제로 햄버거 가격이 재료가격 이외에 인건비나 건물 임대료 등과 같은 비교역재에도 크게 영향을 받아 '일물일가의 법칙'이 적용되기에 한계가 있으며 최근에는 건강에 좋지 않다는 의식이 확산되어 소비가 줄어드는 추세로 대표성에도 문제가 있다는 주장이 있다.

<표 22>에서는 각 나라의 맥도날드사의 햄버거인 빅맥 가격을 달러로 환산하여 제시하였다. 환율이 높을수록 원화를 환율로 환산한 달러 가격이 낮아진다. 즉, 달러로 환산한 우리나라 빅맥 가격이 미국보다 낮다는 것은 구매력으로 평가된 환율보다 시장 환율이 높다는 것을 의미하고 이는 원화가 과소평가되어있음을 의미한다. 상대적인 물가수준이 환율에 반영된다는 측면에서 보면 같은 상품인데도 불구하고 같은 달러 표시 가격이 높다는 것은 물가가 비싸다는 것을 의미한다. 이를 통해 간접적으로 다른 나라와 물가를 비교해 볼 수 있다.

〈표 22〉 빅맥지수(2021. 7)

국가	빅맥지수($)	국가	빅맥지수($)
스위스	7.04	한국	4
미국	5.65	일본	3.54
영국	4.75	중국	3.45
EU	5.02	러시아	2.26

자료 : The Economist

주 : 빅맥 가격을 달러로 환산한 가격임

환율에 영향을 주는 또 다른 요인으로 '이자율'이 있다. 국가 간에 상품의 거래뿐만 아니라 자금의 거래에도 장벽이 없다면 자금은 더 수익성이 좋은 곳으로 옮겨 갈 것이다. 일상생활에서 은행에 예금을 할 때 은행별로 이자율을 따져보고 더 많은 이자를 주는 곳에 예금을 하는 것과 똑같은 이치로 국내와 해외 금융기관의 이자율을 비교하여 더 높은 이자를 지급하는 국가로 자금이 이동할 것이다. 금융기관에 예치되는 여유자금뿐만 아니라 이자율은 투자에도 영향을 준다. 기업은 투자수익률과 이자율을 비교하여 투자수익률이 더 크다고 예상될 때 투자를 결정한다. 따라서 국내 이자율이 상승하게 되면 투자를 결정하였던 기업이나 개인 중에서 투자를 포기하고 금융기관에 예금하는 곳도 발생하게 되는데 이 중에는 외국 기업이나 개인도 있을 것이다. 따라서 국내 이자율이 상승하게 되면 해외에서 국내로 자금유입이 이루어져 외환의 공급이 증가하게 될 것이고 환율은 하락하게 된다. 반대로 국내보다 해외 이자율이 더 높게 되면 자금유출이 일어나 외환의 수요가 증가하게 되고 환율은 상승하게 된다. 국가 간 자금이동에 제약이 없다면 '구매력평가설'에서 상품가격이 다를 때와 동일하게 양국의 이자율이 동일하게 될 때까지 자금이동이 일어나게 될 것이다. 이처럼 이자율도 환율을 결정하는 중요한 요소로 취급하는 견해를 '이자율평가설(interest rate parity)'이라고 한다.

환율과 경상수지

폐쇄경제와 달리 개방경제에서는 경상수지가 국민소득에 영향을 미치게 된다. 전장에서 살펴본 개방경제의 국민소득결정모형에 따르면 경상수지가 흑자면 국민소득은 증가하고 적자면 감소한다. 그런데 국가 간의 거래에서는 본래 상품가격뿐만 아니라 환율에 의해 가격이 영향을 받기 때문에 환율이 경상수지에 영향을 미치고 나아가 국민소득에 영향을 주게 된다.

경상수지 항목 중에서 가장 거래 비중이 큰, 재화의 수출과 수입 현황을 나타내는 '상품수지'와 환율과의 관계를 살펴보자. 환율이 상승하면 해외시장에서 해외통화로 표시된 국내 수출상품의 가격은 하락하게 되고 반대로 국내통화로 표시되는 수입품의 가격은 상승하게 된다. 이에 따라 수출상품에 대한 수요는 증가하고 수입상품에 대한 수요는 감소하게 되어 경상수지가 개선되리라 생각하기 쉽다. 그러나 이것은 수출량과 수입량과 같은 물량에 국한된 것이다. 경상수지를 비롯하여 국제수지, 국민소득 등 거시경제와 관련된 많은 경제지표는 화폐단위로 시장 가치화하여 표시된다. 즉, 경상수지 및 국민소득과 직접적으로 연관된 것은 수출액과 수입액이고 이것은 각각의 가격과 양을 곱하여 계산된다. 환율이 상승하여 변화하게 되는 수출액은 하락한 외국통화 표시 가격과 이로 인해 증가한 수출량의 곱으로 계산된다. 이때 가격의 하락에 비해 수출량의 증가율이 크다면 수출액이 증가할 것이나 반대로 가격의 하락에도 불구하고 수출량의 증가율이 미미하다면 환율의 증가로 오히려 수출액이 감소할 수도 있다. 이러한 관계는 수입의 경우에도 동일하여 환율의 상승으로 국내통화 수입가격은 상승하는데 이에 비해 상대적으로 수입수요 하락 폭이 크면 수입액은 감소하지만 반대로 수입가격 상승에도 불구하고 수입량 감소가 크지 않다면 오히려 수입액이 증가할 수 있다.

이는 탄력성의 개념으로 생각할 수 있는데 수출이나 수입 모두 가격변화에 대해 수요량의 변화가 큰 경우에 환율상승에 따라 수출액 증가와 수입액 감소에 따른 무역수지 개선을 기대할 수 있다.[94] 따라서 환율상승(하락)에 따라 수출업자나 수입업자 모두 일률적으로 좋거나 나쁘다고 말할 수는 없다. 수출.수입기업이 판매하는 상품의 탄력성에 따라 환율상승(하락)이 득이 될 수도 실이 될 수도 있다. 일반적으로 수출이나 수입의 가격탄력성이 큰 경우가 작은 경우에 비해 환율상승으로 무역수지의 개선을 기대할 수 있다.[95] 산업과 상품종류에 따라 환율변동에 대한 영향이 상이하지만 우리나라의 경우 대체로 환율상승에 따라 무역수지가 개선되는 것으로 알려져 있다.

'서비스 수지'도 재화가 서비스로 바뀐 것을 제외하고는 환율상승에 따라 '상품수지'와 비슷하게 영향을 받는다. 외국인이 우리나라 서비스를 이용하는 대가로 지급하는 외화표시 금액은 환율상승에 따라 싸지고, 우리나라 국민이 해외서비스를 이용하는 대가로 지급하는 원화표시 가격은 더 비싸지게 된다. 따라서 외국인의 국내 서비스 이용은 증가하고 내국인의 해외서비스 이용은 감소하게 될 것이다. '서비스 수지'의 주요 항목인 '여행수지'의 경우에도 환율상승에 따라 외국인이 국내에 와서 지출하게 되는 외화표시 여행금액이 싸져 여행객이 증가하는 반면, 우리나라 국민이 해외여행을 할 때 지출하게 되는 원화표시 금액은 비싸지게 되어 해외여행이 감소하게 된다. 따라서 환율상승에 따라 '서비스 수지'는 일반적으로 개선되게 될 것이다.

그 외의 경상수지 항목인 '본원소득수지'와 '이전소득수지'는 '상품수지'와 '서비스수지'에 비해서는 환율에 따른 영향을 덜 받을 것이나 전반적인 추세는 동일하게 나타날 것으로 예측할 수 있다. 해외 근로자 소득의 송금, 친지 등의 생활비 송금 등은 환율보다는 생활 근거지에서의 물가, 생활습관, 송금의 성격 등과 연관되어 있어 송금액의 크기가 경직된 경우가 많을 것이다. 따라서 환율변화에 따라 부담이 경감되거나 가중되겠지만 소득수지에 미치는 영향은 상품.서비스 수지에 비해 제한적일 것이다. 그러나 환율상승에 따

94) 환율상승이 무역수지의 개선을 가져오기 위해서는 수출품의 가격탄력성과 수입품의 가격탄력성의 합이 1보다 커야 하는데 이를 '마샬-러너 조건(Marshall-Lerner condition)'이라고 한다.

95) 실제 무역은 훨씬 복잡하여 환율변화로 인하여 변화 여력이 있는 만큼 수출.수입상품 가격을 변화시키는 것이 아니라 수출.수입기업은 이윤극대화를 위해 전략적으로 상품가격을 변화시킨다.

라 동일한 외화를 송금하기 위해서는 더 많은 원화가 필요하여 부담이 가중될 것이기 때문에 소득수지도 개선되는 양상을 보일 것이다.

이렇듯 세부적으로는 수출과 수입 모두 각 경제주체가 처한 상황에 따라 환율변동에 따른 영향이 상이할 것이나 전반적으로 보면 환율상승은 경상수지의 개선을 가져오게 된다. 그리고 경상수지는 국민소득을 결정하는 한 항목으로 이는 국민소득의 증가를 가져오게 된다. 따라서 세계 각국은 자국의 수출증대와 수입억제를 통해 국민소득 증대를 꾀하고자 환율을 인상하고자 하는 유인을 갖게 된다. 어느 한 국가가 자국의 이익을 위해 환율을 인상하였을 때 이에 대한 보복 내지는 대처로 상대방 국가도 환율을 인상하게 되면 관계국이 경쟁적으로 환율을 인상하게 되는, 소위 환율전쟁이 야기되기도 한다.

환율과 물가

환율은 경상수지에 미치는 것처럼 경제에 긍정적인 효과만 야기하지는 않는다.(물론 경상수지도 산업에 따라 부정적 영향을 받는 산업도 있지만). 환율은 경상수지에만 영향을 미치는 것이 아니라 물가에도 영향을 미친다. 일단 위에서 살펴본 바와 같이 환율인상은 수입품의 가격을 상승시킨다. 이때 수입품이 사치품과 같이 일상생활에 꼭 필요한 것이 아니라고 하면 큰 문제가 되지 않겠지만 필수품의 성격을 갖는 상품이라면 경제 전반에 미치는 효과가 클 것이다. 대표적인 것으로 '석유'를 꼽을 수 있는데 과거 원유가격 상승 이외에 환율의 상승으로 인해 국내 석유 가격이 인상될 수 있다. 또한, 만약 원유의 가격 상승과 환율 상승이 동시에 발생한다면 우리나라 경제에 미치는 영향은 더욱 클 것이다. 그 외에도 '밀', '원목', '철' 등의 원자재를 비롯해 '바나나', '통신', '보험' 등 해외 의존성이 큰 산업은 환율상승에 따라 국내 가격이 상승하게 되고 이는 물가의 상승을 유발할 것이다.[96)]

---

96) "해외물가의 국내물가 전가효과 분석", 김기호(2012), 한국은행. 에 따르면 환율이 1% 상승할 때 생산자 물가는 0.55%, 소비자 물가는 0.1% 상승하는 것으로 분석됨.

환율상승에 따라 부정적 영향을 받는 것으로 물가 이외에 '해외부채'를 들 수 있다. 국내에서 자금제공이 어려울 때 해외에서 돈을 차입해오며 당연히 만기 시 원금에 이자를 더하여 갚아야 한다. 이때 환율이 상승하게 되면 갚아야 할 국내통화표시 상환금은 늘어나게 되어 그만큼 기업이나 정부에 부담으로 작용하게 된다. 물론 국내 금융기관이 해외국가나 기업에게 자금을 제공해 준 경우에는 반대의 결과가 야기된다.

환율은 또한 그 나라 경제의 안정성을 나타내는 지표가 되기도 한다. 우리나라 경제가 불안하다고 하면 외국 투자가들은 불안한 원화를 소유하기보다는 안정적인 달러를 보유하려고 할 것이다. 따라서 경제주체가 외환시장에 원화를 팔고 달러는 사들이게 되는 현상이 발생한다. 이에 원화는 공급증가로 가치가 하락하고 달러는 수요증가로 가치가 상승하게 되는데 이는 환율의 상승으로 나타나게 된다. 실례로 국내나 해외의 충격이 있을 때 환율이 급등하는 모습을 볼 수 있다.